博士文库

延安鲁艺

我国文艺教育的新范式

庞海音　著

群众出版社
·北京·

图书在版编目(CIP)数据

延安鲁艺:我国文艺教育的新范式 / 庞海音著. —北京:群众出版社,2018. 10
(博士文库) ISBN 978-7-5014-5883-7

Ⅰ.①延… Ⅱ.①庞… Ⅲ.①鲁迅艺术学院—史料—研究 Ⅳ.①I209.6

中国版本图书馆 CIP 数据核字(2018)第 235640 号

延安鲁艺:我国文艺教育的新范式 庞海音 著

出版发行:群众出版社
地　　址:北京市丰台区方庄芳星园三区 15 号楼
邮政编码:100078
经　　销:新华书店
印　　刷:北京市泰锐印刷有限责任公司

版　　次:2019 年 4 月第 1 版
印　　次:2019 年 4 月第 1 次
印　　张:13
开　　本:787 毫米×1092 毫米 1/16
字　　数:280 千字

书　　号:ISBN 978-7-5014-5883-7
定　　价:48.00 元

网　　址:www.qzcbs.com
电子邮箱:843195700@qq.com

营销中心电话:010-83903254
读者服务部电话(门市):010-83903257
警官读者俱乐部电话(网购、邮购):010-83903253
文艺分社电话:010-83901730

摘　要

延安鲁迅艺术文学院诞生于抗日烽火中，“植根民族、融入时代、砺练品质、服务人民”，为革命、为中华民族的解放培养了人才，创作了一大批艺术作品，创造了辉煌的业绩，成为革命文艺干部的摇篮。

本论著以延安整风和《讲话》为关节点，集中阐释了延安鲁艺的文艺教育范式的主要表现，并将鲁艺前后期的变化与“五四”以来至中华人民共和国成立后的文艺教育进行比较，然后具体分析延安鲁艺文艺教育范式形成的外在原因和内在演变过程，试图严肃认真地总结延安鲁艺文艺教育成败得失的历史经验，概括出对当代文艺教育有借鉴作用的艺术教育规律，达到对“延安鲁艺”的历史总体定位。

本论著第一章展示了延安文艺生成语境的复杂性以及鲁艺与中共意识形态的关系，考察鲁迅和毛泽东对鲁艺的影响，探究鲁艺文人在政治诉求与自我表达之间的徘徊和困惑的原因。第二章比较鲁艺内部的课程设置、领导机构的调整等，探究延安意识形态内部对于抗战和中华人民共和国建立、长期性和现实性之间的意见分歧和对这所艺术院校的影响。第三章以整风前后鲁艺的变化为关节点，揭示了鲁艺内部对于中共文艺政策的不同理解，探究知识分子思想改造的实质，阐释《讲话》诞生的必要性，客观分析鲁艺的“专门化”提高，剖析了文艺创作政治化、一体化的原因。第四章总结和分析了延安鲁艺文艺教育的特征：文艺教育为政治服务，教育与实际相结合，探索文艺教育民族化、大众化方向以及民主教学和管理，肯定了鲁艺探索解放区新型艺术教育体制的成就，揭示了它存在的历史合理性和时代局限性，总结了可以为我们今天所借鉴的中华人民共和国文艺教育经验。第五章通过对中华人民共和国成立后社会主义文艺建立曲折历程的展示，分析归纳延安鲁艺经验对中华人民共和国成立后文艺的影响，从中反思当代中国文艺教育的得失与经验，正确认识社会主义文艺教育制度建立的复杂性和艰巨性。

作为一种新的文艺教育范式，它倡导理论与实践、教育与生产、学校与社会相结合的教育，并与政治意识形态高度契合，表现出鲜明的革命意识形态特征。在新的历史文化语境中，对延安鲁艺文艺教育范式的衍变进行梳理，可以窥见被宏大叙事掩盖的真实，透视并发掘其在历史与整个现代文艺发展史中的内在联系。这不论对文艺理论批评、文艺创作实践还是对新的文艺教育规范的建构，都是一种促进作用。

关键词：延安鲁艺，文艺教育，文艺政策，教育模式

序

毕业多年后，庞海音的博士论文——《延安鲁艺——我国文艺教育的新范式》经修正、完善，即将出版。她嘱我写几句话。作为导师，我义不容辞，也确实有些话想说。

庞海音到北京攻读博士学位是很不容易的。记得当年教育部给北师大文艺学博士点下达两个为边疆培养博士的指标，担心有的老师态度不积极，我的好朋友童庆炳老师对我说：我们两个来承担吧，我一个你一个。最后，他接的是内蒙古自治区的孙书敏，我接的是新疆维吾尔自治区的庞海音。海音自知基础薄弱，比起其他同学格外认真刻苦。经过两年学习，独立科研能力有明显提高，为博士论文的写作打下很好的基础。但到了博士论文开题报告时，又碰到问题。当年许多博士生的选题都热衷于西方新潮文论，关注当代文论热点，她却选择研究延安鲁艺。开题报告会上，导师们有两种不同意见：一种认为选鲁艺太老套，也会碰到一些难题；另一种却认为选题有新意，让人眼前一亮。延安鲁艺作为20世纪中国文艺的一个重要历史现象，对于理解中国文艺和文论的发展，对于理解中国艺术教育的新范式，是不容回避的，是有意义的。最后，多数人同意后一种意见，开题报告顺利通过。

我们看到的这部论著集中考察了鲁艺生成的语境、文艺教育理念和体制建设，比较细致地勾勒出了延安鲁艺教育模式的形成轨迹和主要面貌，分析了其中有关当前需要和长远目标、政治功利和个人自主、政治性和审美性之间的复杂关系，对鲁艺艺术教育的成败得失加以总结，做出了富有新意的评价，体现出一种历史主义精神和批判眼光。这一切，有助于我们重新认识中华人民共和国高等艺术教育体制和模式的源头及其所产生的问题。

在她之前，研究延安文艺的论著不少，研究延安鲁艺的论著并不多，而那些论著又大多以叙代议，偏重于史料的展示而缺乏理性的认识和理论的提升。论从史出，对于科学研究来说，掌握第一手材料，回到历史语境是十分重要的。此论著的突出优点就在于，重视原始材料的掌握。她查阅了当时在延安及陕甘宁边区等地发行的多种报刊和出版物，也采访了有关历史见证者和研究者。当然，更重要、比其他论著更胜一筹的是，她力求在掌握第一手材料的基础上发现一些新问题，提出一些值得深入细致探讨的重要问题。这些问题虽然一时不可能得到解决，还需要进一步展开研究和论述，但能够使我们去进一步探索和思考。我认为，这是这部论著最可贵之处和最大的亮点。

亮点之一：它通过鲁艺前后期变化，以延安整风和延安文艺座谈会为节点，探究中国文艺政策的调整，并从中思考文艺教育当前和长远、政治和审美等一系列问题。以往人们都知道鲁艺前后期有很大变化，但其中的深刻原因，特别是同中共高层不同看法的关系，都很少有人进一步探究。该论著深入地揭示了这个过程，指出鲁艺前期是当年中共中央主管文化宣传工作的张闻天领导的，由周扬等人具体管理。他们强调艺术教育的正规化和专业化，强调培养专门的艺术人才，并没有以当前的需要取消长远的目标、以抗战需要取消艺术的特殊性。在“整风”和延安文艺座谈会之后，鲁艺的办学方针被批评为“关门提高”，强调“开门办学”，到前线去，到敌人后方去，到农村去，为当前的抗战政治服务。论著客观地展示了这个历史过程，指出不能把“开门”和专业学习对立起来。把为当前抗战服务和长远的文化建设的大目标对立起来，这种看法是很有见地的。我们应当历史地、辩证地看待当前和长远、政治和审美、“开门”和专业学习的复杂关系。在一定的历史时期，可能要更多地强调当前的需要，强调政治的需要，但不能忽视艺术的特性，忽视审美，忘记长远的文化建设的大目标。

亮点之二：它比较冷静客观地评价鲁艺艺术教育范式对中华人民共和国艺术教育的深刻影响，指出既要继承鲁艺艺术教育为现实斗争服务的传统，联系实际的传统和大众化、民族化的传统，也要克服鲁艺艺术教育过分强调艺术教育的功利性、过分崇尚集体意识而忽视艺术个性的不足。其中，我最看重的是海音着重谈到的鲁艺艺术教育所倡导的民族化传统对艺术教育发展的深刻影响，诸如民间年画之于美术、民歌之于音乐、秧歌之于戏剧。鲁艺所诞生的《白毛女》《黄河大合唱》和古元的木刻等创作，也是鲁艺坚持艺术民族化的优秀成果。这个传统对中华人民共和国艺术教育的影响是不可低估的。

一个时期以来，我们的艺术教育更多的是借鉴西方艺术教育，而忽视鲁艺的传统，忽视艺术教育民族化的传统。当下，我们特别强调民族文化自信，强调传承中华民族优秀的文化艺术传统，而鲁艺所倡导和坚持的艺术民族化传统、艺术教育民族化传统，是很值得我们高度重视和发扬光大的。

庞海音从2009年获得博士学位至今，已有八九年了，经历了曲折，得到了磨炼，但始终不改初心，一直坚持教学和科研工作，终于找到自己的教学方向和科研方向，并逐渐走向成熟。作为老师，我为此感到高兴，希望她能继续扎根边疆，热爱边疆，为边疆的教育做出新的贡献。

程正民

2018年10月20日

目　录

绪 论

一、为何要研究“延安鲁艺”的文艺教育

“延安”不仅仅是一个有着严格时空规定的物质实体，更重要的是，它具有深远的修辞意义。首先，它指代红军长征后直到中华人民共和国成立前由中国共产党领导的革命根据地和解放区。其次，它是特定历史时期里政治集团特定运作模式的代名词。这种模式以革命为中心，在政治、经济、思想、文化、教育上都有自己的规定性。这种模式其实就是一种红色的象征，意味着在中共领导下进行革命斗争的特定场域。

延安文艺是在特殊政治经济环境中产生和发展的，是中国现代文艺史上一种特殊的文艺形态。“延安文艺”这一概念，最早来源于周扬在中华人民共和国成立后的第一次文代会上所作的《新的人民的文艺》的报告，文中以“解放区文艺”来指代“延安文艺”。而“延安文艺”的字面意思可以直接溯源到毛泽东的《在延安文艺座谈会上的讲话》。那时，毛泽东称之为“革命文艺”。在此之后，何其芳在鲁艺前期的教学改革中曾提出：“应有专课经常研究文艺现状。其内容应包括对于抗战当中大后方和目前延安及其他根据地的文艺作品、文艺问题、文艺活动的研究。”① 联系鲁艺曾经开设有“战时文艺运动资料室”，专门“负责收集研究抗日根据地及大后方文艺运动的各种资料，以供应各地的需要”② 的事实，我们理解此时何其芳所指的应是“抗战文艺”。今天具体意义上的“延安文艺”，是指1937~1947年间在解放区，包括陕甘宁边区中共领导下的文艺活动的总称。本论著把“延安文艺”界定在延安地区发生的文艺活动，没有涉及其他解放区的文艺发展。

延安时期，“毛泽东思想在这里形成，新中国的雏形在这里孕育，‘五四’新文化和新文学传统在这里被重新阐释和规范”③。这个时期不仅诞生了轰轰烈烈的“整风”运动、“文化人下乡”运动，而且引发了一系列民众性文艺实践（群众写作运动、街头诗运动、戏剧运动、秧歌运动，以及以“文化人”为骨干的“西北战地服务团”“战歌社”“烽火剧团”等文艺团体），同时促成了大批文艺刊物的诞生（《文

---

① 何其芳：《论文学教育》《解放日报》1942年10月16~17日。

② 《延安文艺丛书·文艺史料卷》，湖南文艺出版社1987年版，第142页。

③ 朱鸿召：《延安文人·总序》，广东人民出版社2001年版，第1页。

艺突击》《文艺月刊》《抗战文艺》《谷雨》《草叶》《新诗歌》等），而且也创作出了具有经典意义的作品——《白毛女》《黄河大合唱》《王贵与李香香》等，以及相当完备的理论著述。“延安文艺”是新兴的政治、军事力量不可或缺的环节，同时也依靠这一逐渐体制化的权力机构建立起新的话语领域和范式，规定制约着新的文化生产。它曾经发挥了重大历史作用，形成了自身独特的艺术传统。因此，如何对“延安文艺”发展进程进行较为合乎历史本来面貌的梳理，并在此之上构建一部独立而合理的“延安文艺发展史”和“延安文艺学”，就成为一个极为富有价值的课题。

在延安，1938 年 4 月 10 日，一所崭新的艺术学院——鲁艺正式成立，当时全称为“鲁迅艺术学院”。这是中国共产党创办并领导的第一所文艺学院，也是中国艺术教育史上第一所由中国共产党直接创办的高等艺术学院。1940 年 5 月更名为“鲁迅艺术文学院”。1943 年 4 月，经历了文艺“整风”运动的延安“鲁迅艺术文学院”被并入延安大学，再度更名为“鲁迅文艺学院”（简称“鲁艺”）。1945 年 11 月，按中央要求，鲁艺迁往东北办学，完成了其在延安的历史使命。延安鲁艺是革命文艺干部的摇篮。在其存在的八年中，培养了大批革命文艺工作者，创作了不少优秀的文学艺术作品，胜利地完成了中共中央所赋予的“建设中华民族新时代的文艺理论与实践，训练适合今天抗战需要的大批艺术干部，团结与培养新时代的艺术人才”的历史使命。在艰苦的战争岁月中，鲁艺不仅培养出了一大批优秀的文艺工作者，还开创了一个新的革命与文艺相结合的文艺教育的范式。它积累的丰富的文艺教育经验在今天，仍有值得我们继承、借鉴的地方。

在极端困难的战争环境中，鲁艺的建立和发展是在中共中央直接领导与关怀下进行的。鲁艺教育方针的制定与衍变、鲁艺领导机构的调整、鲁艺开展的各种思想论争，等等，都直接和当时延安最高决策者的思路紧密联系在一起。从艺术创作的思想观念而言，对延安文艺影响至深的无疑是鲁迅和毛泽东的文艺思想。延安文人大都是接受过“启蒙”思想熏陶的新民主主义的知识分子，血脉中流淌着“自由”“民主”的因子。进入延安后，“像他们的导师鲁迅那样，他们认为，作家的职能不是在党的路线的每一个转折中像宣传员一样地照章行事，而是应该批评和抗议他们认为错误的东西。他们把知识分子的任务和党的任务分开了”①。这是延安文艺前期延安文人自行选择的结果。在西方知识分子看来，“1942 年的整风运动标志着开始大力压迫‘五四’运动中的多元论精神和知识分子的自治倾向，而代之以党指导下的文化和受党训练的知识分子”②。经历过一系列思想改造后，知识分子被告知必须接受以毛泽东《讲话》为代表的工农兵文艺思想。他们心悦诚服地主动调整文艺创作的方向，忠诚于文艺为大众服务，竭力成为革命的文艺战士，但是“一旦环境有所

① ［美］R·麦克法夸尔，费正清（编）：《剑桥中华人民共和国史（上）》，中国社会科学出版社 1990 年版，第 205 页。

② ［美］R·麦克法夸尔，费正清（编）：《剑桥中华人民共和国史（上）》，中国社会科学出版社 1990 年版，第 210 页。

变化，他们原先的思想‘底色’和‘文学教养’即会发生作用”①。所以，在延安这个极小的偏僻地域却蕴藏着极为丰富的文化史、社会史、军事史、教育史等资源。研究延安鲁艺，可以内在地窥见延安中共决策者的动机、心态及其对知识分子问题的思考、对知识分子的基本估计以及行动方略。这一切，关系到了当时延安社会的历史走向，鲁艺在艺术专门人才培养过程中所取得的成功、遭遇的挫折、出现的失误，对今天的高等教育建设、专门艺术人才的培养都有警示和借鉴意义。

在某种意义上说，抗战时鲁艺这一“文人重镇”的变迁，也是延安社会生活的一个侧影，代表着一个新的文学运动的兴起。更何况，研究鲁艺文艺教育这一课题具有的不仅仅是文学史价值，更多是思想史价值。鲁艺的发展和演变，表现和传达了抗战时期中国知识分子不断求索的精神追求历程。只有以严肃认真的学术态度，恪守学术规范，对延安时期的文化与文艺思想进行力所能及的剖析，才能在现实生活中真正弘扬延安优秀传统和消除那个年代所遗留下来的负面影响。

在现代社会当中，“艺术教育”有着两种不同的含义和内容。从广义上讲，“艺术教育”作为美育的核心，是面向每一个人的教育，强调提高全民族的整体素质；同时注重人的全面修养和综合素质的提高，力求培养复合型人才。因此，它的根本目标是培养全面发展的人。落实在教学中就是：一、普及艺术的基本知识，提高人的艺术修养；二、健全审美心理结构，充分发挥人的想象力和创造力；三、陶冶人的情感，培养完善的人格。从狭义上讲，“艺术教育”被理解为对培养艺术家或专业艺术人才所进行的各种理论和实践教育。本论著所涵盖的是狭义的“艺术教育”。

从近代以来，艺术教育就一直存在着社会功利性和人文情感性的矛盾。学校教育提倡社会功利性，就会将艺术教育置于手段和工具的地位，削弱了人文情感性和审美超越性，但又为艺术教育的发展创造了经济和政治的基础，借此提高艺术教育的地位。同时，提倡人文情感性就会由于过分强调审美超越性和人性的丰富性，而使艺术教育经常陷入娱乐性的休闲。真正的艺术教育是力求将两个方面统一起来，从而使艺术教育在贴近现实的基础上担负起为人性发展导航的任务。

“范式”的概念和理论是美国著名科学哲学家托马斯·库恩（Thomas Kunn）提出并在《科学革命的结构》（The Structure of Scientific Revolutions）（1962）中系统阐述的。它一般指常规科学所赖以运作的理论基础和实践规范，是从事某一科学的研究者群体所共同遵从的世界观和行为方式。范式概念是库恩范式理论的核心，而范式从本质上讲是一种理论体系。库恩指出：“按既定的用法，范式就是一种公认的模型或模式。”②

范式或模式是一种具有抽象概括力的抽象形式，潜在地存在于文学和艺术现象之中，制约着文艺创造和发展的诸方面。在不同的历史时期，文艺同样也有为文艺家所共同遵循的主导范式。从“左翼”时期的“阶级斗争”范式到苏区文艺的“宣

① 程光炜：《中国当代诗歌史》，中国人民大学出版社2003年版，第10页。

② ［美］托马斯·库恩：《科学革命的结构》，金吾伦、胡新和译，北京大学出版社2003年版，第157页。

传”范式，再到延安时期的“工农兵文艺”，中国文艺走过了一条不寻常的道路。

1949年中华人民共和国成立之后，在高度一元化、高度意识形态化的大背景下，工农兵文化全面取代了知识分子的思想文化，成为中华人民共和国的“主流”文化，“解放区文艺”和“苏联模式”成为共和国初期文艺教育范式的主要内容。当新的范式取代旧的范式而成为全体文艺家共同遵循的规则和标准之后，那些来自革命根据地、来自工农革命队伍的艺术家普遍受到重视。他们或者担任文艺界的要职，或者用新的文艺范式的规则和标准培养年轻艺术家，或者全力以赴地宣传解放区文艺传统。而那些来自国统区和大后方的艺术家却被告知要进行思想改造，要从小资产阶级知识分子转变为无产阶级革命文艺工作者才能为工农兵服务；加上革命领袖的推波助澜，在文艺界引发了一场又一场声势浩大的文艺运动，文艺教育体制也遭到破坏，直到改革开放后才重新恢复。

改革开放、社会进入新的转型期之后，我国文艺教育又由相对统一或高度统一的一元统领时代进入多元共存时期，文艺长期担当社会历史重任的意识形态功能依然存在，市场经济条件下大众文化消费的功能不断增强，包括言说方式在内的属于文艺本体范畴的诸因素也已发生了巨大变化，另一种新的文艺教育范式实际已经悄然形成。

本论著力图通过对鲁艺在延安时期的办学方针和教学实践的梳理，深入探讨鲁艺在中国新文艺运动中的作用，反思它对中华人民共和国成立后我国文艺教育的深刻影响。长期以来，人们对鲁艺“专门化”时期的教育改革缺乏客观的历史审视。今天，当我们重新审视历史，延安鲁艺探索解放区新型文艺教育体制的成就应得到全面认识并给予充分肯定。延安鲁艺“根植民族、融入时代、砺练品质、服务人民”的光荣传统应该得到发扬。

在新的历史文化语境中，对延安鲁艺有关文献资料和文艺活动的衍变进行重新整合，透视并发掘其在历史与整个现代文艺发展史的内在联系，考察延安文人与意识形态之间的关系来探究知识分子思想改造的实质，不论对文学理论批评、文学创作实践，还是对新的文学规范建构和社会主义文艺事业的繁荣，都是一种促进作用。

二、研究文献综述

研究延安文艺，延安鲁艺是一个无法回避的现象。在探讨关于诸如延安文学体制的确立、中共文艺政策的本质、知识分子社会角色的转变等问题时，延安鲁艺都被研究者一再提及。目前，对于延安鲁艺的研究呈现出较为分散、缺乏对延安鲁艺文艺活动进行集中展示与梳理的特点。已有研究成果对延安鲁艺前后八年缺乏有意识的区分，笼统地将之作为一个不变个体来研究，造成将延安鲁艺武断地看作延安主流文艺政策与方向的单纯代表的片面认识。由于延安鲁艺与最高政治机构、文化机构之间的直接关系，对于延安鲁艺的研究仍然受到客观条件和研究者主观心理的某些限制。目前，有关延安鲁艺的史料问题没有受到足够关注，相关的整理工作没能开展，许多的“缝隙”和“空白”有待我们去弥补和完善。

延安鲁艺是中国现代文艺教育史上非常重要的一个阶段。它在新民主主义革命时期为中共取得政权、获得胜利做出了巨大贡献。中华人民共和国成立后，一段时间把延安时期的文艺教育经验绝对化了；一段时间，我们又把延安时期的文艺教育经验边缘化了。这导致中华人民共和国的文艺教育走过了一条漫长而曲折的道路。延安鲁艺的文艺教育是我国现代文艺教育的一笔宝贵财富，只有很好地加以分析总结，才能真正挖掘出对于我们当代文艺教育具有借鉴意义的东西。

关于延安鲁艺的文献可分为两类：一类是回忆录和史料：文化部党史资料征集工作委员会成立的鲁艺专题小组编辑出版了《延安鲁艺回忆录》（光明日报出版社，1992），金紫光等人编辑出版了十六卷的《延安文艺丛书》（湖南文艺出版社，1987），艾克恩编纂了《延安文艺运动纪盛》（文化艺术出版社，1987），《延安文艺回忆录》（中国社会科学出版社，1992），贺志强等编的《鲁艺史话》（陕西人民出版社，1991），钟敬之著《延安鲁艺：我党创办的一所艺术学校》（文物出版社，1981），林蓝《周立波鲁艺讲稿》（上海文艺出版社，1984），鲁艺校友会编《延安鲁迅艺术文学院建院五十周年纪念（1938~1988）》及《延安鲁艺文艺学院校友录》（1995），程远的《延安作家》（陕西人民教育出版社，1992）。一类是相关著述：它们或是对由鲁艺产生的某一个或几个作家、文人的介绍，如《周立波评传》《孙犁传》《周扬论》《周立波研究资料》《何其芳研究专集》；或是针对出自鲁艺的作品或者某个在鲁艺发生的文艺活动的探讨，如孟悦的《歌剧〈白毛女〉演变的启示》，魏艳的《延安鲁艺音乐教育体制初探》，黄研的《从延安鲁艺文学活动看延安文人话语方式的改变》以及唐晓飞的《延安鲁艺歌曲研究》；还有的是将延安鲁艺作为结构性因素，放在对延安文学乃至解放区文学的整体研究中加以论述。特别是谈到文艺大众化运动、《讲话》及延安文艺界整风等问题时有关的研究可谓多矣，但还不是对延安鲁艺的专门研究。这其中写得较好的有：朱鸿召的《众说纷纭话延安》《延安文人》，王海平《回想延安·1942》，李书磊的《1942：走向民间》，贺桂梅的《转折的时代：40~50年代作家研究》等。目前，对延安鲁艺的文艺教育的专门研究还不多，且大多学理性不强。专门针对延安鲁艺的著述有贺志强等编著的《鲁艺史话》（陕西人民出版社，1991），以及王培元著《延安鲁艺风云录》（广西师范大学出版社，2004）。前者仅仅是与延安鲁艺相关的人与事的资料汇编；后者虽然有比较完整的历史逻辑与论述逻辑，但仍偏重于史料的展示而缺乏学理分析。而实际上，以文艺整风运动为转折，延安鲁艺前后两个阶段的文艺教育存在某种性质上的决然的差别，以往对鲁艺的研究往往更多采用回忆录的形式，以“叙”代“议”，缺乏理性认识和理论的提高。

朱鸿召博士是研究延安文艺的专家，他的文章《延安鲁艺教育模式解析》、论著《延安文人》和博士论文《兵法社会下的延安文学》给我启发不少。《延安鲁艺教育模式解析》以大量史料揭示了鲁艺一些鲜为人知的史实，客观地展现了鲁艺创办的艰难历程，揭示这所艺术学院变迁背后的深层政治因素。但它只是展示了鲁艺存在的历史，并没有深入分析鲁艺教育模式形成的内在动因。《延安文人》采用了大量的第一手资料，尤其是文人生活环境的背景资料，视野开阔，叙述时文采斐然。以“延安文人”个体在群体中的活动为其历史描述的角度，试图探寻特殊时空下的延安知识分子隐秘的心路历程。可以说，从朱鸿召的著作中，我们听到了另外一种叙述历史的声音。但由于缺乏个案研究，铺面太宽，对“文人”的探索难于深入。特别是缺少文人们自己当时的文字来阐释，因而在研究思路上容易落入窠臼，即注重环境对文人的“外影响力”而忽略文人变化的“内因”。朱鸿召的博士论文《兵法社会的延安文学（1937~1947）》，以“本体性”视角全面考察 1937 年至 1947 年延安文学生产存在的历史语境、制作过程和文本特征，揭示延安文学独特的被兵法穿透了的中国现代性特征。他着重从“兵法”视角透视延安文学，是一个富于新意、有一定穿透力的研究思路，但“兵法”和文人创作如何有机地联系起来，论文没有进一步研究。

王培元的《延安鲁艺风云录》以“文化传记”的形式，以大量史料勾画出延安鲁艺进行探索性文艺实验的全过程。通过对鲁艺师生们在延安的学习和生活等历史事实的描述，揭示出鲁艺这所文艺党校背后的若干重要历史和精神文化特征。《延安鲁艺风云录》中的“风云”二字隐约地告诉我们：处于政治风云中的鲁艺也许至今仍有若干问题若明若暗，尚待我们进一步去发现和澄清。它对本选题进一步研究打下了良好的基础，但因其过分注重细节再现而显得缺乏理论深度，其研究旨趣、范围、方法与本选题有较大差异。

黄妍的硕士论文《从延安鲁艺文学活动看延安文人话语方式的改变》是比较贴近鲁艺的研究文章。她从文人话语方式的演变探讨了与延安鲁艺密切相关的《讲话》中的三个主要问题：普及与提高、大众化、暴露与歌颂问题。尤其是关于文人主体意识的失落和文人话语削弱的原因分析得很到位，但对于鲁艺文艺教育的得失没能给予关注。

唐晓飞硕士论文《延安鲁艺歌曲研究》通过对延安鲁艺音乐系及其歌曲创作发展过程的梳理，考察其形成、发展的原因，探求其文化渊源，试图全面展示延安鲁艺歌曲的方方面面，探讨延安鲁艺歌曲创作的思想来源和技术来源，客观阐述延安鲁艺歌曲在中国抗战歌曲中的地位，并指出延安鲁艺歌曲的历史意义。它是借助一种艺术形式的发展演变来探讨鲁艺的艺术教育，挖掘其深刻的历史意义，是一个很好的研究延安鲁艺的范本。但它的视野太狭窄，局限于鲁艺的音乐教育一个方面；再加上艺术分期过于勉强，论述也有些杂乱。

赵卫东的博士论文《延安文学体制的生成与确立》深入讨论了延安文学体制生成和确立的来龙去脉，梳理了文艺大众化思潮演进的内在理路，探讨了革命与延安文人的边缘化，索解出毛泽东战时民主观的基本内涵，考察了延安文人的身份认同和话语危机，辨析了《讲话》与延安文艺政策确立的关系，最后从整风、审干、抢救运动对知识分子的精神压力以及文化人下乡这种体制性安排来理解“秧歌剧”热潮。此文对于延安文学的研究很细致、深刻，但仅仅把延安文学当作一个整体来研究，并没有给予鲁艺过多的关注。

袁盛勇的《“党的文学”：后期延安文学观念的核心》则依据史料的辨析，指出解放区文学，尤其是后期解放区文学的观念核心并非“工农兵文学”，其本质应是“党的文学”。“党的文学”这个提法应该说是比较新的，他对于我提炼延安鲁艺文艺教育的特征是一个启发。

孟长勇的《延安文艺与十七年文学的历史联系》比较了延安文艺与十七年文学的异同，二者都以毛泽东文艺思想的集中体现——《讲话》为理论纲领，以政治、人民为内容的母题，以“中国作风和中国气派”为艺术形式的追求，二者虽属于不同历史时期却有明显承继关系。它点明了“延安范式”十分深刻地影响了十七年文学的实践，两者之间又存有深层的转换关系。这为我研究中华人民共和国成立后的文艺教育提供了一个思路。

傅道磊的博士论文《文人的理想与新中国梦——1936年至1942年延安的文化与文学剖析》综合考察了毛泽东《讲话》之前延安文化和文学的状况，分析了张闻天负责共产党文化宣传工作时对延安文学至关重要的作用。

吴敏的博士论文《“倾斜”与“缝隙”——试论延安文人40年代的思想转变》从文人主体角度，描述周扬、何其芳、丁玲的思想转变过程与内在理路，来透析文人进入政治体制的运作轨道后所面临的文化困境、艰难选择以及自身存在的文化病症。此文对于延安文人思想转变的分析很深刻细致，但是对于鲁艺的艺术教育只是捎带而过。该作者的博士后出站报告——《1940年前后延安的文化组织与文学社团》有大量资料描述延安鲁艺文学系的“艺术宣传”与“专门提高”，角度很新颖，但仅是资料性质的，尚未对鲁艺的教育有所深入探讨。

童庆炳先生的《周扬文艺思想论略》梳理了周扬一生的文艺理论思想，概括出周扬思想的一个中心（人民文学论）、两个基本点（艺术真实论和艺术形象论）。他对周扬客观公正的评价消除了人们对周扬这位鲁艺掌门人的历史偏见，对鲁艺有了更深入的了解。

艾青的《解放区的艺术教育》一文是他在全国第一次“文代会”上的专题发言，首先介绍了解放区文艺教育的概况，接着从政治教育、文艺思想教育和业务教育三个部分进行阐述。他把政治教育和思想教育分开来讲，又把业务教育分为知识教育和业务的技术教育两部分，实际上指的就是现在的政治理论课、专业必修课和公共基础课，只是说法不同而已。他总结出了“教学与实际结合”“教学民主”“学习民间和团结旧艺人”这几点解放区的艺术教育经验，与我的研究结果很相似，也可以说我们不谋而合。可见当年人们对鲁艺的定位还是比较准确的，它是我对解放区文艺教育研究的一份很有价值的资料。

据“中国知网·中国优秀博硕士学位论文全文数据库（HTTP://WWW.CNKI.

NET/）”和万方数据库以及中国国家图书馆馆藏资料（统计时间截至2018年10月28日），以解放区文艺为研究对象的硕、博士论文共有十七篇（按年份先后排列）：

1. 朱鸿召：《兵法社会的延安文学：1937~1947》，华东师范大学1998年；

2. 刘圣宁：《四十至五十年代的文学转折》，北京大学1998年；

3. 付道磊：《文人的理想与新中国梦：1936~1942年延安的文化与文学剖析》，南京大学2000年；

4. 吴敏：《“倾斜”与“缝隙”：试论延安文人40年代的思想转变》，中山大学2002年；

5. 王利丽：《解放区小说的历史解读》，北京师范大学2002年；

6. 江震龙：《从纷繁多元到一元整一：“中国解放区散文”研究》，福建师范大学2003年；

7. 张根柱：《个性的失落与文学的主题：另一种考察视角下的延安文学》，南京大学2003年；

8. 汪振军：《独立精神的坚守与失落——四五十年代知识者题材小说研究》，河南大学2003年；

9. 袁盛勇：《宿命的召唤：论延安文学意识形态化的形成》，复旦大学2004年；

10. 赵卫东：《延安文学体制的生成与确立》，浙江大学2004年；

11. 毛巧晖：《涵化与归化：论延安时期解放区的“民间文学”》，华东师范大学2005年；

12. 孟远：《歌剧〈白毛女〉研究》，中国人民大学2005年；

13. 王雪伟：《何其芳的延安之路：一个理想主义者的心灵轨迹》，山东师范大学2005年；

14. 刘金冬：《解放区前期诗歌研究（1936~1942）》，首都师范大学2006年；

15. 孙红震：《解放区文学的革命伦理阐释》，华中师范大学2008年；

16. 王丽虹：《延安鲁艺音乐教育中的政治因素研究》，福建师范大学2010年；

17. 仇珊华：《鲁艺精神及其当代价值》，河北师范大学2017年；

18. 张英芳：《延安文艺的现代性与中国新文学的发展》，陕西师范大学2013年。

硕士论文有如下四篇：

1. 黄妍：《从延安鲁艺文学活动看延安文人话语方式的改变》，福建师范大学2005年；

2. 唐晓飞：《延安鲁艺歌曲研究》，中央音乐学院2007年；

3. 杨德忠：《延安鲁艺美术教育研究》，南京艺术学院2009年；

4. 高媛：《延安鲁艺思想政治教育及其当代启示研究》，2017年。

上述学位论文的研究者都能在新的历史语境从不同角度对延安文学及文艺活动做出客观评价。他们是我进入延安鲁艺这个陌生的研究领域不可多得的引路人，但是他们对于鲁艺的文艺教育都没有进行系统的梳理和分析，更不用说对鲁艺的文艺教育得失和对当代文艺教育影响给予应有的客观评价。论文有的偏重历史事实描述，有的把延安文艺当作一个整体来研究，没有凸显出鲁艺的独立学术价值，即使有也是寥寥几笔。把延安鲁艺从这些资料中剥离出来，单独提炼它的文学史价值、思想史价值以及艺术教育价值，是有一定难度的。再加上笔者学养的浅陋、阅历的有限，对于已掌握的有关鲁艺的资料缺乏鉴别，大量有价值的资料尚缺乏足够储备，这项研究工作是比较艰巨的。

三、研究方法

本论著以“延安鲁艺的文艺教育”为研究对象，进行整体综合研究，通过将其与“五四”以来至中华人民共和国成立后的文艺教育进行比较，试图严肃认真地总结“延安鲁艺”文艺教育的成败得失，概括出其对当代文艺教育有借鉴作用的艺术教育规律，达到对“延安鲁艺”的历史总体定位。

本论著对延安鲁艺的文艺教育有较全面的把握，以扎实的原始资料与研究资料相结合，以文艺理论思潮演变与作品文本分析相结合，集中展示1942年延安文艺界整风前后所发生的变化，并确立1942年的文艺界整风为进一步观察延安鲁艺的关节点，以透视出文艺整风对延安鲁艺乃至整个延安文艺界造成的冲击与影响。

我主要采取的研究方法有两种。一是实证法。它要求研究者通过查阅相关文献资料（当时在延安及陕甘宁边区等地发行的各种出版物、原始报刊等），掌握研究资料。这就要求研究者按照时间顺序，即历史本然顺序做一仔细梳理性阅读，再辅之以回忆性资料的阅读，并在此之上展开有针对性的研究。因为延安时期特定的政治、经济、军事、文化、思想观念等在总体上构成了延安文艺得以形成的复合性语境或场域，此处所指原始报刊既包括《大众文艺》《文艺突击》《文艺战线》《谷雨》《草叶》等文学性刊物，也包括《中国文化》《中国青年》《解放》等一类综合性刊物，还包括《红色中华》《新中华报》《解放日报》等一类报纸媒体。此外，相关出版物就更多了。除了以当时出版发行的文艺类书籍为主，还应包括当时出版的各种军事、政治、文化类书籍，以及大量有关延安时期文艺活动著述的细读，以找到与鲁艺文艺教育的契合点，进入并且进行学术探寻。二是历史考察与逻辑分析相结合。通过对延安鲁艺创立的思想来源及其教育方针的考察，理清《讲话》与鲁艺的关系，及与文艺教学关系的脉络，搞清事实。然后，在此基础上进行逻辑分析、抽象概括，得出经得起验证的结论来。只有领略到延安文人所处的特定氛围，才能有效进入历史情境，从而让这段历史鲜活地呈现在读者眼前。

四、论文创新点

一、以延安整风为关节点，通过延安鲁艺前后期变化来探究鲁艺变化背后的中共文艺政策调整和知识分子思想改造的实质，以及对今后文艺教育所带来的影响。

二、通过对鲁艺教育方针衍变的比较，分析艺术教育如何处理好政治功利与艺术审美、短期性与长期性的关系，总结对现代艺术教育可资借鉴的经验和教训。

三、不是简单地对待延安鲁艺前后期的变化，而是实事求是地分析其变化的深层原因，试图达到对延安鲁艺文艺教育范式的客观公正的认识，消除对它的历史偏见和误读。

四、通过总结鲁艺对中华人民共和国成立后的艺术教育的影响，反思当代艺术教育如何建构人文教育的问题。

第一章
延安文艺教育的来源和生成语境

20世纪是中国艺术教育史上最为悲壮和绚丽辉煌的一章。在西学东渐的影响下，中国传统的艺术教育延续发展的进程受到了挑战，在与西方文化、思想的碰撞、冲突、交汇中，延安鲁艺的文学艺术家们摸索出了一套具有中国特色的解放区艺术教育模式。延安鲁艺的文艺教育从文化渊源来看，不仅受到中国传统艺术教育思想的影响，也受到西方艺术教育思想的影响，与国统区“左翼”文艺、苏区和中国共产党革命根据地的文艺策略有着传承关系。它的发生、发展不仅源于艺术教育自身发展的逻辑，而且有深层的文化、政治、社会等原因的相互作用与影响，也与初创时期解放区文艺逐步发展的趋势密切相关。

第一节　思想、理论来源

一、中国传统艺术教育思想和西方模式

我国审美教育的历史源远流长，可以追溯到春秋末期。“琴、棋、礼、乐、诗”五艺并重，教育家孔子开创了私人讲学之风，他的“礼乐相济”思想创立了我国古代最早的艺术教育体系。他提出“兴于《诗》、立于礼、成于乐”的主张，包含着文学和艺术教育在内的“六艺”“礼乐”等也是中国古代教育的重要内容。今人考证，与艺术教育基本同义的“美育”这个词，最早是由汉末魏初“建安七子”之一的徐幹（170~217）提出的。徐幹在他的《中论·艺纪》篇中提出：“美育群材，其犹人之于艺乎。”① 这里的“美育”由两个概念（“美”“育”）组成，虽说与我们今天的“美育”概念有很大区别，但其所指为艺术教育中的“艺”却是无疑的。徐幹不仅明确提出了“美育”一词，而且依据《周礼》的有关记载，说明了先王“美育群材”的途径和方法，也就是以“六艺”“六仪”来造就“群材”。“美育”在古代，乃是养成“君子”人格的基本途径。这种通过礼乐养成“君子”人格的“美育”，主要从属于以传统道德伦理为内容的德性教育。历代统治者或设置宫廷画院，传授技艺；或招考画师、画工，专供帝王、士大夫遣情寄赏。

---

① 参见曾繁仁（主编）：《中西交流对话中的审美与艺术教育》，山东大学出版社2003年版，第328页。

在中国，具有现代意义的艺术教育思想和美育观念则出现在19世纪末20世纪初。王国维是中国最早引进西方美育概念的美学大家，他“把西方的‘美学’、‘美育’传播到中国来，使中国人第一次知道了‘美学’‘美育’等新名词儿”。[①] 他主张艺术教育不是为了满足急功近利的“当世之用”，而是一种“无用之大用”，其意义就在于以发展人的无个人功利的情感来消解由追逐“生活之欲”而带来的痛苦，进而达到改良社会之目的。

蔡元培作为中国近现代文化革命的先驱，是近现代美育卓有成效的倡导者和躬行者，是中国第一个将美学理论应用于教育并将“美育”写进国家教育宗旨的人。他认为：“学与术可分为两个名词，‘学’为学理，‘术’为应用。‘治学者’可谓之‘大学’，‘治术者’可谓之‘高等专门学校’。”[②] 他对美育思想的贡献在于：一是深入系统阐释了“美育”的概念并最早将审美教育和艺术教育作了区分。他给美育下的定义是：“美育者，应用美学之理论于教育，以陶养情感为目的者也。”[③] 二是确立了国家教育方针中美育的地位以及美育和德育的关系。蔡元培认为，“故教育之目的，在使人人有适当之行为，即以德育为中心是也”“所以美育者，与智育相辅而行，以图德育之完成者也”。[④] 三是确立了美育和宗教的关系，提出了“美育代宗教”的著名思想。[⑤] 将美育视为自由进步的象征和人性的自我解放，这就为中国近现代艺术教育的蓬勃兴起，在教育思想体系上铺平了道路。同时，他大力支持中国私立艺术大学的创建，积极促成了徐悲鸿、刘海粟、刘开渠等一批优秀青年留学，为中国现代艺术教育奠定了基础。1917年蔡元培担任北大校长时提出：“学术公开，思想自由，文学与美术上现实派和理想派兼收并蓄。”[⑥] 他的这个号召开创了北大百年学府的校风。他提倡的“以西为师，兼收并蓄”的方针，对中国近现代西方艺术及思潮大规模引入，中国新艺术运动兴起起到了引导作用。

以学校系统施教取代传统的师徒相授的现代新型教育，肇始于晚清。1904年，清政府颁布《奏定学校章程》（也称“癸卯学制”）。[⑦] “癸卯学制”是中国经政府法令公布，正式在全国实行的第一个完整的近代学校教育体系。它对整个国家的学校教育系统、课程设置、教育行政及学校管理等，都做了相当详细的规定。癸卯学制的颁行，是中国近代教育史上的一件大事。它标志着中国几千年封建传统教育的瓦解，以及新的由西方移植的近代学校制度的建立。它将群众自发的艺术教育转为得到政府支持，这种新制教育体系才得以在全国范围逐步推开。但当时只是把手工、

① 李心峰（主编）：《20世纪中国艺术理论主题史》，辽海出版社2005年版，第474页。

② 高平叔：《蔡元培教育文选》，人民教育出版社1980年版，第730页。

③ 蔡元培：《美育》；俞玉滋、张援：《中国近代美育论文选》，上海教育出版社1999年版，第207页。

④ 《蔡元培全集》（第2卷），中华书局1984年版，第263页。

⑤ 文艺美学丛书编辑委员会：《蔡元培美学文选》，北京大学出版社1983年版，第9页。

⑥ 宋忠元等：《艺术摇篮》，浙江美术学院出版社1988年版，第10页。

⑦ 朱有瓛：《中国近代学制史料》（第2辑）（上），华东师范大学出版社1987年版，第63~64页。

国画、音乐等艺术课程作为学堂里的"随意科目"来对待，而"随意课目"即意味着"视地方情形"决定开设与否，并非必修课目，可见当时并未真正重视艺术教育的作用。这一方面是由于清末"西学东渐"是通过极力模仿西方学校制度来达到发展军事技术富国强兵，对于不实用的科目一律予以拒斥；另一方面，与当时缺乏明确的美育思想有关。

1911年，辛亥革命推翻了清朝统治。1912年1月，中华民国成立。教育部随即颁布了《普通教育暂行课程之标准》，规定初等和高等小学"视地方情形"加设图画、手工、唱歌一科或数科。但是，在"遇不得已时，可暂缺手工、图画、唱歌之一科目或数科目"①。尽管在这之后，图画、唱歌等课程名义上被列为必修科目，但在学校教育中随意性、可有可无的地位并没有得到根本性改变。为了普及新学教育，急需大量师资，各地陆续出现师范学堂，并且设置图画、手工课，是近代中国最早的艺术教育的专门机构。比如：1906年，南京两江优级师范学堂，学制三年，教授课程有：中西绘画、图案、手工（金工、木工、漆工等工艺美术）。1912年，蔡元培先生在《对于教育方针之意见》一文中指出："学校应以培养德、智、体、美全面发展的人才为目的。"② 之后，全国兴起了一大批艺术院校，如私立上海美术专科学校、私立武昌艺术专科学校，等等。此时的艺术教育以私立和专科教育居多；在专业课程设置上，以绘画为主；同时引进西方艺术教育体系和教育方法，还聘请外籍教师或留学生任教。这是该时期艺术教育的重要特点之一。

真正将艺术课作为必修课列入普通学校及师范学校的学制，还是在1912年之后。1912年，我国现代艺术教育史上第一所正规的艺术专门学校——刘海粟先生创办的上海美术专科学校问世。上海美专在1919年的校刊《美术》上提出培养目标："造就纯正美术人才，培养及表现个人高尚人格。造就实施美教人才，直接培养及表现国人高尚人格。养成工艺美术专门人才，改良工业，增进一般人美的趣味。"③ 他们兼重纯美术教育与实用美术教育，把美术教育从应用提到人格培养的高度。随后大量私立艺术学校的成立，开始改变了一味模仿日本和西方美术教育的教学模式，形成了传统与西洋画法并驾齐驱的局面。

1918年4月15日，国立北平美术学校成立。它是我国最早的公立美术学校。这所学校就是现在中央美院的前身。许多美术教育的先驱者都在那里工作过，如陈师曾、林风眠、徐悲鸿等人。林风眠、徐悲鸿曾担任过该校校长。一批接受新思想的艺术家认为，要拯救中国落后衰颓的艺术，必须学习西方先进的艺术教育制度，改变培养艺术人才的封建传统方式。

1928年3月，国立艺术院（杭州艺专）成立。校长林风眠在《东西艺术之前

---

① 舒新城：《中国近代教育史资料（中）》，人民教育出版社1961年版，第451页。

② 蔡元培：《华法教育会之意趣》《蔡元培美学文选》，北京大学出版社1983年版，第9页。

③ 潘耀昌：《中国近现代美术教育史》，中国美术学院出版社2002年版，第22页。

途》一文中说："西方艺术上之所短，正是东方艺术之所长；东方艺术之所短，正是西方艺术之所长。短长相补，世界新艺术之产生正在目前，惟视吾人努力之方针耳。"为此，他提出了"调和"论："介绍西洋艺术！整理中国艺术！调和中西艺术！创造时代艺术！"这所院校"以培养艺术专门人才，倡导艺术运动，促进社会美育为宗旨"。① 在这里，美术教育被纳入艺术运动的历史进程中。

1927 年至 1937 年，中国现代文化逐渐走上了理性、成熟的发展道路。承继"五四"之风，在批判封建文化、吸收西方文化的基础上，这一时期基本建构起了中国现代文化的框架。加拿大学者许美德（Ruth Hayhoe）认为，"在整个国民党统治时期，中国大学已经走过了对外来文化的适应和吸收阶段……此时期中国现代大学在其发展过程中，在吸收欧美大学思想的基础上，结合中国的传统和实际情况，最终形成了自己独特的知识自由和社会责任的大学办学思想"。② 中国艺术教育思想的形成也莫过于此。

以宣扬民主、科学等现代观念为己任的"五四"新文化运动，不仅承担着反封建的思想启蒙任务，同时也有强化文艺活动的独立价值、把文艺从封建的"载道"传统中解放出来的使命。它要求文艺表现现代人的现代性思想观念和个性情感，加强新文艺创作的个人性、情感性，拒斥与艺术无关的一切。于是，早期的从事艺术活动的艺术家往往受西方"为艺术而艺术"的"纯艺术"理论影响，脱离社会现实，把自己禁锢于"象牙之塔"里。他们认为，艺术不必依赖于社会生活、道德、政治和科学，把艺术形式的研究视为审美价值本身。大概在 1923 年，有西画家俞寄凡最早著文谈"为艺术而艺术"的问题。他在《艺术》上发表的文章中说："所谓'艺术的艺术'，简单地说，就是艺术的独立，就是说艺术有独立的目的、独立的活动，决不能把艺术当作改进政治、经济、宗教、道德等的计划或机械。""艺术的艺术"之主张，原来也是为反抗时势而产生的。"要是依积极的解释，则'艺术的艺术'之世界中有无限净洁无瑕的地盘，足以容艺术家去研究艺术，玩赏艺术，脱离社会的一切风波险恶。"③ 这些艺术教育理论和教学方法都是注重纯技术教育，对于艺术与社会、政治之关系是相当隔膜的。

在早期艺术教育家的苦心经营下，培养出了不少优秀的艺术人才，在中国现代艺术史上有着不可动摇的地位。但是，不可否认，像国立艺专等艺术学校的艺术教育中存在着许多不容忽视的问题。

一、只注重技能训练而忽视艺术创作。许多艺术院校几乎没有创作课，如：西洋画系的教学，学生主要画石膏、木炭素描和人体素描；国画系的学生主要临摹画册，学生的创作实际上就是根据临摹进行拼凑。

二、缺少对艺术史论的全面认识。在这些艺术院校的学生中，大多数人对艺术

---

① 林风眠：《艺术论丛》《林风眠研究文集》，中国美术学院出版社 1995 年版，第 20 页。

② 许美德：《中国大学——（1895~1995）》，教育科学出版社 2000 年版，第 85~86 页。

③ 朱伯雄，陈瑞林：《中国西画五十年》，人民出版社 1989 年版，第 515~516 页。

史论所知甚少。什么是艺术？艺术与现实、社会的关系如何？几乎都不在他们的思考范围之中。那时办学的主要思想是：艺术只是一所“炼钢厂”，而不是“兵工厂”；在这里的主要任务是“炼好钢”，至于成为什么“武器”，那是社会“工厂”的事情。因此，国立艺术院的《艺术教育大纲》提出：“艺术学校能给予学子者，是艺术的基本方法及经验，使之成为未来的艺术家或大艺术家。”① 至于如何用艺术反映现实，表现艺术理念和革命理想，他们没有进行深层的思考。

文艺是为什么？是为艺术本身，还是为人生，为大众？这个问题历来争论很多。蔡元培在论述他的美育思想时就曾提到过这个问题。他呼吁，要为提高艺术家的社会地位而努力；而这必须要把艺术与社会联系起来，发挥艺术的社会作用才可以做到。但后来的艺术教育家却往往忘记了社会现实，把艺术的作用估计过高。

总括起来说，20 世纪早期艺术教育是从来自西方的艺术思想、哲学思想、宗教以及文化观念获得了营养，成为中国精英知识分子使中国获得“文艺复兴”的重要工具。他们通过对民众艺术知识的普及、审美能力的提高，涵养情性，完善人格，通过发挥艺术教育的情感意义，提升国民的精神趣味，改造完善国民的人格心理，最终由国民素质的提升来实现社会改造的目的。正是这个时期的尝试和探索，为延安鲁艺的诞生储备了艺术人才和思想底蕴，奠定了文艺教育的基础，一点一滴地改变了整个民族的文化与精神世界。

二、延安文艺的资源

延安文艺的发展自有其历史渊源。它既是第二次国内革命战争时期苏区文艺的延续，也是 20 世纪 30 年代“左翼”文艺的直接继承与发展。

（一）“左翼”文艺

1922 年 3 月 18 日，由中国共产党人参与创办的上海大学成立。该校下设社会科学系、中国文学系、美术系和英国文学系。中共早期的著名领导人、理论家、活动家和教育家瞿秋白、蔡和森、恽代英、张太雷、萧楚女、杨贤江、侯绍裘等都曾在该校任职任教，文学家沈雁冰、郑振铎、蒋光赤、田汉、郭沫若等也先后到该校任教。该校不仅培养了大批中共新文艺方面的干部，为新民主主义革命作出了贡献，也创造性地对无产阶级的教育制度进行了探索，在中国现代教育史上占有重要的地位。② 在中共的关怀与指导下，后期“创造社”的作家开办了上海艺术大学文学系，更是给中共培养了大批文艺后备军。

1930 年 3 月 2 日，“中国‘左翼’作家联盟”（简称“左联”）在上海成立。

---

① 中华人民共和国文化部教育科技司（编）：《中国高等艺术院校简史集》，浙江美术学院出版社 1991 年版，第 111 页。

② 黄美真等（编）：《上海大学史料》，复旦大学出版社 1982 年版，第 548 页。

"左联"通过自己的理论纲领和组织纲领，在我国新文学发展史上第一次旗帜鲜明地树起了无产阶级革命文学的大旗。他们以马克思主义文艺理论为指导，以工农运动大众的解放为目标，热情投入了中国的无产阶级政治运动。"左联"的成立，给予当时我国文化界的一切进步力量以极大的鼓舞，标志着中共在政治思想和组织机构方面领导文艺事业的开始。继"左联"之后，很快又成立了"中国'左翼'戏剧家联盟"（简称"剧联"）等八个"左翼"文化组织，并统一在中共所直接领导的"左翼文化工作者"（简称"文总"）的领导下开展各项活动。不久，在北平、武汉等城市也开展了类似的建立"左翼"文化组织的活动。自此以后，在我国近代文化史上，才出现了一个由中国共产党直接领导的"左翼"文化战线，标志着我国"五四"以来的新文化运动又进入了一个新的发展阶段。

以"左联"为首的革命文化战线建立后，立即向反动的文化逆流展开了极其尖锐复杂的斗争。同时，在革命文化战线内部也进行了一系列思想、理论、组织等方面的建设，如关于"文艺大众化"的讨论和关于社会主义现实主义的讨论等。"左联"还热情介绍马克思列宁主义的文艺理论和苏联革命文艺的成就。

鲁迅先生作为"左翼"文艺的旗手，不仅以自身创作和实践活动为现代文学发展做出了开拓性贡献，同时以清醒的现实主义品性、深邃的思想魅力团结、影响和鼓舞了许多进步作家，携手粉碎了国民党的文化"围剿"，促进了革命文艺的发展，对无产阶级革命事业起到了推动作用。一批用马克思主义思想武装的文学青年，形成了以鲁迅为核心的创作、翻译、评论队伍；创办了一系列无产阶级文艺刊物，占领文化阵地，传播马克思主义思想，创作无产阶级文艺，批判不健康、反动的文艺思想。

"左联"的活动纲领明确规定：文艺应该紧跟革命，配合革命，促进革命，做革命的武器和工具。无产阶级运动的目的在求新兴阶级的解放，它是这种解放斗争的武器和工具，它要负起解放斗争的使命，文艺应当成为共产党领导的整个无产阶级革命事业的一个方面军。"左翼"文艺必须做到：写大众，大众写；要写大众熟悉的、感兴趣的生活，要用通俗的形式，使大众易懂，爱看。这样才把文学当作完成革命任务、达到政治的目的的工具。但旧形式要改造，旧的不够用了就创造新形式，如引进报告文学、朗诵诗、活报剧、广播剧等；小资产阶级作家要到工农大众当中去，深入民众，去观察、了解、体验工人和贫民的生活与斗争，克服小资产阶级的劣根性，实现意识上的无产阶级化。尤其是要开展工农通信员运动，并从中培养无产阶级新一代作家，甚至以此来取代现有的"非普罗"作家。"左联"培养了大批革命文艺工作者，使他们成为革命文艺队伍主要人才。后来的延安鲁艺的周扬、周立波、吕骥、江丰等很多艺术家都来自"左联"。"左联"提出大众化问题，为建设后来人民大众的革命文艺做了前期准备与基础建设。

1936年春，由于抗日救亡运动新形势的急迫需要，面对"左联"成员可能面临的危险，以及出现的周扬和鲁迅等的意见分歧，在没有得到国际"左联"的通知下，

"左联"自行解散了。1937 年以后，上海"左翼"作家几乎一股脑都在抗战后中国的另一个政治中心——延安集结，他们的文艺思想，成为延安文艺的重要铺垫。毛泽东《讲话》前的延安文艺与"五四"新文化运动有着内在的精神关联，而《讲话》后的延安文艺与"左翼"文艺有着相似的精神取向。它为工农兵文艺的发展做了理论和思想上的准备。不可讳言，中共在"左联"时期由于受"左"倾路线影响，未能根除宗派主义、小团体主义、关门主义等错误。这些影响又被带到延安，给延安文艺界也造成了许多负面影响。

虽说整个解放区文学总体上是"左翼"文学在特殊环境下的发展，但将解放区文艺放在 20 世纪新文学史来考察，可以看到毛泽东《讲话》以前的延安文艺具有相对的独立性，更多地与"五四"新文化运动及鲁迅为主导的核心文学思想相关联，文艺家享有更多的精神自由；而《讲话》以后的工农兵文艺则更多的是继承了"左翼"革命文学的精神指向。

（二）苏区文艺

苏区文艺是延安文艺的源头，延安文艺是苏区文艺的丰富和发展。刘增杰说："苏区文学、'左翼'文学和解放区文学是一脉相承的。可以说，苏区文学是解放区文学的先导，解放区文学是在新的历史条件下和新的社会环境中承继、发扬苏区文学的传统，并汇合一部分'左翼'文学的力量而形成的。"① 可以说，"左翼"文艺作为一股新鲜力量，给苏区文艺注入了生机与血液；苏区文艺奠定了延安文艺创作的基本指导思想，延安文艺由此成长发展。

中国共产党 1927 年至 1930 年建立了赣南、闽西、湘赣、闽浙赣、鄂豫皖等十多块农村革命根据地，并在各革命根据地成立了苏维埃政府，在之后的几年里开展了一系列革命文艺活动。毛泽东指出："苏维埃文化教育的总方针在什么地方呢？在于以共产主义的精神来教育广大的劳动民众，在于使文化教育为革命战争与阶级斗争服务，在于使教育与劳动联系起来，在于使广大中国民众都成为享受文明幸福的人。"② 当时工农大众的教育水平太低，和文艺实际处于隔绝状态。其中一个重要原因就是对于文艺的不够重视。他们"把宣传工作认为是某一部分人的事，尤其是感觉部队是打仗的，宣传是卖假膏药，是讨厌的"。陈毅在关于朱毛军的历史及其状况的报告中曾经描述过这样的现象："红军在经过许多斗争，觉得宣传工作太差，每每

---

① 刘增杰（主编）：《中国解放区文学史》，河南大学出版社 1988 年版，第 17 页。另参见刘增杰著《战火中的缪斯》，河南大学出版社 1992 年版，第 31~32 页。其实，苏区文学只有歌谣、戏剧和小型通讯报道，严格地说，只是一些粗糙的宣传品，还缺少艺术的精致与象征意蕴。而"左翼"文学内部在 1930 年代也并非铁板一块，以文学观念论，鲁迅、冯雪峰、胡风比较接近，瞿秋白、茅盾、周扬代表革命文学观，但他们与创造社诸人郭沫若、成仿吾、李初梨等又有区别。"左翼"文学较复杂，不可一概而论。延安文学发展的辉煌时期发生在《讲话》之前，是"左翼"、京派和自由作家共同努力的结果，他们共同推进了延安文学逐步走向繁荣。"左翼"、京派和自由作家曾经创造了中国 1930 年代文学的最高成就，也创造了延安文学前期的最高成就。《讲话》以前的延安文学有一种"左翼"的反抗传统，《讲话》之后被整肃了。

② 《毛泽东同志论教育工作》，人民教育出版社 1997 年版，第 8 页。

红军经过某地，只是小小的几张标语，群众毫不懂红军是什么东西，甚至许多把红军当作土匪打。”① 1928年的古田会议以后，重新当选为红四军中共前敌委员会书记的毛泽东对这种错误观念进行了及时纠正：“红军绝不是单纯地打仗的。它除了打仗消灭敌人军事力量之外，还要担负宣传群众、组织群众、武装群众、帮助群众建立革命政权以至建立共产党的组织等项重大的任务。”② 将红军中的文化工作定位为“宣传”，是毛泽东的一贯思想。

古田会议之后，红军开始重视宣传工作。1931年，工农戏校成立了“八一剧团”。这是革命根据地成立后第一个工农剧社总社，各省、县区、乡相继成立了分社。1932年9月由外来的少数文艺工作爱好者与红军中高级干部发动组织成立的工农剧社，其实是一个综合性的艺术指导和管理机构，日常工作是编著和审查剧本，并对群众性的文艺活动进行艺术示范与指导。为此，他们创办了培养艺术人才的“蓝衫团学校”和专业艺术团体“蓝衫团”。③ 苏区出版了自己的文艺刊物《红色中华》《斗争》《红星》等，编辑出版了《革命歌谣选集》《革命诗集》等，产生了富有自己特点和风格的文艺。1934年，瞿秋白到中央苏区后，担任中华苏维埃共和国临时中央政府人民教育委员，兼管艺术工作，进一步加强了对文艺工作的领导。在瞿秋白直接领导下，颁布了《苏维埃教育法规》，其中包括《工农剧社章程》《高尔基艺术学校简章》《苏维埃剧团组织法》等，将各项工作加以规范化，使苏区的文艺工作逐渐趋向组织化、革命化和群众化。当中央决定创办第一所戏剧学校时，瞿秋白提议以高尔基的名字命名：“高尔基的文艺是为大众的文艺，应该是我们戏剧学校的方向！”瞿秋白对高尔基戏剧学校的工作很重视，亲自参加剧校工作计划的制定。他提出剧校要附设戏团，经常到火线去巡回表演，鼓动士气，并从实际生活中搜集创作资料，等等。他要求剧作者和演员“保持同群众密切的联系”，因为“闭门造车是绝不能创造出大众的艺术来的”；要求文艺工作者“注意使用群众所喜闻乐见、所易于接受的文艺形式来进行革命宣传”。④ 他主张学校除普通班外应添设“红军班”和“地方班”，专为部队宣传队和县、区、乡工农剧社和俱乐部培养艺术干部和艺术人才。他说：“没有戏剧工作骨干，就谈不到什么工农戏剧运动。”⑤

高尔基戏剧学校是我国最早的为无产阶级革命事业培养文艺干部的艺术学校，由李伯钊任校长，教员有沈乙庚、沙可夫、石联星、胡底、钱壮飞等。在当时难以想象的艰苦条件下，它曾为工农红军和民主政府培养了不少文艺干部，并经常配合政治斗争的需要进行各种各样的创作和演出。高尔基戏剧学校的教育方针是“给学

① 中国共产党历史资料丛书《井冈山革命根据地》，中共党史出版社1987年版，第45页。

② 《关于纠正党内的错误思想》《毛泽东选集》，人民出版社1991年版，第8页。

③ 蓝衫团是直接借用苏联群众剧团的名称，因其不脱离生产，演出服为工农日常的蓝色工作服，故称“蓝衫团”。蓝衫团学校成立于1933年4月，主要招收15岁至18岁青少年。

④ 《苏区文艺运动资料》，上海文艺出版社1985年版，第362页。

⑤ 转引自汪毓和《中国近现代音乐史》（第2次修订版），人民音乐出版社2002年版，第163页。

生以戏剧运动及革命文艺运动的基本常识”“有组织的分派到各地的俱乐部、剧社、剧团去实习”。[①] 为了适应战争和流动的环境，那时高尔基戏剧学校的教学主要是短期培训性质的。由于教师大部分是临时兼课，学员的文化程度也参差不齐，那时只能训练演员粗浅的基本表演动作，有时还需要解决扫盲问题。剧校的课目有政治课（经常请红校的政治教员来教）、舞蹈、音乐、排练和文化课。学校经常举行晚会，有时跟工农剧社联合举行演出：有歌舞、活报剧、小型的歌剧（近乎秧歌剧）和话剧等节目，主要内容是反敌人“围剿”和保卫土地革命果实。虽说那时由于流动性比较大、条件十分艰难、人力物力都很缺乏，不能保证正常的教学，但由于中共的领导、人民群众的支持，革命文艺事业（主要是戏剧、版画、歌舞等）仍然得到一定的发展。

苏区的文艺活动主要由“红色歌谣”和苏区戏剧组成，以通俗易懂的形式进行宣传，非常受农民的欢迎。苏区的群众文艺十分活跃。这是因为苏区的文艺创作者与农民在感情上比较接近，表现的是新人物、新思想。这一思维几乎就是后来延安鲁艺革命化、大众化、民族化方面的雏形。如果说文艺大众化运动是文艺和政治合流的产物，由于当时文艺缺乏足够稳定性的政治条件（一种努力趋向于政治的文艺繁荣的前提是这种政治提供给它足够的环境），文艺不可能完全达到政治对它的要求。不久，中共和毛泽东对苏区的文艺运动开始重视起来，并对文艺工作中的许多问题给予明确指示，大大促进了革命文艺的发展。

1934 年 1 月，毛泽东所作的《中华苏维埃共和国中央执行委员会与人民委员会对第二次全国苏维埃代表大会的报告》，为苏维埃文化教育改革定下了“创造新的工农的苏维埃文化”的目标，并第一次为苏维埃政权确定了文化教育的总方针：“在于以共产主义的精神来教育广大的劳苦民众，在于使文化教育为革命战争与阶级斗争服务，在于使教育与劳动联系起来，在于使广大中国民众都成为享受文明幸福的人。”《报告》还指出：“为了造就革命的知识分子，为了发展文化教育，利用地主资产阶级出身的知识分子为苏维埃服务，这是苏维埃文化政策中不能忽视的一点。”[②]《报告》阐明了革命文化对革命事业的作用是通过间接的精神作用来影响群众实现的，而非采用直接的手段。无产阶级新文化的具体任务在于以共产主义的精神去教育广大的劳苦民众；用共产主义的精神武装工农群众的头脑，解除反动统治阶级所加在工农群众精神上的桎梏；用一种革命理想召唤受苦的工农群众，号召他们起来投入到阶级斗争中去。这是中共草创时代的理想文艺模式。

苏区文艺从一开始就是立足于现实生活，根据革命宣传工作的需要而产生。它除了承担着革命启蒙的作用，还要进行文化扫盲的工作。所有的创作和演出几乎都是因革命的需要而产生，表现的题材都是来源于现实生活或是已经发生的革

---

① 《苏区文艺运动资料》，上海文艺出版社 1985 年版，第 31 页。

② 《中央苏区文化史料汇编》，江西人民出版社 1994 年版，第 80~81 页。

命历史，与人民群众在思想上比较贴近。苏区文艺的主要形式是民歌与戏剧，这恐怕也是因为当时文艺家大多数集中在国统区，苏区缺少文艺人才的缘故。而且民歌多来自民间，戏剧的形式也易于被广大的工农兵群众所接受，如果不考虑苏区的戏剧艺术还存在着艺术性的不足，它初步（我们仅仅讨论它的这种初步状态）达到了和工农兵大众相结合的大众化要求。而且，它也和无论郭沫若、鲁迅、还是瞿秋白所要求的大众文艺都是相符合的。苏区文艺必须通俗、生动、活泼，便于工农接受，所以，文艺工作者们一方面借鉴民间的艺术形式，一方面采用人民大众的口头语言。

论及苏区文艺与解放区文艺的源流关系，我们不应忽略苏区文艺的一些缺陷对解放区文艺的负面影响。瞿秋白强调文艺的“工具论”和“从属论”，和毛泽东不谋而合。他说：“无产阶级的先锋队要用一切武器，以及文艺的武器去进攻反动的思想。”“文艺——广泛的说起来——都是煽动和宣传，有意的无意的都是宣传，文艺也永远是，到处是政治的‘留声机’。问题在于做哪一个阶级的‘留声机’，并且做得巧妙不巧妙。”① 这些缺陷，过分强调文艺的功利性、忽视作品的艺术性等，曾经给解放区文学的发展带来了相当严重的消极影响。丁玲曾在总结苏区文艺的成就与缺陷时指出：“为了紧张忙迫的环境，在苏维埃运动中，文艺的确是比较落后的部门角落。”“苏区的文艺，到现在还没有产生过如同阿 Q 那样艺术成熟的作品，就是像《子夜》《八月的乡村》……有着丰富新鲜，大的场面的描写也找不出。”②

1936 年 11 月 22 日中国文艺协会的成立，尤其是毛泽东在成立大会上的演讲词，可以视为延安文艺诞生的真正起点。毛泽东说：“……中国苏维埃成立已很久，已作了许多伟大惊人的事业，但在文艺创作方面，我们干的很少。今天，这个中国文艺协会的成立，这是近十年来苏维埃运动的创举。过去我们是有很多同志爱好文艺，但我们没有组织起来，没有专门计划的研究，进行工农大众的文艺创作，就是说过去我们都是干武的。现在我们不但要武的，我们也要文的了，我们要文武双全。……发扬苏维埃的工农大众文艺，发扬民族革命战争的抗日文艺，这是你们伟大的光荣任务。”③

中国文艺协会是中国共产党苏维埃政权成立的第一个有组织的文艺团体，由丁玲、茅盾等三十四位文化界知名人士发起。成立大会上，毛泽东、洛甫、博古、林伯渠、徐特立都到会并讲了话。毛泽东的演讲词一面检讨苏维埃在文化建设上的某种缺憾，一面确立了以工农大众为文艺发展的方向。

---

① 《瞿秋白文集》，人民出版社 1993 年版，第 878、963 页。

② 丁玲：《文艺在苏区》《苏区文艺运动资料》，上海文艺出版社 1985 年版，第 152 页。

③ 《在中国文艺协会成立大会上的讲话》，载《新中华报》1936 年 11 月 30 日。

第二节　延安文艺思想的生成语境

一、供给制与中共的文艺政策

1935年10月，中共中央、中央红军经过长征，到达陕甘宁边区。1937年9月，陕甘宁边区政府成立，与国民党保持了相对独立性。这样一群外来者闯入这个相对孤立、封闭、极端落后的环境中，为沉寂的黄土高原带了无限生机，也使古城延安充满了欣欣向荣的景象。经过几年的苦心经营，共产党已经在延安和陕甘宁边区建成了一个全民皆自卫军、兵营行伍编制、计划供给消费的高度组织化的社会。

1937年1月6日，中共中央进驻延安。从此，延安成为全国人民景仰的革命圣地

俯瞰延安城郊全景①

所有到延安的新知识分子都先由延安交际处负责安排免费食宿，然后再根据各人的具体情况分配到相关单位工作或者进学校学习。延安的各类学校都按照军事化、半军事化的模式来进行管理。

与当时延安其他干部学校同样，鲁艺也以抗大为榜样树立革命的作风，在学习、生活和教学工作中都有一派紧张活泼的气象。那时，各系学生在学习组织上按系别成立大队，设大队长，并有指导员负责学生的生活、学习和思想工作。大队分若干区队，设区队长；班组设班组长。生活军事化，政治气氛浓厚，学习空气紧张，抗日战争的烽火怒焰燃烧着这座革命熔炉。② 后来，罗迈（李维汉）认为，这样的管理方式不适合鲁艺这样的艺术学校。在他的提议下，鲁艺把“偏重自上而下的军队式‘管理制’改为‘领导与自治并重的委任与民主并用的制度’”。③

为了吸引更多的知识分子加入革命队伍，中共制定了一些向知识分子倾斜的政

---

① 本书插图均选自《延安文艺的光辉十三年（1935~1948）图片集》，华龄出版社1993年版。

② 钟敬之：《延安鲁迅艺术学院概貌侧记》《新文学史料》1982年第2期。

③ 《延安文艺丛书·文艺理论卷》，湖南文艺出版社1987年版，第795页。

策。1939年12月1日，毛泽东撰写的《大量吸收知识分子》说："共产党员必须善于吸收知识分子，才能组织伟大的抗战力量，组织千百万农民群众，发展革命的文化运动和发展革命的统一战线。没有知识分子的参加，革命的胜利是不可能的。"他要求"全党同志必须认识，对于知识分子的正确的政策，是革命胜利的重要条件之一"。过去对知识分子的吸收与使用是远远不够的，这是"由于不懂得知识分子对于革命事业的重要性，不懂得殖民地半殖民地国家的知识分子和资本主义国家的知识分子的区别，不懂得为地主资产阶级服务的知识分子和为工农阶级服务的知识分子的区别，不懂得资产阶级政党正在拼命同我们争夺知识分子，日本帝国主义也在利用各种方法收买和麻醉中国知识分子的重要性，尤其不懂得我们的党和军队已经造成了中坚骨干，有了掌握知识分子的能力这种有利的条件"。他严肃批评了党内尤其是军内所存在的"还没有注意到知识分子的重要性，还存在着恐惧知识分子甚至排斥知识分子的心理"的错误倾向，要求"一切战区的党和一切党的军队，应该大量吸收知识分子加入我们的军队，加入我们的学校，加入政府工作"。最后，他再次强烈要求："中央盼望各级党委和全党同志，严重地注意这个问题。"①

1941年1月，总政治部和中央文委就部队文艺工作联合发出指示，要求："以极热忱的、虚心的态度去对待""外来的知识分子、文艺工作者""不要使他们与群众脱离联系，而陷于孤独的生活，因而发生烦闷苦恼等等现象。在部队中分配他们的工作时，要考虑到他们创作上的便利，要使他们比较有自由的时间和必要的物质条件。"②

1941年6月，《解放日报》在社论《欢迎科学艺术人才》里仍然表达着对知识分子开放的姿态："只有在抗日民主根据地的边区，在延安，他们才瞧见了他们的心灵自由大胆活动的最有利的场所。""在延安，不拘一切客观条件的困难与限制，各种文化活动在蓬蓬勃勃地发展。科学和艺术受到了应有的尊重。在抗日的共同原则下，思想的创作自由获得了充分保障。艺术的想象与科学的设计，都在这里发见了一个可在其中任意驰骋的世界。"然后以赞赏的口吻说："对边区的缺点（即是任何新社会亦所不免的），也正需要从艺术方面得到反映和指摘。我们看重'自我批评'，尤其珍视真正的'艺术家的勇气'"③。

对知识分子政策上的优待，首先体现为在生活（衣、食、住、行、用）上的照顾。当时延安凡属于单位里的"公家人"，都按照一定的行政级别，在他们各自的机关、学校享受基本生活用品平均分配的供给制生活待遇。这是简单到无法再简单的生活，即是个人的私有物也不存在，物质的必需品也减低到仅以活命的程度。就是这样：食物、衣服、一条棉被，概由国家供给遮蔽之所则由本地居民供给。一年到头，大家不过亲亲密密的吃顿便饭。有十年工夫，这些人一直照着最苛刻的性质的

① 毛泽东：《大量吸收知识分子》《延安文艺丛书·文艺理论卷》，湖南文艺出版社1987年版，第39页。

② 《总政治部、中央文委关于部队文艺工作的指示》《八路军军政杂志》第3卷第2期，1941年2月15日。

③ 《欢迎科学艺术人才》1941年6月10日《解放日报》。

战时共产主义生活过来。这便是“各依能力——到各依最低限度的需要”。①

鲁艺的伙食标准一般是：每人每天一斤半小米、一钱油、二两盐。主食主要是小米饭，基本上无副食，几乎顿顿是盐水煮土豆、白菜汤或南瓜汤，基本上没有肉。在鲁艺内部，伙房还有大、中、小三种灶。院长吃小灶，教师和研究人员吃中灶，学生吃大灶，三者之间差别不太大。公家发的衣服主要是外衣，标准是单衣每年一套，棉衣每三年一套。抗战初期，国民党发给八路军的灰军装，八路军省下一部分来，分发给延安的鲁艺、陕公等各校。住的是窑洞：学生一般七八个人一孔窑洞，有时少则四五人，多者十余人。教师和研究人员则基本上是一人一孔。教师睡的是床，学生则是火炕通铺。除了经济最困难的1942年的一段时间停发津贴外，师生员工每月都可以拿到生活津贴，鲁艺津贴标准是根据中央统战部关于高级知识分子的津贴标准等级而制定的。中共对知识分子比较优待，教师津贴一般高于党政干部，教师的最高津贴比院长高。基本标准是教员每月十至十六元，院长、部处长、助教六至十元，科长五元，研究人员四元，科员三元，学生一至两元。在最辉煌的1941年，鲁艺《术字第19号通告》规定，无论教师还是助教、教课者，一律另加讲课津贴两元。文艺干部津贴增加办法则是：一、原发十二元者增至十四元，六元者增至八元，另加五元一种；二、兼课者，无论教员、助教，一律另加教课津贴两元。“红军出身的各级领导干部，一般每月的津贴费最高不过四五元。”② 而在1942年1月整风开始前，延安中央研究院的干部津贴为：特别研究员四点五元，研究员四元，研究生为三元。鲁艺文人的穿着与毛泽东一样，均为国统区细布；毛泽东的津贴为五元，边区政府主席林伯渠则是四元。③ 由此可见，鲁艺的知识分子的待遇是比较高的。

尽管有优惠，但是延安的生活条件非常艰苦，鲁艺的伙食也非常简单。据一位鲁艺同学回忆，平时伙食就是小米干饭，菜是熬萝卜条，偶尔有个菠菜汤。“每周吃一顿面条，里面掺的猪肉，味道怪鲜的；用大桶盛的，打饭各人围着木桶去盛。都是青年学生，人挤人抢面条，怕迟了吃不到了。”④

延安的物质条件虽然极为艰难窘迫，知识分子关心和看重的却是“安心”和“自由”的创作环境。从国外初来延安的冼星海在给友人的回信中说：“这比起上海、武汉虽不如，但自由安定，根本不愁生计，则是那里没有的。如果比起在法国的生活，更好得多了。”他在来延安之前实际上是“抱着试探的心，起程北行。我想如果不合意时再出来”⑤。对于投身革命的很多知识分子来说，其实当时和冼星海有同样想法的应为大多数。

---

① 康濯：《一个平凡而伟大的形象》《新文学史料》1989年第1期。

② 《徐懋庸回忆录》，人民文学出版社1982年版，第121页。

③ 孙国林、曹桂芳：《毛泽东文艺思想指引下的延安文艺》，花山文艺出版社1992年版，第525页。

④ 刘蒙天：《回忆古元同志点点滴滴》《古元纪念文集》，同前引第51页。

⑤ 冼星海：《我学习音乐的经过》，转引自朱鸿召：《延安文人》，广东人民出版社2001年版，第48页。

比起国统区的物价飞涨，延安能够保证基本生活的供给的确是比较诱人的。但是，“一个严密的健全的计划供给制生活，能保障人们的基本生存需要，也限制了个人生命的精神发展可能。资源的匮乏和供给的计划垄断，带来选择可能性的消失”。[①]严格规范的供给制必须依靠利益分配的均齐为保证。由于延安军事等级制的存在又威胁了平均分配的执行，必然会出现不均衡的现象。丁玲曾在一篇文章中说：“我这身衣服不管走到什么地方，都要被人看得起，可以少受许多许多气，因为这是干部服。在延安这身‘干部衣服’比我在上海的一套西服有作用多了。”[②]

生活供给制和相对和平的环境，以及中共对革命文艺的积极扶持和物质的保障等，为延安文艺运动的蓬勃发展创造了有利条件。在延安整风运动前，延安的知识分子们还是一度享受了一段比较幸福的时光的。文人们对延安政权的普遍好感逐渐暗潜为一种心理情感的惯性，使他们自觉地适应、接受并融入到延安的文化生活中。在延安的政治体制化中，文人的文化活动和政权机构之间建立的互融关系不可避免地影响了他们的思想和价值观。这些措施客观上保障了文人的物质与文化生活，他们自由表达的空间也受到一定的限制。

1940 年 1 月 4 日，陕甘宁边区文化界代表大会在延安召开。这次会议因为要为延安乃至整个解放区的文化发展制订出一个宏伟蓝图，所以很隆重，堪称文艺界空前盛会。洛甫（张闻天）当时担任中共中央书记处书记兼中央宣传部部长，名义上仍是最高领导人，主管文艺。他在会上发表了《抗战以来中华民族的新文化运动与今后的任务》的长文。此文可以说代表了毛泽东《讲话》之前中共对文艺问题的基本观点，其中对文化人的宽容和理解非常引人注目。

同时，他明确提出：“中华民族的新文化必须是为抗战建国服务的文化。”“中华民族的新文化运动，服从于抗战建国的政治目的。这是抗战建国的一种重要的斗争武器。其目的，是要在文化上、思想意识上动员全国人民为抗战建国而奋斗，建立独立、自由、幸福的新中国。”这个观点既规定了中华民族新文化的近期目标，又含有要为社会主义服务的长远目标。这里，张闻天是将文化、文艺事业作为中共和革命事业的宣传鼓动工作的一部分，作为有效地执行中共的抗日统一战线总策略的一部分。但他并没有以“抗战建国”来取消文化、文艺工作的相对独立性与文艺工作内部的特殊性，而是更为谨慎地、细致地处理与文化人和文艺有关的一切抗日文化统一战线的问题。关于新文化的内容，他提出“民族的、民主的、科学的、大众的文化”[③]。张闻天认为这四个要求是有机地联系着的。真正民族的，必然是民主的、科学的、大众的。为抗战建国服务，以民族的、民主的、科学的与大众的因素作为自己内容的中华民族新文化的性质，基本上是民主主义的。他的新文化的“民主”性质包含了反封建、反专制、反独裁、反压迫、反武断、反迷信、反愚昧这些启蒙

---

① 朱鸿召：《延安兵法社会及文学》《东方文化》2002 年第 4 期。

② 丁玲：《干部衣服》《丁玲文集（第 4 卷）》，湖南人民出版社 1983 年版，第 376 页。

③ 张闻天：《抗战以来中华民族的新文化运动与今后的任务》《延安文艺丛书·文艺理论卷》，湖南文艺出版社 1987 年版，第 130 页。

理念，表明张闻天的文化思想是对“五四”传统的继承和回应。

隔了几天，毛泽东也做了一个报告——《新民主主义的政治与文化》。这篇文章后来改名为《新民主主义论》。它是这样定义新民主主义文化的：所谓新民主主义文化，就是人民大众反帝反封建的文化；在今日，就是抗日统一战线的文化。这种文化，只能由无产阶级的文化思想即共产主义思想去领导，任何别的阶级的文化思想都是不能领导的。然后又进一步阐释：这种新民主主义是民族的。它是反对帝国主义压迫，主张中华民族的尊严和独立的。它是我们这个民族的，带有我们民族的特性。这种新民主主义的文化是科学的。它是反对一切封建思想和迷信思想，主张实事求是，主张客观真理，主张理论和实践一致的。这种新民主主义的文化是大众的，因而即是民主的。它应为民族中百分之九十以上的工农劳苦民众服务，并逐渐成为他们的文化。要把教育革命干部的知识和教育革命大众的知识在程度上互相区别又互相联结起来，把提高与普及互相区别又互相联结起来。革命文化，对于人民大众，是革命的有力武器。……民族的、科学的、大众的文化，就是人民大众反帝反封建的文化，就是新民主主义的文化，就是中华民族的新文化。① 在这里，毛泽东把“民主的”和“大众的”合在一起，但是基本上是在谈“大众的”或“大众化”，并没有对“民主的”展开论述。毛泽东有意模糊“民主的”的概念，也表明毛泽东在战时紧张的氛围下并不提倡在延安搞民主。因为提倡民主必然带来自由主义的蔓延，这是他最不愿意看到的。当时毛泽东对于知识分子，并无硬性的政治规定和思想改造要求，也没有制定出严格的文化管制政策。这表明毛泽东的文艺思想此时尚未完全成熟。

张闻天认为：新文化的“大众化”，不但不是降低新文化的水准，而正是提高新文化的水准。……它还有另一方面的意义，即为了使文化成为大众所懂得、所接受的文化，必须使新文化去适应大众今天的文化水平。在这一涵义上的新文化，就包含有把新文化通俗化的意义。通俗化不是曲解新文化，使新文化庸俗化，而是用比较浅显的表现形式为大众所了解。这种通俗化的目的，不是为了使大众停留在今天的水平，而正是为了提高他们的文化水平。他认为，新文化的“大众化”并不是降低新文化的水准，而是提高新文化的水准的观点实际上纠正了当时文艺界出现的降低水准取媚大众的片面理解“大众化”的错误倾向。

针对当时文艺大众化中出现的将作家艺术家“化大众”的倾向，张闻天指出：一个文化工作者可以同时负担大众化的任务：一方面积极提高新文化的水准。而同时又时时刻刻设法使自己了解的东西通俗化，以便传达到大众中去。一个文化工作者，可以偏重于负担一方面的任务。但负担于做通俗化工作的人，只有时时刻刻提高自己，才能真正的通俗化；而偏重于做提高工作的人，只有时时刻刻接近大众、了解大众、把握大众、向大众学习，才能真正的提高。不然，通俗化会变为庸俗化，而提高则变为脱离大众。这两种倾向都是应该反对的。这说明张闻天对由一部分文

① 毛泽东：《新民主主义的文化》《延安文艺丛书·文艺理论卷》，湖南文艺出版社1987年版，第52页。

化人来做提高工作是充分肯定的，同时也提醒他们不要忘了为大众服务的立场。

“关于中华民族新文化的形式”问题，张闻天认为：①新文化可以而且应该利用能够表现新内容的一切中国旧文化的旧形式；但旧形式只有经过相当的改造，才能适当地表现新内容。对于旧形式是批判地利用，这种利用，也是新形式的创造的发端。②中华民族新文化可以而且应该利用能够表现新内容的外国的形式。但外国的形式也有可以利用的，也有不可利用的。那些可以利用的，也只有经过相当的改造才能适当地表现新内容。对以外国的新形式，也是批判地利用。③熟悉与尝试各种新文化的形式，不拘泥、不自满于一种特定的形式。吸收一切形式中优良的成分，是创造新文化的新形式所必经的过程。这在新文艺方面，尤其如此。[①]

他提到的“大众化”和“民族形式”的观点无疑都是比较冷静、客观的，即使放在现在也仍然不失一定的价值。可是由于当时张闻天的这些具有前瞻性的预见没有被给予充分的重视，而是被更具强势的工农兵话语给遮蔽了。如果能真正实行，可能会使中国文艺有另一个文化发展空间的可能。正是这个指导思想造成了整风前延安文艺界的文艺创作和自由论争空前繁荣的局面，也导致了延安鲁艺前后期办学方针的衍变。

二、延安鲁艺诞生的文化语境

（一）张闻天的文化生态观

1942年毛泽东召开“延安文艺座谈会”，《讲话》确立了毛泽东在中共的领导地位并且成为延安文艺指导思想的分水岭。在这之前，以张闻天为代表的文艺思想是中共对延安文艺的主要指导思想。

张闻天既是“五四”文学革命的老战士，又对于上海“左翼”文艺运动有特殊的贡献，也是苏区文艺运动的领导人之一，他在延安整风前分管中共的文艺工作。他的这种纵跨几个历史时期的文艺工作的经验是中共高层领导人中独一无二的，他开创了延安文化界的开放环境，直接引导了延安文艺的蓬勃发展，使延安的文艺思想一度十分活跃。

张闻天对鲁迅予以高度评价，称鲁迅为“中国文学革命的导师、思想界的权威、文坛上最伟大的巨星”。他号召文化统一战线的工作者学习鲁迅坚定、明确、勇敢的品质。为了给文化人创造自由宽松的生活和工作条件，张闻天主持颁布了优待知识分子的一个重要文件——《关于各抗日根据地文化人与文化团体的指示》。这个指示对如何优待文化人作了一些具体的规定：……2. 应该用一切方法在精神上、物质上保障文化人写作的必要条件，使他们的才力能够充分的使用，使他们写作的积极性能够最大的发挥。须知爱好写作、要求写作，是文化人的特点。他们的作品，就是他们对于革命事业的最大贡献。3. 党的领导机关，除一般的给予他们写作上的任务

① 《延安文艺丛书·文艺理论卷》，湖南文艺出版社1987年版，第138~140页。

与方向外，力求避免对于他们写作上人为的限制与干涉。4. 对于文化人的作品，应采取严正的、批判的但又是宽大的立场，力戒以政治口号与偏狭的公式去非难作者，尤其不应出以讥笑怒骂的态度……5. 估计到文化人生活习惯上的各种特点，特别对于新来的及非党的文化人。应更多的来取同情、诱导、帮助的方式去影响他们进步，……对于文化人生活习惯上的过高的苛刻的要求是不适当的。6. ……吸收与培养各方面的文化人才；指导大众的各方面文化活动；联络文化人间的感情与保护他们的切身利益；……纠正有些地方把文化团体同其他群众团体一样看待及要他们担任一般群众工作的不适当的现象。7.（文化）团体内部不必有很严格的组织生活与很多的会议，以保证文化人有充分研究的自由与写作的时间。（八）文化人最大的要求，及对于文化人的最大鼓励，是他们的作品的发表。因此，我们应采取一切方法，如出版刊物、剧曲公演、公开讲演、展览会等，来发表他们的作品。①

在张闻天的这份指示里，他认真地分析了文化人的特点，又指出了中共党内一部分同志轻视、厌恶、猜忌文化人的落后心理，强调了正确处理与文化团体这一问题的意义，也指出不对文化人的写作进行限制和干涉。这表达了他既尊重知识分子，又尽量体谅他们的特殊性的宽容态度。

张闻天虽然不是鲁艺的发起人，但他对于鲁艺也是非常关心的。鲁艺发起创办之初，毛泽东曾经和张闻天进行磋商；在鲁艺成立一周年、两周年纪念时，他都和毛泽东一起作为中共的主要领导人莅临大会指导工作。在张闻天主管中共的宣传、教育工作的时候，更是对鲁艺的发展倍加关注。鲁艺的教育方针和教学计划是由中宣部拟定并经中央书记处审议通过的。在 1939 年至 1940 年间，中共中央书记处由毛泽东主持日常工作，但是张闻天仍然是中央书记处的书记，他还同时兼任中央宣传部和中央干部教育部的部长。1940 年初，中央宣传部同中共中央干部教育部合并后，张闻天为部长，凯丰（何凯丰）、罗迈为副部长。罗迈在张闻天的领导下曾两次到鲁艺检查工作。通过检查和制定教育方针，对于鲁艺的正规化建设起到了良好的导向作用。张闻天奉行的是“无为而治”的指导思想，他对于文化发展更注重的是它的长期性和客观性。从对鲁艺的具体指导上看，张闻天是起了很大作用的。鲁艺创办后，张闻天于 1938 年 4 月 20 日为鲁艺成立纪念特刊题词：“认识大时代，描写大时代！在大时代中生活，站在大时代的前卫为大时代服务——这就是现代艺术家的使命。”② 在张闻天的指导下，多次修改鲁艺的教育方针，力求把鲁艺办成中共培养专门人才的堡垒。

延安整风后，鲁艺的办学方向被否定。但是历史实践证明，整风前鲁艺的办学方向是值得肯定的。在那特殊的战争年代，张闻天所使用的“文化”概念是一种“大文化”的概念，即将文化、文艺事业作为党和革命事业的宣传鼓动工作的一部

① 《关于各抗日根据地文化人与文化团体的指示》《延安文艺丛书·文艺理论卷》，湖南文艺出版社 1987 年版，第 208 页。

② 《延安鲁艺回忆录》，光明日报出版社 1992 年版，第 10 页。

分，作为有效地执行党的抗日统一战线的总策略的一部分。这是一种不可避免的带有某种历史局限的“政治文化”，但张闻天同志并没有以“抗战建国”来取消文化、文艺工作的相对独立性与文艺工作内部的特殊性，而是更为谨慎地、细致地处理与文化人和文艺有关的一切抗日文化统一战线的问题。

（二）毛泽东的实用功利论

鲁迅艺术学院是在毛泽东亲自关怀、倡导下，在中国共产党直接领导下成立的、中共最早的一所高等艺术学府。它创立的初衷是为抗战培养文艺干部和创作人才，也就是培养文艺宣传员。当然，进一步的用意是服务于毛泽东关于文学艺术政治功利性的判断与实用价值诉求的，即打造更多的为革命事业服务的文艺的武器。

《鲁迅艺术学院创立缘起》由毛泽东首签。他曾多次亲临鲁艺给师生们讲话，表明这位正在成为中国共产党的核心人物的领导人对于文艺及其人才培养的重视和关注超过任何领导人，也正是他开创了中国共产党重视文艺的传统。在后来鲁艺的实际筹建过程中，毛泽东本人亦付出了很多精力和心血。

第一次讲话是 1938 年 4 月 10 日，在鲁艺刚成立时。成立典礼请他坐首长席，他推却说“我是工作人员，不是首长”；请他讲话，他拒绝说“我是工作人员，今天不讲了，过了今天再来讲”。他一直把自己定位为鲁艺的工作人员，鲁艺的人也没有把毛当作外人，当时只任命了副院长沙可夫，没有任命正院长，大家心目中都认为毛泽东就是院长。过了几天，他又来了。他说，在十年内战时期，革命的文艺可以分为“亭子间”和“山上”两种方式。他把经过长征到达陕北的原苏区文化工作者称作“山顶上的人”，把由上海等城市从事“左翼”文艺运动的文化人称作“亭子间的人”。[①] 他说：“‘亭子间的人’弄出来的东西有时不大好吃，‘山顶上的人’弄出来的东西有时不大好看。有些‘亭子间的人’以为‘老子是天下第一，至少是天下第二’；‘山顶上的人’也有摆老粗架子的，动不动‘老子二万五千里’。”[②] 他明确指出，“统一战线同时是艺术的指导方向”。他还特别指出：“亭子间的‘大将’‘中将’”到了延安后，“不要再孤立，要切实。不要以出名为满足，要在大时代，在民族解放的时代来发展广大的艺术运动，完成艺术的使命和作用。”[③]

1938 年 4 月 28 日，毛泽东应邀再次到鲁艺发表演讲，论述怎样做一个艺术家。他首先回顾了“五四”新文化运动以来在“艺术论”问题上的斗争情况。他还指出，“艺术至上主义是一种艺术上的唯心论，这种主张是不对的。”他指出：“艺术上的政治独立性仍是必要的，艺术上的政治立场是不能放弃的。我们这个艺术学院便是要有自己的政治立场的。我们在艺术论上是马克思主义者，不是艺术至上主义者。我们主张艺术上的现实主义”。这段话表明了他对文艺的态度就是坚持文艺创作的现实

---

① 钟敬之：《延安鲁迅艺术学院概貌侧记》《新文学史料》1982 年第 2 期。

② 《毛泽东论文艺》（增订本），人民文学出版社 1992 年版，第 11 页。

③ 《胡乔木回忆毛泽东》，人民出版社 1994 年版，第 252~253 页。

主义原则，思想上坚持马克思主义。接着，他说："现在为了共同抗日，在艺术界也需要统一战线。正如鲁迅先生所说的那样，不管他是写实主义派或是浪漫主义派，是共产主义派或是其他什么派，大家都应当团结抗日。"他在这里指出，在抗日战争的现实面前，团结抗日是首要的任务。

毛泽东说："鲁迅艺术学院要造就有远大的政治理想、丰富的生活经验、良好的艺术技巧的一派文艺工作者。"他认为，一个伟大的艺术家，必须具备以上所说的三个条件。其一，要有远大的理想。"不但要抗日，还要在抗战过程中为建立新的民主共和国而努力。不但要为民主共和国，还要有现实社会主义以致共产主义的理想。"其二，要"有丰富的生活经验"。① 艺术家的"大观园"是全中国，要切实在这个大观园中生活一番，考察一番。其三，要有"良好的艺术技巧"。技巧不好，便不能表现丰富的内容。要下一番苦功，去学习和掌握艺术技巧。由这可以看出，毛泽东心目中的鲁艺以及鲁艺文人既要有坚定的政治立场，又要有扎实的艺术功底，还要有为中华人民共和国奋斗的远大理想。

1938 年 5 月 12 日，毛泽东又亲临鲁艺做报告。那时鲁艺还在延安北门外的旧文庙废址的半山坡。他在报告中说：你们的校歌在唱："我们是艺术工作者，我们是抗日的战士，用艺术做我们的武器。"这很对。我们的两支文艺队伍——上海亭子间的队伍和山上的队伍，汇合到一起来了。这就有一个团结的问题。要互相学习，取长补短。要好好地团结起来，进行创作、演出。要下去，要到人民生活中去，走马看花，下马看花。起码是走马看花，下马看花更好。我们要有大树，也要有豆芽菜。没有豆芽菜，怎么能有大树呢？我不懂文艺，文艺是团结人民、教育人民、打击日本帝国主义的武器，创作好像厨子做菜一样，有的人佐料放得好，菜就好吃。"书是不会走路的，也可以随便把它打开或者关起。这是世界上最容易办的事情，比大师傅煮饭容易很多，比他杀猪更容易。你要捉猪，猪会跑，（笑声）；杀他，它会叫（笑声）。一本书摆在桌子上既不会跑，又不会叫（笑声），随你怎样摆布都可以。世界上哪有这样容易办的事呀！"② 在这里，毛泽东以嘲讽的口气对知识分子进行了一番揶揄。他将知识分子和劳动人民区分开来，否定知识分子脑力劳动的价值，推崇从事体力劳动的劳动人民。这与他后来发动对知识分子一系列改造的思路是一脉相承的。同时，毛泽东对鲁艺工作也作了批评："听说你们教员教课，重要的课都讨论，但中央同志给你们讲话都不讨论。难道中央委员的话还不如你们教员讲的？"③ 这番讲话为初创阶段的鲁艺指明了革命文艺教育的基本方向，给革命文艺工作者从事艺术创作、发展革命文艺规定了任务，指引了道路。

1938 年 9 月，毛泽东给鲁艺文学系"路社"的诗歌座谈会的信中说："诗歌要反映人民生活，要写抗日的现实斗争，才能完成诗歌的革命任务。因此，诗歌工作者

---

① 毛泽东：《在鲁迅艺术学院的讲话》《毛泽东文集（第 2 卷）》，人民出版社 1993 年版，第 123 页。

② 毛泽东：《整顿学风党风文风》《整风文献（文献本）》，约为解放区 20 世纪 40 年代中后期版本。

③ 宋贵仑：《毛泽东与中国文艺》，人民出版社 1993 年版，第 160~161 页。

要参加人民群众的生活。还有，诗歌要用接近群众的语言来写，群众才喜欢。”① 此信在“路社”的全体大会上进行了宣读和热烈讨论。

1939 年 3 月，中央干部教育部副部长罗迈在中共中央书记处会议上报告鲁艺工作。毛泽东对鲁艺的工作给予了批评，他说：“工作做得不好，主要是中央领导没有抓紧，没有确定正确的方向。”他说，“鲁艺的创作去年上半年较有朝气，后来差了，有许多非现实的非艺术的作品”。② 1942 年 4 月，毛泽东在同鲁艺教师交谈中曾说：“《解放日报》上最近有一篇黄钢的作品，叫《雨》，写得很好，就写当前敌后的抗日战争的。”③ 毛泽东的肯定大大激发了鲁艺师生的创作热情。

1939 年 4 月 19 日，鲁艺举行隆重的周年纪念会，毛泽东、张闻天、朱德、刘少奇、陈云、李富春等在延安的主要领导都来了，而且都为鲁艺热情题词。为一所学校的周年纪念，如此规模，是不多见的。毛泽东题词：“抗日的现实主义，革命的浪漫主义。”这是他第一次把文艺上两种主要创作方法“现实主义”和“浪漫主义”放在一起提出来。他希望文艺创作既要有“抗日”这一现实的政治内容，也要有无产阶级的革命理想。

由此可见，毛泽东对于创办鲁艺是从革命事业的全局角度考虑的，他所提倡的是一种实用的、功利主义的文艺教育。他的建议和批评，很大程度地影响了鲁艺的文艺创作的定位。只是他对文艺的重视是因为看到了它作为宣传工具和战斗武器的作用而非其他，他之所以重视文艺，主要是求其功利之实用，而非“无用之大用”。1943 年，毛泽东《在延安文艺座谈会上的讲话》在《解放日报》上发表，表明由马克思主义与中国具体革命实践相结合的毛泽东文艺思想正式形成。

（三）鲁艺知识分子的自我定位

1937 年以后，来自国统区和沦陷区的知识分子们怀着满腔热情，奔赴延安及其他各抗日根据地，在中国的另一个文化中心——延安集结，在那里继续开始他们的文人理想。这支文艺大军的到来，使根据地文艺工作有了很大的发展。

毛泽东对于这支文艺大军的到来多次表达了欢迎的态度：““对文化人、知识分子采取欢迎的态度，懂得他们的重要性，没有这一部分人就不能成事。斯大林在联共第十八次代表大会上把这个问题当作一个理论问题来讲的。任何一个阶级都要用这样的一批文化人来做事情，地主阶级、资产阶级、无产阶级都是一样，要有为他们使用的知识分子。”④ 他在《“五四”运动》一文中指出：“在中国的民主革命运动发展中，知识分子是首先觉悟的成分。……然而，知识分子如果不和工农兵相结合，则将一事无成。革命的或不革命的或反革命的知识分子的最后的分界，看其是否愿

① 艾克恩：《延安文艺运动纪盛》，文化艺术出版社 1987 年版，第 90 页。
② 陈晋：《文人毛泽东》，上海人民出版社 1997 年版，第 189~190 页。
③ 白金华：《毛泽东谈作家与作品》，吉林人民出版社 1993 年版，第 297 页。
④ 中共中央文献研究室（编）：《毛泽东选集（第 2 卷）》，人民出版社 1993 年版，第 432 页。

意并且实行和工农民众相结合。他们的最后分界仅仅在这一点，而不在乎讲什么三民主义或马克思主义。真正的革命者必定是愿意并且实行和工农民众相结合的。"①毛泽东肯定了知识分子的优越性，但强调"真正的革命者必定是愿意并且实行和工农民众相结合"，也就是知识分子"大众化"。"左联"执委会曾提出要"和大众自己的封建的、资产阶级的、小资产阶级的意识斗争，去和大众的无知斗争"。也就是说，大众中有封建的落后的意识。毛泽东也承认："无产阶级中还有许多人保留着小资产阶级的思想，农民和小资产阶级都有落后的思想。这些就是他们在斗争中的负担。我们应该长期地教育他们，……"

但是，在实际执行上却暴露出了很多问题。1941年1月1日，总政治部、中央文委联合发文，批评部队文艺领导工作者的几种狭隘观念。

1. 把文艺工作单纯理解为文化娱乐工作，没有计划地来组织和推动部队中各方面的文艺活动（包括戏剧、音乐、美术、文学）。不在这一部门配备得力干部，相反的，把这一部门的得力干部抽调到别一部门去。2. 不了解文艺工作的特点，把文艺工作和一般政治工作简单的同等看待，而不知道文艺工作是需要更多的观察、研究和更优裕、自由的时间的复杂工作。3. 不了解文艺工作干部的特点，用对军事和政治工作的标准去估量文艺工作者的工作和生活，不去估计他们特殊的需要和要求而给以适当解决；特别是对于外来知识分子的特点没有冷静地去考虑，而对于他们在政治上的要求常是过于急切。4. 不善于使用他们，有时甚至向他们提出其能力所不及或做不到的工作任务。有的歪曲了优待文艺工作者的真意，对他们客客气气，采取放任态度，视为"客卿"，使他们在工作上、生活上感觉到冷淡与苦闷，新的剧本、歌曲、文艺作品难产。②

延安文艺座谈会前，中共对文化人和他们的写作，回护远远多于指责，甚至近于隐忍。在这方面，中宣部和中央文委1940年10月做出的《关于各抗日根据地文化人与文化团体的指示》尤其令人惊讶的是，它所给予文化人的"开放性和包容性""创作自由、反对政治干涉、尊重艺术家个性、不必有很严格的组织生活……"③在这里面，包含了文人最看重、最想得到的一切，可以说是一种相当开明的文艺政策。这种政策的由来，也许有两点：其一，是基于广揽英才的迫切而实用的目的；为了实现这样的目的，政策上有足够的弹性与宽松，不言而喻是必要的、不可少的。其二，对"革命圣地"本身拥有强烈自信和乐观，相信根据地在政治上和道德上都具有无可比拟的先进性、正确性。作为"投奔光明"而来的知识分子将完全置于这种感召力之下，即便他们有这样那样的毛病也不足虑。1941年6月10日《解放日报》的社论——《欢迎科学艺术人才》中，中共对知识分子发出热情洋溢的呼唤：深入到边区里面去吧！深入到民众中间去吧！涌现在你眼前的将会是无限丰富而生动的

① 毛泽东：《"五四"运动》《延安文艺丛书·文艺理论卷》，湖南文艺出版社1987年版，第37页。

② 《关于部队文艺工作的指示》《延安文艺丛书·文艺理论卷》，湖南文艺出版社1987年版，第205页。

③ 《关于各抗日根据地文化人与文化团体的指示》《延安文艺丛书·文艺理论卷》，湖南文艺出版社1987年版，第208页。

形象，许多新奇的生活的故事、斗争的故事。不用歌颂，只需忠实地写出来，就会是动人的，富于教育意义的。对于边区的缺点（即是任何新社会亦所不免的），也正需要从艺术方面得到反映和指摘。我们看重"自我批评"，尤其珍视真正的"艺术家的勇气"。社论还告诉大家："我们并不把科学艺术活动局限在启蒙与应用范围，我们同样重视，或者毋宁说更重视在科学艺术本身上的建设……"这股热情极大地鼓舞了知识分子们将个人与民族的命运联系在一起。

"但这种有意识的尊重知识，尊重人才的政策倾斜，却被长期以来无意识的军旅等级观念和政治挂帅意识团团包围起来，形成所谓'工农干部'与知识分子的利益矛盾。"① 在延安，知识分子与工农之间存在各种冲突，这是不争的事实。长期以来形成的蔑视知识分子的集体无意识，确实是造成他们与工农之间矛盾的一个重要原因。然而，问题似乎简单化了，因为：一方面，许多工农出身的官兵不易接受知识分子，感觉他们从思想到生活作风都与自己异样；另一方面，知识分子们也带着他们从过往经历所养成的意识和性格，与新的环境发生种种不适应的、不协调的隔膜。这都是必然的，也是极正常的。

朱德在鲁艺两周年纪念的讲话中说："打了三年仗，可歌可泣的故事太多了。但是好多战士英勇牺牲于战场，还不知道他们姓张姓李，这是我们的罪过，而且也是你们文艺的罪过。""希望前后方的枪杆子和笔杆子能够亲密地联合起来。"② 话中暗含了对延安鲁艺的文人们在后方吃饱了饭却不去前方表现工农兵的指责。据陆地回忆，何其芳在谈自己上前方采访战斗英雄后写作的经验时认为，知识分子的思想感情和工农战士之间是存在着距离的，硬要去写，吃力不讨好。③ 周立波说："我们和农民可以说是比邻而居，喝的是同一井里的泉水，住的是同一格式的窑洞，但我们却'老死不相往来'。整整四年之久，我没有到农民的窑洞里去过一回。"④

鲁艺文艺工作团在部队生活了九个月以后，仍然感到未能真正解决与群众相结合的问题。他们的《关于敌后文艺工作的意见》，对部队文艺工作提出了一套思路与办法。

文艺工作者既然需要从生活的内层去收集材料来进行写作，仅仅参加生活是不够的，必须深入到生活内层去。我们虽参加了部队生活，参加了战斗，但在用高度的热忱去分析和体验生活上是很不够的，还不能发掘生活的底层，没有成为斗争的一员；或许参加到斗争中间去了，却仅仅生活在斗争的表面。在部队里，他们常常把我们作为客人看待，作为文艺工作者来看待。所以，当我们请求参加战斗或别的行动时，常常被阻止或者限制。这就使我们不能真正了解斗争者的生活、感情和思想，而仅仅观察了其表面的生活和行动。⑤

---

① 朱鸿召：《为什么工作着是美丽的》，陈学昭：《延安访问记》，广东人民出版社2001年版，第374页。

② 艾克恩：《毛主席〈在延安文艺座谈会上的讲话〉的前前后后》《新文学史料》1992年第3期。

③ 陆地：《七十年回首话当年》《新文学史料》1989年第2期。

④ 周立波：《周立波全集（第5卷）》，人民文学出版社1959年版，第300页。

⑤ 《关于敌后文艺工作的意见》，1940年5月《抗战文艺》第6卷第2期。

1942 年 3 月，中央研究院为整风运动而设立的《矢与的》墙报上刊登了王实味的《零感两则》和《答李宇超梅洛两同志》。王震随范文澜看过后说："前方的同志为党为全国人民流血牺牲，你们在后方吃饱饭骂党！"范文澜感愧不已："大学教授们熟视无睹的地方，王震同志一眼就看透了，真了不起！"① 军政阵营的首长提出了他们对文艺的要求，而且想取代或左右文艺家既有的文艺观。因此，矛盾与冲突在所难免。文艺家的创作初衷、对文艺的理解和其他人看文艺存在着巨大冲突。

周扬当时已经敏感地意识到了这个问题。他说，工农兵、革命老干部的"眼光总是尖利而且准确得胜过我们许多人。他们，特别是军队，已表现了他们不可轻辱的文化创造力。在这样的空气中，很容易把专门做文化工作的我们弄得手忙脚乱，我们在精神上没有足够的准备，我们在工作上没有很好的贡献。"②

知识分子向往延安的民主和进步，但又都缺乏革命的文艺理论的储备，更缺少革命的政治斗争的磨炼，他们的思想、感情、立场和文艺观都还远未实现"革命化"或"工农化"，再加上延安及各抗日根据地普遍物质条件差，组织纪律严格，战斗工作紧张，因此，他们的生活方式、思想感情等一时难以适应，暴露了不少弱点。正如毛泽东概括的："从亭子间到革命根据地，不但是经历了两种地区，而且是经历了两个时代。"③

作为当时知识分子非常重要组成部分的作家对"现实"展开了批判。当然，这样的批判发生的原因是多方面的：一是对延安的革命文艺理论强调从正面"鼓舞"和"激励"原则不理解；二是理想与现实发生了反差，使他们对于根据地生活中的种种弊端分外敏感和不能宽宥；三是国统区自由主义创作的惯性使然。他们执拗地坚持着传统的现实主义文艺揭露黑暗、批判现实的精神，前述的对社会的批判，甚至包括对于国民性的批判仍然被继承着、延伸着。

不过，"五四"文学的功利性仍然以尊重作家的独立创作为首要条件。再次，与苏区时期相比，抗日战争时期，中共的知识分子政策有三个显著进步：第一，把吸收知识分子作为建立革命的文化教育统一战线的重要内容，从而由过去的"利用"发展到现在的"合作"；第二，提出尊重学术思想研究的自由；第三，由以往的简单"利用"发展为"充分信任，大胆提拔和使用"。这与张闻天的指导是分不开的。

知识分子的实际地位在发生着微妙的变化。比如：在入党这样决定知识分子前途的重大问题上，却表现出某种程度的不信任："一个知识分子，或小资产阶级入党，就没有工农入党那样那样顺利。第一步，所需的介绍人要多一些；其次，候补的期间也比较的长。这是因为知识分子多少有点知识，不仅'去旧迎新'颇费气力，就是品性方面也需要长期的克服工作。"④ 鲁艺音乐系教师向隅在延安文艺座谈会上

---

① 荣孟源：《范文澜同志在延安》《延安中央研究院回忆录》，湖南人民出版社 1985 年版，第 108 页、第 184 页。

② 周扬：《王实味的文艺观与我们的文艺观》《周扬文集（第 1 卷）》，人民文学出版社 1984 年版，第 390 页。

③ 艾克恩：《延安文艺运动纪盛》，文化艺术出版社 1987 年版，第 69 页。

④ 赵超构：《延安一月》，上海书店 1992 年版，第 87 页。

曾说自己提交入党申请已经有三年了，至今都没有得到解决。坐在一旁的周扬没有应答。[①] 延安在政治上对知识分子的矛盾态度，在很大程度上影响了知识分子们对自己身份的怀疑："我的朋友是何其芳、周立波、陈荒煤。周立波的朋友又是何其芳、陈荒煤和我。这是什么意思呢？这是说除了我们几个搞文学的知识分子在很小的一个圈子里面彼此往来以外，没有另外的朋友，没有农民的朋友。当然没有同工人、同士兵交朋友。"[②] 1940 年，何其芳说："现在我们说到知识分子，往往带着一种不好的意味。""我听见过一个知识分子的同志说：'我真讨厌知识分子，所以我从来不写他们。'"[③] 这句话说出了何其芳本人的真实感受。鲁艺学员孔厥回忆他们到延安乡下去"深入生活"的情境："虽然同广大群众在一起生活，有时竟感还感到寂寞！在那荒山野沟里，我们抽空找'风景区'玩，或是到'思索沟'思索创作问题。有时候实在闷得慌，我就跑到高高的山顶上，出一口憋在肚子里的闷气；眺望着遥远的南方，心里是怎样想念着故乡的平原啊。可见那时候的精神生活，离农民是多远！……时机一到，我就忙着回'鲁艺'去了，仿佛那学院才是我的老家，下乡去不过是临时客串了一个什么角色似的。"[④]

在以工农为主的中共党内，小农意识仍然很浓厚，他们对不直接从事生产和战斗却又高高在上的知识分子的心态是既妒忌又厌恶。这样，在解放区虽然时时面临战争的残酷与自我价值实现的矛盾，但在拒绝和排斥知识分子的环境中，生活在农民与拿枪的士兵中间，在党的利用与改造的政策之下，延安知识分子的处境不仅是边缘的，也是尴尬的。

《讲话》以后，在马列主义、毛泽东思想的指引下，延安文人实现了思想上的质的飞跃，经历了血与火的洗礼，实现了阶级立场的转变，深入实际，与工农相结合，走上了为工农服务的道路。

第三节　新的精神偶像的建立——从鲁迅到毛泽东

一、鲁艺与鲁迅

鲁迅艺术学院，这所以鲁迅先生命名的艺术学院是当时培养中华民族新型的文艺工作者的摇篮，也是中国艺术教育史上第一所由共产党直接创办的高等艺术学院。它被认为是对中国新文化的先驱者鲁迅先生的真正纪念。在《鲁迅艺术学院创立缘起》中解释了使用鲁迅先生名字命名的原因：我们决定创立这艺术学院，并且以已故的中国最伟大的文豪鲁迅先生为名。这不仅是为了纪念我们这位伟大的导师，并

---

① 罗工柳：《大树是从苗苗长起来的》，王海平、张军峰：《回想延安 · 1942》，江苏文艺出版社，第 121 页。
② 艾克恩：《延安文艺运动纪盛》，文化艺术出版社 1987 年版，第 266 页。
③ 何其芳：《论"土地之盐"》《何其芳文集（第 2 卷）》，人民文学出版社，第 224 页。
④ 孔厥：《下乡和创作》《中国全国文学艺术代表大会纪念文集》，新华书店 1950 年版，第 438 页。

且表示我们要向着他所开辟的道路大踏步前进。① 延安鲁艺以鲁迅先生命名的意义非常重大与深远。

（一）明确标示出新文学的“鲁迅方向”

在鲁迅艺术文学院的院歌中，明确地写出：“我们是艺术工作者，我们是抗日的战士，踏着鲁迅开辟的道路，为建立新的抗战艺术，为继承他的革命传统，努力不懈。”② 延安文艺界以各种形式纪念和缅怀鲁迅。1941年1月15日，洛甫（张闻天）在边区文协第一次代表大会报告中提出倡议，设立鲁迅研究会。该会宣告，依鲁迅先生逝世四周年纪念大会上之《宣言》而组建。艾思奇、萧军、周文组成干事会，加上周扬、陈伯达、范文澜、丁玲等十人组成编委会，拟定的工作内容包括：出版鲁迅研究成果，设“鲁迅文艺奖金”，成立“鲁迅纪念馆”和“鲁迅文化基金”等。

虽说“真正同鲁迅接近的人没有一个在鲁艺的”，③ 但在延安，鲁迅被树立为一面旗帜；在“最尊崇鲁迅”的环境中，延安鲁艺的师生们一直把鲁迅当作他们的精神领袖。鲁迅的著作和言论无疑具有最权威性的威慑力。这与当时的政治领袖毛泽东对鲁迅的高度评价有关。毛泽东1937年在《论鲁迅》中说：“鲁迅是现代中国的圣人”。他在1940年《新民主主义论》中又说：“鲁迅是中国文化革命的主将。他不但是伟大的文学家，而且是伟大的思想家和革命家，……鲁迅是在文化战线上代表全民族的大多数，向着敌人冲锋陷阵的最正确、最勇敢、最坚决、最忠实、最热忱的空前的民族英雄。鲁迅的方向，就是中华民族新文化的方向。”“鲁迅就是这个文化新军的最伟大和最英勇的旗手。”鲁迅被肯定为三个“伟大”，鲁迅的方向被评价为“中华民族新文化的方向”。④ 作为一所战时的高等艺术学校，鲁迅方向就是该校的标志和崇高职责，鲁迅就是鲁艺人心目中的精神导师。

（二）阐明了鲁艺的培养目标

鲁迅在《对于左翼作家联盟的意见》一文中说：“我们应当造出大群的新的战士。因为现在的人手实在太少了……”⑤ 鲁迅指的是为无产阶级革命培养出无数的文化艺术方面的人才。鲁艺正是遵循了他的教导。《创立缘起》说：“要培养抗战艺术干部，提高抗战艺术的技术水平，加强这方面的工作，使得艺术这武器，在抗战中发挥它最大的效能。”鲁艺先后为各方面输送了一千四百多人，培养了大批艺术干部。他们为中华人民共和国的建立做出了不可估量的贡献。

延安鲁艺拥有一支水准较高的知识分子队伍；这支队伍的成员多为继承了“五

---

① 《鲁迅艺术学院创立缘起》《延安文艺丛书·文艺理论卷》，湖南文艺出版社1987年版，第789页。

② 《延安鲁迅回忆录》，光明时报出版社1992年版，第11页。

③ 潘磊：《曾彦修先生谈“鲁迅”在延安》《新文学史料》2006年第2期。

④ 《延安文艺丛书·文艺理论卷》，湖南文艺出版社1987年版，第31、45页。

⑤ 鲁迅：《对于左翼作家联盟的意见》《鲁迅论文学与艺术》，人民文学出版社1980年版，第400页。

四”文学传统的第二代现代文学理论家、作家、艺术家们。他们从“亭子间”奔赴延安。他们之中不少人曾与鲁迅有过直接交往，甚至有过密切的联系，如周立波、沙汀、萧军、高长虹、刘岘、力群等；有的虽与鲁迅没有过直接接触，但也曾有过书信联系，如萧三、李又然、沃渣等；至于曾在鲁艺兼过课或讲过学的艾思奇、茅盾，在鲁艺作过报告的丁玲、欧阳山、草明等人，与鲁迅的亲密程度就更不同寻常了。

我们知道，是鲁迅先生直接引导了中国的新兴木刻运动。延安的木刻，是在承继1930年代鲁迅先生苦心培育的新兴木刻的革命传统的基础上发展起来的。延安由于包括油画材料在内的各种绘画材料的极度匮乏，木刻几乎成了鲁艺美术系学生学习的唯一画种。在美术系，鲁迅翻译的日本学者板垣英穗的《近代美术史思潮论》和罗丹的《艺术论》，是最受师生们欢迎的读物。“新兴木刻的革命传统带到延安来，主要是通过一批30年代活动于上海的‘左翼’木刻家。自1936年至1940年间，相继到达延安的温涛、胡一川、沃渣、江丰、马达、陈铁耕、黄山定、张望、刘岘、力群等，除温涛于1938年离开延安之外，他们都以鲁艺美术系（后来扩大改称‘美术部’）为活动阵地，将新兴木刻的创作经验直接传授给青年一代。”① 他们带来了鲁迅所大力倡导和精心培育的中国新兴木刻，用延安现实生活密切联系所形成的艺术传统与创作经验，引导和造就了中国新一代木刻艺术人才，如古元、彦涵、罗工柳、焦心河。“……他们以鲁迅先生的思想为自己寻找社会火光的精神灯塔，他们通过简陋的刻刀与木板，挑开了罪恶，揭露了黑暗，唤醒了民众。”② 他们对木刻版画民族化所作的成功探索和教育实践，不仅显赫于抗战史册，使得当时国民政府的海外宣传机构也热烈地推崇木刻，从而使新兴的木刻版画终于成为中国现代艺术教育殿堂的一大支柱。

鲁艺对鲁迅的高度关注，体现在对鲁迅著作研究工作取得了很大成绩。

写纪念鲁迅的文章最多的人是萧三。他是最早介绍鲁迅在国外活动的有影响的人，而且他的文章都“适逢其时”：《鲁迅逝世三周年纪念》（《解放》周刊1939年第1卷第87、88合期）《鲁迅与中国青年》（1939年《中国青年》第2卷第1期）《整风学习中谈鲁迅》（1942年10月19日《解放日报》）。萧三在《整风学习中读鲁迅》说：“在整顿学风、党风、文风这一学习运动中，我们常常提到鲁迅，谈到他的为人，引他的言论，来自己反省、自己警惕。认为他是浑身充满了正义感，正气，只有正风，没有邪风、歪风的，我们都应向之学习的一个非常正派的‘完人’。”③

美术系的教师胡蛮在《中国文化》创刊号上发表《鲁迅对中国民族文化与民族艺术的意见》，在《大众文艺》第1卷第5期发表《鲁迅在生活着》和1941年《鲁迅研究丛刊》第1辑上发表的《鲁迅的美术活动》等文章。张仃的《鲁迅先生作品

① 江丰：《谈延安木刻运动》《延安文艺回忆录》，中国社会科学出版社1992年版，第338页。

② 尚辉：《延安鲁艺与窑洞风味的现代版画》《文艺报》2018年4月27日。

③ 胡蛮：《整风学习中谈鲁迅》《解放日报》1942年10月19日。

中绘画色彩》（1942 年 10 月 18 日《解放日报》）。它是从美学角度最早研究鲁迅美学风格的文章。甚至，茅盾在延安短期逗留期间，他也写出了《为了纪念鲁迅的六十生辰》（1940 年《大众文艺》第 1 卷第 5 期）和《关于〈呐喊〉和〈彷徨〉》（1940 年《大众文艺》第 2 卷第 1 期）这样有影响的文章。“据统计，从 1938 年到 1944 年，出自鲁艺文人笔下的有关鲁迅研究的论文不下四十篇。他们的这些研究将从 1920 年代就开始的鲁迅研究推向了一个崭新的阶段，代表了我国 1940 年代鲁迅研究的实绩和高度的学术水平。”①

周立波于 1941 年 2 月 25 日在《中国文艺》上发表了《谈阿 Q》一文，对鲁迅作品中的阿 Q 形象作了全面的分析。他指出：“阿 Q 的精神胜利法，只施用于强敌”的特点；鲁迅“熟悉旧中国农民的缺点，特别是农民生活的弱点”“他所看到的农民的气质只是一些消极的因素。他没有看到作为中国革命最主要的动力之一的农民的光芒四射的崇高的、英雄的气质和性格”，他指出了鲁迅对于农民气质理解的消极方面，点明了鲁迅“有一个复杂而且矛盾的性格。他是半封建半殖民地中国的丑陋和苦难所构成的一种奇特的精神现象的拟人化”。这些观点比较客观和深入地阐释了鲁迅的精神实质，在鲁迅研究史上具有开拓意义。

1939 年，周扬在《解放》周刊上发表了《一个伟大的民主主义现实主义者的路——纪念鲁迅逝世二周年》一文，对鲁迅的思想和创作作了总体评价。他指出：“鲁迅是一个伟大的民主主义的现实主义者。有着彻底的民主主义，严峻的现实性，加上对于人民的深挚的爱，才使他走向了无产阶级。”② 1941 年 8 月 12 日，为纪念鲁迅诞辰六十周年，周扬在《解放日报》发表了《精神界之战士——论鲁迅初期的思想和文学观——为纪念他诞生六十周年而作》一文，对鲁迅前期的思想和文学观从宏观上做了较为客观的评价。

何其芳于 1942 年和 1946 年分别发表了《两种不同的道路》《论鲁迅的方向》两篇文章。在《两种不同的道路》的结尾，何其芳说：“必须认识，鲁迅先生也是经过了从一个阶级到另一个阶级的变化的。不了解这点，就不可能了解为什么鲁迅的方向就是中华民族新文化的方向，也不可能了解到底什么是鲁迅精神。”③ 在这里，鲁迅精神就为“知识分子抛弃小资产阶级心理而转向无产阶级和劳动人民的知识分子改造”提供了合法性根据。鲁迅对无产阶级革命的精神追求代表了何其芳自己的思想转变过程，何其芳笔下的“鲁迅就是知识分子改造的典范”，间接证明何其芳是“改造好了的小资产阶级知识分子”。

由此可见，鲁艺知识分子对于鲁迅精神是有清醒认识的。他们作为延安文人群体中一个个体，同其他延安文人一样都是首先觉醒的、叛逆的知识分子。“五四”启蒙主义强调以人道主义、个性主义为本来建设“人的文学”，凸显对人的个性和人文

---

① 贺志强：《鲁艺史话》，陕西人民出版社 1999 年版，第 13 页。

② 周扬：《周扬文集（第 1 卷）》，人民文学出版社 1984 年版，第 280~286 页。

③ 何其芳：《何其芳全集（第 2 卷）》，河北人民出版社 2000 年版，第 445 页。

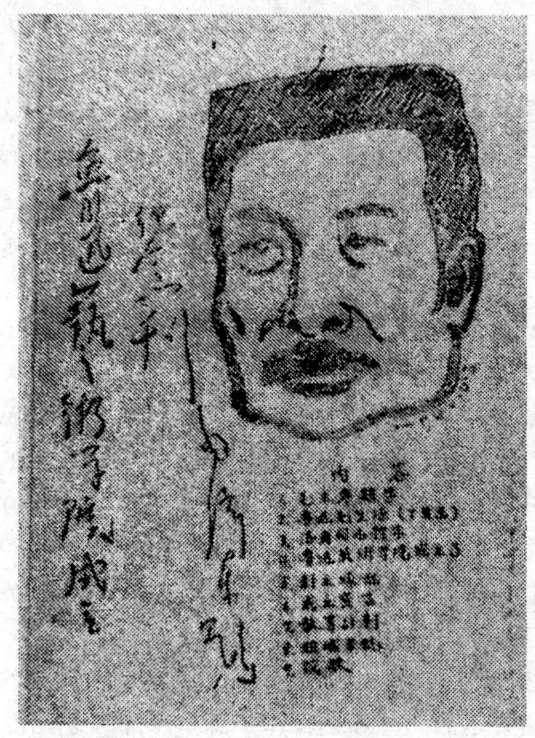

鲁迅艺术学院成立纪念刊上由毛泽东题写的校名及鲁迅画像

关怀。他们都曾经接受过“五四”新文学的洗礼，以鲁迅为代表的“五四”启蒙主义文艺思想早已深入鲁艺人心中。他们通过纪念鲁迅，给予启蒙主义以很高的评价。他们自觉汲取鲁迅“直面人生”的勇气，接过前人肩上“改造现实、改造国民性”的历史重任，深入文学内部深层进行探索，“关注人性灵魂的深入揭示”的批判和重建。艺术家在延安面对的是一个积极而充满革命气氛的现实。

鲁迅认为：“美术家固然须有精熟的技工，但尤须有进步的思想与高尚的人格。他的制作，表面上是一张画或一个雕像，其实是他的思想与人格的表现；令我们看了，不但欢喜赏玩，尤能发生感动，造成精神上的影响。我们所要求的美术家，是引路的先觉，不是“公民团”的首领。我们所要求的美术品，是表记中国民族知能最高点的标本，不是水平线以下的思想的平均分数”①。鲁迅认为，艺术家的思想人格不可避免地会渗透到艺术品中去。因此，艺术家的思想是否进步，人格是否高尚，是关系到作品是否能发挥美感教育作用的大问题。这样，鲁艺艺术家木刻刀下的题材与形象就与表现压抑、控诉与反抗的“左翼”时期不同。鲁迅曾经提倡的“素描”渐渐被民间的单线给代替，“左翼”木刻的表现主义风格为传统的年画所改造。鲁艺的艺术家明明是沿着鲁迅先生的木刻思想走来的，却不是鲁迅木刻的延续，形成了同一艺术的两个不同分支。鲁迅先生曾经希望青年艺术家能从中国民间艺术汲取民族化的养分；同时，革命的现实环境要求他们不只是“左翼”的文艺青年，而是真正意义上的革命文艺战士。抗战的气氛、恶劣的环境迫使艺术家开始转向“民族形式”的探索。他们以坚强的毅力，将革命的内容与民族形式的艺术表达相结合，创作出了许多振奋人心的作品，生动写实，富于现实主义，实现了新型的艺术理想。

抗战的现实要求文艺的规约必定指向政治一端。在政治文化主控的时代，这些秉承鲁迅批判精神的知识分子，在面对权力中心话语时，精神和肉体都必得承受极其沉重的压迫和困扰。这就预示着延安鲁艺的文艺活动必定不会是平静的。虽然整风后鲁艺的文学艺术家们在总体上认同了政治化的文艺规约，其中所包含的知识分

① 《鲁迅全集（第1卷）》，人民文学出版社1981年版，第330页。

子从启蒙到革命转变的内容却是很丰富的。

二、鲁迅精神的两重性

（一）作为文学家的鲁迅

作为伟大的文学家，鲁迅一生创作了大量的文学作品，蕴含了丰富、深刻的思想。

1. 主张文艺为大众服务。鲁迅说："在现下的教育不平等的社会里，仍当有种种难易不同的文艺，以应各种程度的读者之需。不过，应该多有为大众设想的作家竭力来做浅显易解的作品，使大家能懂，爱看，以挤掉一些陈腐的劳什子。"鲁迅清楚"教育不平等"的现状，但他没有因此去"俯就"大众，仍然坚持"仍当有种种难易不同的文艺，以适应各种程度的读者之需"。内容要对大众有益，符合大众的实际需要，去掉封建主义的东西。这点和毛泽东要求文艺要普及的思想是相通的。他反对文艺成为少数人的奢侈品和专利品，也坚持文艺对象所必要的文化条件。他认为："读者也应该有相当的程度。首先是识字，其次是有普通的大体的知识，而思想和情感，也须大抵达到相当的水平线。否则，和文艺就不能发生关系。"① 他并不赞成作家脱离人民大众而写作，主张"作品和大众不能机械地分开"。② 但是，更为重要的是，鲁迅认为知识分子作为先觉者，应该既是旧的传统文化的反叛者，又是现代新文化的开创者，使命在于传播新文化、启发人民觉悟的"思想启蒙"，是"化大众"，而不是"大众化"。他们应该理直气壮地按时代要求发展自己，而不能处处"迎合大众""以博大众的欢心"。否则，就有成为"大众的新帮闲"的危险。他极力主张文艺不仅仅要表现"工农兵"，而且应包括"描写现在中国各种生活和斗争"的各个方面："可以自由地去写工人、农民、学生、强盗、娼妓、穷人、阔佬，什么材料都可以，写出来都可以为民族革命战争的大众文学。"③ 他在指导文学青年创作时说："两位是可以各就自己现在能写的题材，动手来写的。……现在能写什么，就写什么，不必趋时。"④ 不能表现伟大变革的全盘，亦"可以表现它的一面"。⑤

2. 强调阶级社会里文学的阶级性。鲁迅说："在阶级社会里，即断不能免掉所属的阶级性。"⑥ 毛泽东吸纳了鲁迅的这个观点，他说："我们不赞成把文艺的重要性过分强调到错误的程度，但也不赞成把文艺的重要性估计不足。文艺是从属于政治的，但又反转来给予伟大的影响于政治。"⑦ 这可以说是对鲁迅观点的引申。但是鲁迅一

---

① 鲁迅：《文艺的大众化》《鲁迅论文学艺术》，人民文学出版社 1980 年版，第 383 页。
② 鲁迅：《论旧形式之利用》《鲁迅论文学艺术》，人民文学出版社 1980 年版，第 670 页。
③ 鲁迅：《论现在我们的文学运动》《鲁迅论文学艺术》，人民文学出版社 1980 年版，第 985 页。
④ 鲁迅：《关于小说题材通信》《鲁迅论文学艺术》，人民文学出版社 1980 年版，第 459 页。
⑤ 鲁迅：《致赖少麒信》《鲁迅论文学艺术》，人民文学出版社 1980 年版，第 873 页。
⑥ 鲁迅：《论第三种人》《鲁迅论文学艺术》，人民文学出版社 1980 年版，第 487 页。
⑦ 毛泽东：《在延安文艺座谈会上的讲话》《延安文艺丛书·文艺理论卷》，湖南文艺出版社 1987 年版，第 17 页。

向坚持作家应该自由思考和独立创作，认为“好的文艺作品，向来多是不受别人命令，不顾利害，自然而然地从心中流露的东西”。①

3. 反对“为艺术而艺术”，并主张“为人生而艺术”。这并不意味着鲁迅是一个艺术上的急功近利者。他说：“文艺之所以为文艺，并不贵在教训，若把小说变成修身教科书，还说什么文艺。”鲁迅反对夸大文艺作用，他认为艺术可以是一种工具，但他又强调：“它之所以是工具，就因为它是艺术的缘故。”所以，鲁迅坚持认为：“一切文艺固是宣传，而一切宣传却并非全是文艺，……革命之所以于口号、标语、布告、电报、教科书……之外，要用文艺者，就因为它是文艺。”② 鲁迅主张文艺必须为革命斗争服务，可以作为宣传的工具，但他更强调文艺的特殊性。

鲁迅是站在作家的立场上审视、评说文艺批评，而毛泽东每每是站在政治家的立场上要求、评判文艺作品的，并以此种态势论述文艺批评的作用。毛泽东文艺思想缺少鲁迅关于文艺批评论述的那种完整性与辩证性

辛辣、犀利的批判精神是鲁迅的文学风格，在延安这个到处充满光明的地方显然不合时宜。因为在特殊的战争环境中，鲁迅尖锐的讽刺风格有可能被某些人歪曲利用来瓦解中共中央的绝对领导。延安最需要的是歌颂，而不是暴露；它要听的是赞歌，是颂歌，而不是讽刺精神。当知识分子们怀着追求自由、民主精神奔赴延安，看到延安和自己想象的世界有很大落差时，1941 年至 1942 年初整风前，延安出现了以发扬“鲁迅杂文”精神为旗号的“杂文风潮”和“暴露文学”的潮流。丁玲认为：根据地尽管“有了初步的民主，然而这里更需要督促、监视，中国所有的几千年来的根深蒂固的封建恶习，是不容易铲除的”，因此，根据地的作家仍需要学习鲁迅，“为真理而敢说，不怕一切”。③ 她明确表示纪念鲁迅要落实在具体的文学创作实践中，并强调继承鲁迅“杂文”传统。罗烽在《还是杂文时代》上说：“想到此，常常忆起鲁迅先生，划破黑暗，指示一条路去的短剑已经埋在地下了，锈了。现在能启用这种武器的实在不多，然而，如今还是杂文时代。”④ 他也在倡导继承和发扬鲁迅杂文的战斗传统。

延安的知识分子们高举鲁迅旗帜、暴露延安现实生活中的缺点，不仅改变了延安文艺界一味歌颂的局面，也显示了知识分子正视现实的勇气，也促使毛泽东下决心整治延安文艺界。毛泽东在《在延安文艺座谈会上的讲话》里宣布：在革命根据地里，鲁迅的“杂文时代”已经过去，不应该运用鲁迅式冷嘲热讽、隐晦曲折的杂文形式。毛泽东鲜明地亮出“鲁迅精神”的标记，因为他深知鲁迅在知识分子心中的地位，把鲁迅视为工农兵、大众相结合的典范。但是，这时的鲁迅已经是以“缺席的在场者”的身份被动地参与到延安文艺的建构中了。

---

① 鲁迅：《革命时代的文学——四月八日在黄埔军官学校讲演》《鲁迅论文学艺术》，人民文学出版社 1980 年版，第 240 页。

② 鲁迅：《文艺与革命》《鲁迅论文学艺术》，人民文学出版社 1980 年版，第 298 页。

③ 丁玲：《我们需要杂文》《解放日报》1941 年 10 月 23 日。

④ 罗烽：《还是杂文时代》《解放日报》1942 年 3 月 12 日。

（二）作为革命家的鲁迅

1942年5月2日，延安文艺座谈会举行第一次大会。毛泽东和凯丰、博古、洛甫、邓发、任弼时等参加会议。会议由凯丰（中宣部副部长）主持，说明请大家来开会的原因。接着，毛泽东作了“引言”讲话。他颇为风趣地说：“我们有两支军队。一支是朱总司令的，一支是鲁总司令的。”后来正式发表时改为“手里拿枪的军队”和“文化的军队”。[①]“文化的军队”是“团结自己、战胜敌人必不可少的一支军队”，并进一步肯定了这支军队“五四”以来的丰功伟绩。这里，尊奉鲁迅为文化军队的总司令，肯定了鲁迅的历史地位，高度评价了鲁迅的历史功绩。

赛尔登指出：“中国共产主义革命一直存在着两种对立的内在驱力：一是精英主义倾向，指向理性化的等级秩序或集权化的组织体制；一是民粹主义倾向，强调依靠觉悟的农民大众。”[②]中国“在20世纪20年代中期社会革命兴起之前，就已经存在着民粹主义倾向。它有两大特征：一是主张绕过资本主义实现现代化，二是主张从民间文化和大众文化中间寻求现代化的权力”[③]。毛泽东比较倾心于这种大众崇拜的民粹主义观念，把中国革命定位于“新式农民革命”，试图依靠工农（主要是农民）来构建他的理想王国。而鲁迅作为思想性的存在，“鲁迅精神”在延安得以最大程度的发扬。

1937年10月19日，毛泽东在陕北公学鲁迅逝世周年纪念大会上发表《论鲁迅》的讲话，指出鲁迅在中国革命所占的地位：“……民族解放的急先锋，给革命以很大的动力。他并不是共党组织的人，然而他的思想、行动、著作，都是马克思主义化的。”[④]他把鲁迅精神归纳为三个方面：斗争精神、牺牲精神、政治远见。毛泽东是从政治革命功利主义角度来解读鲁迅的。

①斗争精神。毛泽东最看重的是鲁迅在粉碎国民党文化“围剿”中作为革命主将、旗手的作用。他从鲁迅身上引申出一些抽象概念来学习，把其辛辣的讽刺精神抽掉，笼统地抽象出具有斗争精神的鲁迅。1940年，毛泽东在发表的《新民主主义论》中说：“鲁迅是中国文化革命的主将。他不但是伟大的文学家，而且是伟大的思想家和伟大的革命家……鲁迅的方向就是中华民族新文化的方向。”“他看清了政治方向，就向着目标奋勇地斗争下去，决不中途妥协。”“他一点也不畏惧敌人对他的威胁、利诱与残害；他一点不避锋芒，把钢刀一样的笔刺向他所憎恨的一切；他往往是站在战士的血痕中坚韧地反抗着，呼啸着前进。”[⑤]毛泽东看重鲁迅的仅仅是他对敌斗争的坚决、彻底性，把鲁迅纳入新民主主义革命的范畴来认识及评价。

②牺牲精神。鲁迅对于人民的态度，在实质上与中共的政策不是一回事。中共

---

① 艾克恩：《延安文艺运动纪盛》，文化艺术出版社1987年版，第350页。

② ［美］马克·赛尔登：《革命的中国：延安道路》，社会科学文献出版社2002年版，第204页。

③ 姚国华：《大学重建》，海天出版社2002年版，第169页。

④ 毛泽东：《论鲁迅》《延安文艺丛书·文艺理论卷》，湖南文艺出版社1987年版，第31页。

⑤ 毛泽东：《新民主主义文化》《延安文艺丛书·文艺理论卷》，湖南文艺出版社1987年版，第45页。

要求知识分子无条件向人民群众学习，而鲁迅对人民的态度是“哀其不幸”“怒其不争”，是怀着恨铁不成钢的心情去深挖国民劣根性、揭示痛苦以引起疗救的希望。鲁迅对国民性的弱点深恶痛绝，“他起来和这些缺点作战，不是一个单纯的战士而是一个民族的战士”①。毛泽东说：“效果问题是不是立场问题？一个人做事只讲动机、不问效果，等于一个医生只顾开药方，病人吃死了多少他是不管的。”② 毛泽东所说的庸医其实也包括鲁迅。鲁迅不开药方，只是把国民性的痛苦揭示出来。他只是个文学家，他很深刻，但是他的性格却有些偏执。毛泽东说：“一切共产党员，一切革命的文艺工作者，都应该学鲁迅的榜样，做无产阶级和人民大众的‘牛’，鞠躬尽瘁，死而后已。”③ “牛”是只会服从而不会反抗的，毛泽东把它解读为完全没有主动性的受制于工农兵的任劳任怨的劳动者。毛泽东真正需要的是知识分子的驯顺和乖巧，任劳任怨。

③政治远见。毛泽东十分清楚鲁迅在中国文人和中国现代文学史上的地位。为了团结更多的知识分子和青年学生，更好地发挥战斗的作用，起到团结人心的力量、打击敌人的特殊效果，毛泽东在《讲话》中把鲁迅从“五四”以及“左翼”作家群体单列出来，并将其视为知识分子与人民大众结合的光辉典范，号召所有知识分子向他学习。这样不仅是对延安时期“杂文风潮”中以鲁迅精神继承者身份自居的知识分子的有力批驳和否定，同时也是向世人昭示一种历史必然性：既然连中国知识界公认的最具有反叛传统文化群体意识的鲁迅都顺应时代潮流，走上了与人民大众结合的道路，其他人再也没有理由拒绝这样的转变啦！

毛主席的《在延安文艺座谈会上的讲话》是在延安文艺座谈会一年以后才发表的。他对份文件非常慎重，长达一年的修改和补充表明他在选择最恰当的时机公布。《讲话》为纪念鲁迅逝世而发表，可谓一语双关：既纪念了鲁迅，也从根本上为文艺发展提供了政治与艺术的双重标准。

鲁迅在那时的延安实际上处于“既要削弱以至阉割、否定鲁迅的批判精神，又要利用鲁迅旗帜的尴尬”。④ 赵超构在《延安一月》一书中说：“延安有许多事情是出乎我们意料之外的。譬如鲁迅的作品，我们总以为应该大受延安人的欢迎的了，事实上则并不流行。据我个人在延安各书店的观察，文艺书籍印得最多或者说销得最好的，是秧歌以及其他通俗读物……鲁迅的作品，我非常奇怪，竟是一本也没有。”⑤ 赵超构很不理解延安是最尊敬鲁迅的地方，但对鲁迅作品的传播并没有想象中的流行。

---

① 艾思奇：《民族的思想上的战士——鲁迅先生》《鲁迅研究资料汇编》，中国文联出版公司 1987 年版，第 781~782 页。

② 毛泽东：《在延安文艺座谈会上的讲话》《延安文艺丛书 · 文艺理论卷》，湖南文艺出版社 1987 年版，第 24 页。

③ 毛泽东：《在延安文艺座谈会上的讲话》《延安文艺丛书 · 文艺理论卷》，湖南文艺出版社 1987 年版，第 27 页。

④ 钱理群：《独自远行——鲁迅接受史的一种描述（1936~1949）》，载陈平原（主编）：《现代中国（第 2 辑）》，教育科学出版社 2001 年版，第 80 页。

⑤ 赵超构：《延安一月》，上海三联书店 1992 年版，第 115 页。

1957年夏，反右斗争如火如荼之际，毛泽东在上海中苏友好大厦当着众多知识分子的面，亲口回答罗稷南先生所提的“要是鲁迅先生今天还活着，他会怎么样”的问题。“鲁迅么——”毛泽东不过微微动了动身子，爽朗地答道：“要么被关在牢里继续写他的，要么一句话也不说。”① 这说明毛泽东心里始终对于鲁迅身上的个人主义很不满。在《讲话》奠定的文艺新模式中，鲁迅仅仅融入革命已经远远不够了，他的命运取决于是不是能够进一步“融入组织”。

《讲话》后，在1942年以前的延安，政治化的鲁迅和文学化的鲁迅可以并行不悖地存在，“鲁迅风”的杂文也可以被提倡和发表出来。鲁迅被动地被意识形态化：文学家心目中的鲁迅逐渐被政治家心目中的鲁迅所整合。

延安的艺术家来自四面八方，大多曾参与过国统区文艺界的文艺论争。在生活经验（创作来源）、读者群体（服务对象）和适用的文学表达手段（载体）全部变了或丧失了的情况下，他们都面临着启蒙与救亡、为人生与为艺术、为政治服务与求个性解放、民族化与现代化、实用性与审美性等方面的矛盾与冲突。

“无论是新文化运动还是30年代的革命启蒙都是以知识分子为主体的，而这个时候（延安时期），知识分子却退隐了。在延安的启蒙中，毫无疑问地存在着这样的一个等级：革命领袖是革命理论的掌握者，他不但具有对民众启蒙的能力，而且负有对民众启蒙的责任。也就是说，启蒙者的角色被革命领袖所取代。而在具体的文学作品中，则是由创作者以革命代言人的方式充当启蒙者。这样的代言人初始由革命的知识分子充当，以后就逐渐完全被纯工农血统的作者所取代。”② 延安文人们此刻的偶像崇拜不同于中国旧式的封建道德崇拜，他们迷恋的是在现实世界中起着规范和模范作用的政治偶像。延安时期起始的对毛泽东的偶像崇拜，一方面是由于毛泽东的个人魅力和强势的话语控制权；另一方面，也是当时相对封闭、落后的环境中与外界隔绝、新生事物无法渗透的结果。

知识分子顺应时代，重新选择精神偶像的结果，是他们对知识分子启蒙责任的逃避。因不能完全成为劳动人民而自惭形秽、自觉逃避，导致知识分子启蒙者资格的彻底丧失。整风后，脱胎换骨的“文艺工作者”热火朝天地下农村、下部队，深入生活，改造思想，竭尽全力为现实政治服务，而当年流淌在血液里的先师——鲁迅精神却渐行渐远了。

通过疾风骤雨式的整风运动，毛泽东将各种“自由主义思想”从人们头脑中清除殆尽。延安的知识分子都皈依了党的领导，成为“毛主席的教育战士”，主动加入声势浩大的思想改造洪流中了。除了毛泽东思想外，延安再也没有与之相左的声音了，毛泽东终于实现了革命文艺思想高度统一的理想。

---

① 黄宗英：《我亲聆毛泽东与罗稷南对话》《文汇报读书周报》2002年12月6日。

② 方维保：《红色意义的生成——20世纪中国左翼文学研究》，安徽教育出版社2004年版，第255页。

小　结

刚刚建立的延安中共政权通过采取各种措施来吸引全国各地的知识分子“朝圣”，以巩固新政权；同时，也给了延安文人一个相对短暂而甜蜜的自由时期。鲁艺文人们与延安其他干部学校的人虽然一样享受着战时供给制，却是延安最活跃的一群特殊知识分子，思想里先天地包容着许多与主流意识形态相悖的成分。这是他们在新文化运动中的收获，但文艺的政治化是不以人们意志为转移的。

第二章
延安鲁艺的创立和发展过程

延安鲁艺是在以毛泽东为代表的中国共产党领导下，在争取民族独立和人民解放的抗日战争年代诞生并发展起来的一所艺术院校。它的创立、发展以及被整合，都与延安的政治意识形态密切相关，也与鲁艺内部对中共文艺政策的解读和执行密切相关。

第一节　创立和发展过程

一、创办初期“精英化”的追求

1937 年，抗日战争全面爆发。为了中华民族的独立和解放，动员与利用一切力量进行艰苦卓绝的斗争，培养和发展新生力量，延安中央政权迫切需要大批服务于抗战的干部。干部的培养不仅包括军事、政治、经济等方面，也包括文化、艺术方面。1937 年 5 月，中共在延安召开苏区代表大会，毛泽东作了《中国共产党在抗日时期的任务》的报告，向全党提出了“自觉地造就成万数的干部”的任务。他指出：“我们的革命依靠干部，正像斯大林所说的‘干部决定一切’。”① 1937 年 11 月，中共中央为适应全面抗战形势的需要，曾经“计划在陕北公学增设一个‘艺术训练班’，由沙可夫、朱光、左明负责开始筹备”。② 这一计划后来因故未能实现。

1938 年初，为纪念上海“一·二八”淞沪抗战六周年，延安文艺界调集了抗大、陕公等单位的戏剧工作者，集体突击排演四幕大型话剧——《血祭上海》，连续公演二十天，观众达万人，满城轰动。“这次公演推动了延安艺术界新阵地的建立，也就成为鲁迅艺术学院成立的先声。”③ 参加这次演出活动的成员主要有沙可夫、朱光、李伯钊、赵品三、徐一新、任白戈、左明、孙维世等。在演出后的庆功会上，有人提议办一所艺术学院，当场就得到毛泽东的热心赞助和支持。毛泽东表示，愿意以最大的力量帮助艺术学院的创立，由《血祭上海》的主创人员负责具体筹备工作。

1938 年 2 月，由沙可夫主持起草的《鲁迅艺术学院创立缘起》正式公布。《创立

① 《毛泽东选集（第 1 卷）》，人民出版社 1991 年版，第 277 页。

② 《沙可夫诗文选》，文化艺术出版社 1990 年版，第 331 页。

③ 徐一新：《艺术园地是怎样开辟的》，原载《新中华报》1939 年 5 月 10 日。

缘起》约七百多字，除了解释以鲁迅先生命名的原因，又提出号召“我们迫切地希望全国各界人士予以同情和援助，使其迅速成长”。发起人为毛泽东、周恩来、林伯渠、徐特立、成仿吾、艾思奇和周扬七人。4 月，又发布《鲁迅艺术学院成立宣言》，表明了“我们宣告艺术学院的成立，……是为了服务于抗战，服务于这艰苦的、长期的民族解放战争”“就是要培养抗战艺术干部，提高抗战艺术的水平，加强这方面的工作，使得艺术这武器在抗战中发挥它最大的效能”①。

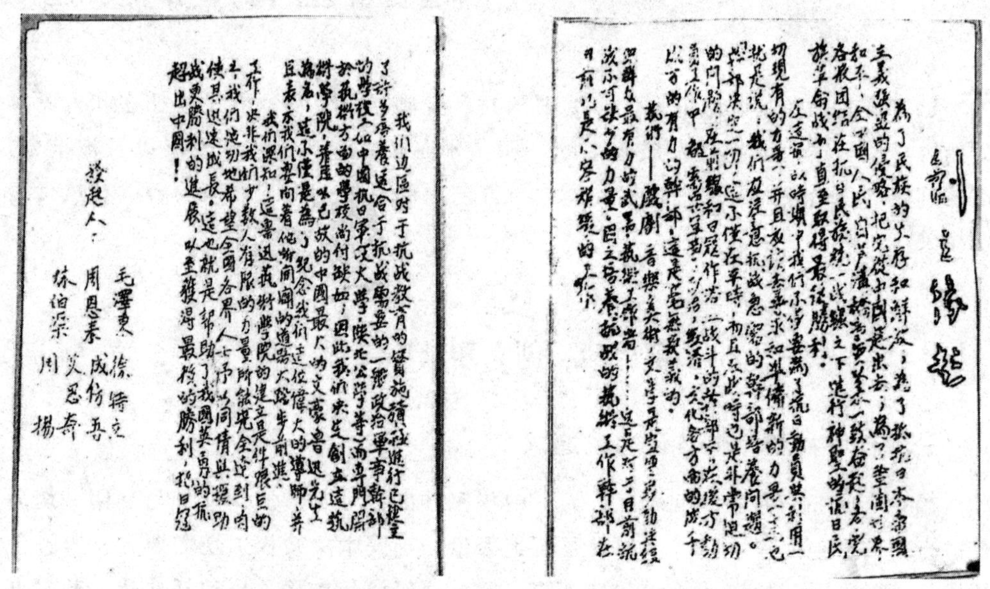
创立缘起

为了民族的生存和解放，为了驱逐日本帝国主义强盗的侵略，把它赶出中国去，为了坚固和平，全中国人民、国共两党及各党各派团结在抗日民族统一战线之下进行神圣的抗日民族革命战争，直至取得最后胜利。

在这抗战时期中，我们不但要为了抗日动员与利用一切现有的力量，并且应该去寻求和准备新的力量，也就是说：我们应该注意抗战急需的干部培养问题。干部决定一切，这不仅在平时，而且在战时也是非常迫切的问题。在前线和后方作着战斗的各部门、各后方党政工作中，都需要军事、政治、经济、文化各方面的成千成万的有力的干部，这是毫无疑义的。

艺术——戏剧、音乐、美术、文学是宣传鼓动与组织群众最有力的武器。艺术工作者——这是对于目前抗战不可缺少的力量。因之培养抗战的艺术工作干部在这时是不容稍缓的工作。

我们边区对于抗战教育的实施积极进行，已建立了许多培养适合于抗战需要的一般政治军事干部的学校，如中国抗日军政大学、陕北公学等，而专门关于艺术方面的学校尚付缺如，因此我们决定创立这艺术学院，并且以已故的中国最大的文豪鲁迅先生为名，这不仅是为了纪念我们这位伟大的导师，并且表示我们要向着他所开辟的道路大踏步前进。

我们深知：这鲁迅艺术学院的建立是件很巨的工作！决非我们少数人有限的力量所能完全达到的，因之，我们迫切地希望全国各界人士予以同情与援助，使其迅速成长。这也就是帮助了我国英勇的抗日战争更胜利的进展，以至获得最后的胜利，把日寇赶出中国！

发起人：
毛泽东 周恩来 林伯渠 徐特立 成仿吾 艾思奇 周扬

《血祭上海》公演后，由毛泽东、周恩来、林伯渠、徐特立、成仿吾、艾思奇、周扬七人联名发出《创立缘起》。图为《创立缘起》全文。

为了更好地募集社会资金，走社会化办学道路，筹建中的鲁迅艺术学院（以下简称“鲁艺”）组织架构设立有董事会，作为学校最高权力机构。董事会成员是：邵力子、陈立夫、于右任、蔡元培、宋庆龄、何香凝；郭沫若、茅盾、洪深、田汉、许广平、潘梓年、周扬、成仿吾、毛泽东、洛甫、康生、王明、周恩来、凯丰、徐特立、林伯渠。从这份名单可以看出，它带有明显的抗日民族统一战线的性质。编审委员会由朱光、张庚、崔嵬、沙可夫、徐一新、吕骥、沃渣、丁里、周扬、向隅、艾思奇和学生代表组成。鲁艺校董事会主持日常工作，直到 1939 年年底。在正式任命吴玉章为院长之前，董事会负责筹集办学资金，决定学校主要行政领导——正、副院长人选，确定办学宗旨，审定重大项目决策。正、副院长作为学校最高行政领导，负责召集教材编审委员会、院务委员会、晚会委员会工作，下设秘书处、总务处、教务处、训育处和实验剧团等职能部门，领导戏剧系、音乐系、美术系、文学系和研究班等二级机构正常运转。②

① 孙国林、曹桂芳（编）：《毛泽东文艺思想指引下的延安文艺》，花山文艺出版社 1992 年版，第 487 页。

② 《鲁迅艺术学院组织系统表》（1938 年）《陕甘宁边区实录》，延安解放社 1939 年版，第 151~152 页。

1938年2月底，筹建中的鲁艺条件非常简陋，既没有校舍，也没有休息的地方。先是临时借用延安城内凤凰山麓原鲁迅师范学校几间校舍作为办公、招生考试和学生住宿地点，开始挂牌招生。六十多名学员大部分来自"抗大""陕公"、延安的各机关单位以及从全国各地刚来延安的一些文艺青年。不久，又选定延安旧城北门外西侧一个叫云梯山的山坡作校址，原有的上下两排土窑洞加上师生员工自己动手盖起的十多间简陋平房，又平整了山下的旧文庙废墟当作教学活动场所。就这样，鲁迅艺术学院在延安的土窑洞里诞生了。

鲁艺桥儿沟礼堂（旧天主教堂）

没多久，由中宣部协调安排，鲁艺搬到延安城北门外原延安保育院的十几孔窑洞。出北门，经过文庙废墟和四处荒坟，再往山坳里走。山脚下新建的四合院格局的简易房是院部办公室；山上的窑洞作为师生宿舍；上课就在窑洞前的空地上或山坡上。在这样艰苦卓绝的条件下，鲁艺师生自己动手，克服一切困难。"没有固定的教室，一般都头上戴顶草帽，在露天里上课。遇到落雨，就挤在一眼较为宽敞的窑洞里学习。同学们一般只有用三块木板做成的简易矮凳，双腿上则放块较大的木板，权当书桌。""师生都睡地铺；吃饭都在院子里，分组围着一盆黑豆芽，或蹲或站。每到上课前，值日队长集合同学，'凳上肩！''起步走！'经过一条小路，到附近耶稣教堂去上课。晚上，按小组围着小油灯，整理笔记或讨论。"① "我们每周上几次课，一般学习都在露天，冬天就找朝阳的地面，夏天就找阴凉处。学员们一人一个小板凳，走到哪儿，就搬到哪儿，哪儿便是'教室'和'阅览室'，膝盖就是自带的'课桌'。"② 如此简陋的条件与师生们这种奋发进取的精神形成了鲜明的对比。这种"大地为睡铺，露天为课堂，背包当板凳，膝盖代书桌"的艰苦奋斗精神，也是中华人民共和国成立后提倡发扬的延安精神之一。在物质条件极其困难的情况下，鲁艺于1938年3月14日开始上课，并于4月10日在城内中央大礼堂举办了隆重的开学典礼。毛泽东、张闻天等中央领导同志出席了会议，毛泽东作了简短讲话并与全体师生合影，当晚举办了内容丰富的文艺晚会。

---

① 陈锦清：《兴奋　自豪　感慨——忆延安鲁艺的大课演出》《延安鲁艺回忆录》，光明日报出版社1992年版，第164~165页。

② 《穆青在鲁艺的学习生活》《鲁艺史话》，陕西人民出版社1991年版，第226页。

创办这样的综合性艺术学院，既是当时抗战形势的需要，也是人们的迫切文化要求。鲁艺的创建，是有着广泛的群众基础的。正因为如此，从它诞生之日起，就引起人们的普遍关注。1938 年 4 月 19 日，武汉《新华日报》就登载了邓友民的《鲁迅艺术学院访问记》。鲁艺创立的消息一经介绍到国外，立即引起国际文艺界人士的特别注意，莫斯科出版的《艺术》杂志就曾极力征集关于鲁艺的文章。

鲁艺首届仅设戏剧、音乐、美术三个系，共招收学员六十多人，系主任分别是张庚、吕骥和沃渣。沙可夫为副院长兼教务主任（后来的副院长还有赵毅敏）。院务委员会由沙可夫、周扬、徐一新、魏克多、吕骥等组成。学院的组织军事化，系里成立大队，大队下设区队，区队下设班组。从第二届开始，又增设了文学系，周扬兼任系主任。1940 年 4 月更名为"鲁迅艺术文学院"，仍简称"鲁艺"。学院其他机构与人事也有了相应的变化。此后，又相继招收了三届学员，组织机构以及教学计划都进行了调整和充实。

鲁艺初创阶段的学制带有较强的探索性，呈现出变化与动荡的特点。第一、二届实行"三三制"短期培训式学制，修业期一共九个月。每届分两学期，每学期三个月，分前后两个阶段：第一阶段在校学习三个月，之后学校统一安排到前方实习三个月，再返回学校继续第二学期三个月的学习。但是，绝大部分前方实习的学员无法按时返校，实际只学习了三个月，并没能完成第二阶段的学习。因此，自第三届起，不再安排学生到前方实习，学习期为四至八个月；分初、高级两个班，初级班修业四个月后可出外工作或进入高级班继续学习四个月。实施不到两个月即再次发生变化。1939 年 2 月至 7 月，为满足前方对开展综合文艺普及工作的"全才"需要，鲁艺第三届教育计划调整为实行提高与普及兼顾的"双轨制"，开办不分系别的普通部，施以综合性艺术教育，另设培养艺术专门人才的专修部，学制改为六个月。1939 年 8 月，由于吕骥率领鲁艺普通部大部分师生奔赴晋察冀成立华北联大文艺部，普通部被取消，鲁艺各系保留专修部以培养各种专门人才并开始提出"提高"口号。

鲁艺建院时发挥艺术师资集中和水平高的优势，根据战争和地方的需要，先后创办了普通班、前干班、部干班、地干班、民干班等，还为延安和各解放区文艺干部进修提高提供机会，培养和训练了大批直接为抗战服务的文艺战士，为地方和部队培养了许多艺术干部。

鲁艺办学一年，取得了一定成绩，团结了文艺家，为抗战培养和供给了一些艺术干部；积极组织了许多场文艺晚会，帮助和推动了边区的艺术活动；在全国也发生了相当大的影响，吸收了许多各地热爱艺术的知识青年前来学习。但是这一年也存在许多问题，正如周扬所说："早期鲁艺教育行政和教学秩序总是被不断举行的晚会所支配，所紊乱。"① 罗迈也指出："在过去一个相当长的时间中，缺乏明确的教育方针；现在的教育、学习、行政各方面的制度，还没有适当地建立；创作还未获得应有的提倡与扶持……优良的校风还有待养成。这些便是鲁艺今天亟待解决的重要

---

① 周扬：《艺术教育的改造问题》《周扬文集（第 1 卷）》，人民文学出版社 1984 年版，第 414 页。

的问题，也就是还有待克服的。”[①] 鲁艺前期的探索办学，为之后的提高办学质量打下了坚实的基础。

二、“专门提高”时期

1939 年 8 月 3 日，鲁艺从延安北门外迁至东门外距城八里的桥儿沟天主教堂。中共中央任命吴玉章为鲁艺院长、周扬为副院长，宋侃夫任政治处处长兼党委总支书记，原副院长赵毅敏调任其他工作。从此，鲁艺日常工作一直就由周扬负责主持。

1940 年 4 月，鲁艺举行成立两周年纪念大会，毛泽东、朱德、洛甫、吴玉章、茅盾等参加了大会。毛泽东为鲁艺题写了“鲁迅艺术文学院”的校名，从此鲁迅艺术学院改名为“鲁迅艺术文学院”，并题八字校训：“紧张、严肃、刻苦、虚心。”鲁艺将这八字校训手迹镌刻在院内一面土墙上，得以朝夕共勉。中央干部教育部罗迈也为鲁艺题词：“高举着鲁迅的旗帜，为新民主主义文化奋斗。”就是在这个会上，周扬总结了鲁艺前期的成绩并指出以后工作的方向，表示“我们要培养新中国的理论人才，建立新中国的文艺批评”。[②] 这说明周扬对于鲁艺是着眼于抗战建国的双重理想。

周扬关于鲁艺实行的正规化措施，具体在 1940 年 7 月制订，后又经过修订的第四、第五届学生的教育计划中得以体现。新的教育方针规定：“团结与培养文学艺术的专门人才，以致力于新民主主义的文艺事业。”教学目的也改为“培养适应于抗战建国需要的文学理论、创作、组织人才，使其具备社会历史知识与艺术理论之相当修养，并有基础巩固的某种技术（即艺术）专长”。为达此目的，原来的短期学制也延长为三年（实习除外）：第一年打基础，第二、三年趋于专门人才培养。新计划同时提出：“学院的教育精神为学术自由，各学派学者均可在学院自由讲学并进行各种艺术活动”。[③] 这样兼收并蓄的胸怀，在那个时期非常难得。自第四届开始，与整个鲁艺的学科建设发展同步，鲁艺进入专门化提高阶段。

罗迈在 1940 年 12 月《新中华报》撰文指出：“依我看来，延安的干部学校正处在这种短期训练班逐渐进到正规学校的过渡时期中，个别学校已开始正规化。”我们应当立即着手研究和解决“正规化学制的确立问题”“课程、课程标准及教材的审编问题”等。[④] 1941 年 3 月 6 日，鲁艺院务会议决定，全面检查和总结第三年的工作，前后达一个半月之久。就在这场大检查中，周扬提出了“正规化”的任务。

1941 年 4 月 28 日，罗迈再次到校讲话。他着重强调鲁艺的性质是新民主主义的文艺学院，在谈到当前任务时表示：“我同意周扬同志的意见——要专门化”。他说，鲁艺目前有两重任务：一方面要提高自己，同时要帮助别人；在提高自己的任务上，除了培养文

① 罗迈：《鲁艺的教育方针与怎样实施教育方针》（1939 年 4 月 10 日报告），《延安鲁艺回忆录》，光明日报出版社 1992 年版，第 13 页。

② 艾克恩：《延安文艺运动纪盛》，文化艺术出版社 1987 年版，第 195 页。

③ 钟敬之：《延安鲁迅艺术学院侧记》《新文学史料》1982 年第 2 期。

④ 罗迈：《预祝一九四二年延安干部教育的胜利》（1940 年 12 月 28 日），《新中华报》1941 年 1 月 10 日。

艺理论家与文艺批评家以外，还要培养艺术教育人才；在帮助别人的任务上，一方面要帮助延安的文艺活动，同时要作为团结全国文艺人的中心。他又说："现在，我们大家在延安埋头研究，长期打算，一俟将来形势好转，分发出去，这一大批有相当修养的干部将是掌握全国文艺活动最宝贵的资本。"罗迈在解说鲁艺的性质时已经说得非常明白："鲁艺是什么学校？是文艺学院，是新民主主义的文艺学院。新民主主义的文艺是什么？如洛甫（张闻天）同志所说，是民族的、民主的、科学的、大众的。"①

第二天，鲁艺由周扬院长作了第二次工作检查总结，宣布调整机构，设文学部、戏剧部、音乐部、美术部和四个行政职能处，并任命各部门负责人。接着，鲁艺经过全体人员讨论，制订出一个《艺术工作公约》：

（一）不违反新民主主义现实主义的方向。

（二）不违反民族的、大众的立场。

（三）不违反艺术上抗日民族统一战线的原则。

（四）不对黑暗宽容；对新社会之弱点，须加积极批评与匡正。

（五）不流于轻浮作风、低级趣味。

（六）不间断创作与研究的工作。

（七）不轻视艺术的组织工作。

（八）不满足自己的即使是最大的成功；不轻视别人的即使是最小的努力。

（九）不抱宗派之见，不作无原则的意气之争。

（十）不放松对艺术中一切不良倾向的批评。

这份《艺术工作公约》对革命的文艺工作者在政治立场、精神状态、思想风格和道德修养等方面都提出了全面的严格要求。其中，"不对黑暗宽容；对新社会之弱点，须加积极批评与匡正"② 表明鲁艺的知识分子身上还保留着"五四"启蒙主义的思想观念，具有高尚的革命情操和共同的革命理想。

5月20日，鲁艺召开第一次党代会，发出《敬告全院教职工书》，指出：鲁艺是培养新民主主义的文学艺术的创作、理论、组织各方面的专门人才的学校。所有的党员"……要和所有的非党的同志携手的把'紧张、严肃、刻苦、虚心'的校训，把《艺术工作条约》真正切实的实行起来。在日常生活中，在艺术活动上，为创造新民主主义的艺术而共同努力。"③ 这说明鲁艺已初步形成一套系统的办学思想，不仅仅注重于眼前的抗战，还把眼光注视到以后建国的艺术建设事业。

6月10日，延安鲁迅艺术文学院建立了正规学制，成立文学（部长周扬兼）、戏剧（部长张庚）、音乐（部长冼星海）、美术（部长江丰）四部，原有的四个系和五个工作团分属四部之下。每个部的负责人都是在这个领域有影响、有成就的专业代表，大大加强了鲁艺的正规化、专门化教育。有的教师专门搞研究、创作，有的则

---

① 罗迈：《预祝一九四二年延安干部教育的胜利》（1940年12月28日），《新中华报》1941年1月10日。

② 钟敬之、金紫光：《延安文艺丛书·文艺史料卷》，湖南文艺出版社1987年版，第649页。

③ 艾克恩：《延安文艺运动纪盛》，文化艺术出版社1987年版，第251页。

双肩挑，既教学又创作。它明确规定了办学宗旨："以马列主义的理论与立场，培养适合抗战建国需要之艺术文学人才，为建立中华民族新民主主义的艺术文学而奋斗。"① 周扬成为延安鲁艺的实际领导后，在学院的教育方针上便着重于"艺术"本身，着重于"创作"实绩。从1941年发布的《鲁迅艺术文学院招生简章》来看，鲁艺的正规化、专门化已经形成了一定的格局，招生模式和开设课程已和现在正规大学、学院相仿，目的在于培养文艺的专门人才，而不是简单的文艺宣传员。

除了罗迈的讲话之外，中共中央对于鲁艺的专门化改革似乎还有一个明确的文件予以认可。周扬在1942年9月发表的检讨性质的文章——《艺术教育的改造问题》中提到："又有的同志说中共不久以前明文规定了鲁艺是培养艺术专门人才的，可见我们过去提高的方针没有错。"但这"明文规定"今天已难以确切查考。不过，可以确认的是，1941年6月10日《解放日报》发表社论——《欢迎科学艺术人才》，对文化专门化的倾向做了极为明确的肯定与呼应："我们欢迎科学艺术人才……我们要大大发扬朴素切实的埋头做学问的作风。"这篇社论不仅肯定了边区实行文化普及的成就，又诚恳真切地表达了对于文化提高的强烈愿望，表现出了中共求贤若渴，为中国的建国大业积累文化力量的见识与胸襟。《解放日报》的这篇社论一定也是经过中共中央权威人士的支持和认可的。其时，中共中央主管文化宣传工作的是张闻天，周扬的计划、罗迈的讲话以及《解放日报》的社论大概都同他直接有关。虽然毛泽东1941年5月已在延安干部大会上做了《改造我们的学习》的报告，但这篇报告直到1942年3月27日整风运动开始之后才在《解放日报》发表。当时，它并没有遏制住延安已然出现的文化专门化趋势。直到1941年9月10日至10月22日，中共政治局在毛泽东主持下召开扩大会议（"九月会议"），开始清算土地革命战争时期的路线问题以及一直沿袭下来的"教条主义"问题，张闻天、博古、王稼祥、罗迈都在会上反复作检讨，中共高层整风就此展开。但这种高层斗争直到1942年春天之后才开始扩大到全党和文化界，专门化倾向也是在1942年延安文艺座谈会之后才被制止的。

周扬支持这样的专业化，目的在于提高革命文艺工作者的专业水平，以响应毛泽东1940年3月15日在《中国文化》创刊号上发表的《新民主主义的政治与新民主主义的文化》（又名《新民主主义论》）中提出建立"新民主主义的文化"的号召。他的这种执著一直持续到了整风运动发动以后。为了进一步贯彻整风精神，中央宣传部于1942年4月3日发布了在全党整风的决定，同时发布了总学委的通知。但是，这并没有影响鲁艺的正规化与专门化的风气。4月11日，在鲁艺成立四周年纪念会上，院长周扬这么总结该院的教育方针：一、本院教育之基本方针为团结与培养文学艺术的专门人才，以致力于新民主主义的文学艺术事业。二、本院之具体目的为培养适合于抗战建国需要的文学艺术之理论、创作、有某种技术专长及具有历史知识与艺术理论修养的人才。这些人才必须具备：①社会历史知识与艺术理论之相当修养；②基础巩固的某种技术特长。三、本院之教育精神为学术自由，各学

---

① 钟敬之、金紫光：《延安文艺丛书·文艺史料卷》，湖南文艺出版社1987年版，第647页。

鲁艺学生在学习讨论时发言

派学者、专家均可在院内自由讲学，并进行各种实际艺术活动。”① 这个观点与鲁艺 1941 年订立的《艺术工作公约》非常相近。但是很快，在延安文艺座谈会后，毛泽东用“关门提高”对鲁艺前期的文艺教育进行了批评，鲁艺人进行了深刻的反思。毛泽东提出的“文艺为工农兵服务”的指导思想在鲁艺之后的教学和创作中得到落实，并且成为延安鲁艺最主要的教育方针，一直延续到中华人民共和国成立后。恰恰是这个“关门提高”时期，被认为是鲁艺教学的“黄金时代”。

当然，1941 年的招生客观上受到了灾情严重、生源较差的影响，但重要原因还是与鲁艺的发展规划、办学思想有关。1940 年、1941 年鲁艺的专门化改革进行得很扎实，具体地深化到了教学活动、创作与师生的日常生活之中。尽管斗转星移，时已不再，现存资料已寥寥无几，但我们还是可以约略窥探彼时的历史的细部。但无论如何，1941 年前后鲁艺的专门化改革对其发展影响深远，在此前后鲁艺培养了一大批优秀文艺人才。他们在 1940 年代开始走上文化界，并在此后数十年对中国知识界产生深远的影响。以文学系为例，则有孔厥（1914~1966，1938 年入学）、贺敬之（1924~ ，1940 年入学），黄钢（1917~1993，1938 年入学）、陈涌（1919~2015，1939 年入学）。上述诸人，分别代表了小说、诗歌、戏剧、报告文学和理论批评的创作成果。

三、延安大学时期

“整风”运动、“抢救”运动结束之后，鲁艺发生了巨大变化。1943 年 4 月，鲁艺与自然科学院、行政学院并入延安大学，作为二级学院随后改称“鲁迅文艺学院”。戏剧、音乐两系合并为戏剧音乐系，修业年限为两年，校内学习与校外实习兼重。在整个学习时间里，校内学习占百分之六十，校外实习占百分之四十。并且，所有教职学员均参加经常性的生产劳动，劳动时间与学习时间的比例为八比二。全校共修课为：边区建设、中国革命史、革命人生观、时事教育。鲁艺文学院共同课：

① 钟敬之、金紫光：《延安文艺丛书 · 文艺史料卷》，湖南文艺出版社 1987 年版，第 142 页。

文艺讲座（包括文学艺术历史、现状，理论者问题）。戏剧音乐系专修课为：语言、舞蹈、发音及唱歌、器乐、民间音乐、名曲研究、排演实习、民间戏剧、名剧选读，戏剧运动现状、音乐运动现状、创作实习①。美术系专修课为：素描、速写，中国民间美术研究，世界名画研究，美术运动现状，创作实习。文影系专修课为：中国文化、应用文、文艺现状研究、世界名著选读、写作实习、新闻学、边区教育。② 教学方式以自学为主，教授为辅。提倡集体互助、教学相长，注重反省与实践，发扬教学民主。③ 周扬担任延安大学副校长兼鲁艺院长。

1944 年 4 月 23 日，陕甘宁边区第七十二次会议决定：原延安大学与行政学院合并，仍命名为延安大学；直接接受边区政府领导；任命周扬、王子宜为正副校长；该校分行政、艺术学院、自然科学三个院。艺术学院（仍称“鲁艺”）分文学、戏剧音乐、美术三个系。边区聘请周扬、王子宜、刘景范、柳湜、乔木、李卓然、宋侃夫七人组成临时教育委员会，议定教育计划及改变事宜。《解放日报》说：“该两校合并，为边区专门教育改革之重要措施，将打破中国历来大学教育成规，彻底克服边区过去教育中存在之教条主义与形式主义，按照抗战与边区建设的实际需要，重新制定学制与课程，学习年限一般规定为两年，依据具体情况加以伸缩。”④

《讲话》之后，周立波、何其芳先后离开了鲁艺，鲁艺的学生们也一批批地离开了延安。有些人后来又返回延安，来来去去，行踪不定。1943 年 4 月 2 日，鲁艺文学部在大礼堂召开欢送会，欢送三十多位同学即将到农村、部队去。严文井称赞大家愉快地服从组织调动是革命者应有的作风。何其芳说了三点意见：“一、调动工作的原则是按照工作的需要，而不是按照个人的兴趣。二、下乡首先要向当地干部、群众学习。三、下乡应把重心放在从工作中学习，从实际中学习。”⑤ 从这些严肃的、带一些命令口吻的言辞中可以看出，鲁艺文学系同学从“专门化”方向转化中是有一些思想情绪的。1943 年 11 月 7 日，中宣部发布《关于执行党的文艺政策的决定》后，鲁艺组成四十二人参加“鲁艺工作团”，由张庚率领，12 月 2 日出发去绥德专区开展工作；1944 年 5 月返回延安，带回了新歌剧《惯匪周子山》。⑥ 1944 年 3 月 8 日，三五九旅旅长、延安卫戍司令王震到鲁艺作关于生产运动的讲演。之后，王震对周扬和当时尚未离开延安的何其芳说，部队的文化教育总是从大道理讲起，士兵们情绪不高。他建议鲁艺同学去他们部队开荒，既可完成生产任务，又可以体验士兵们的生活用于创作作品。短小作品可以用来作部队的文化教材，让他们不是用过去文学家、艺术家的资格到部队去，而是以“新兵”的名分去。王震讲述了自己对一个老士兵想退伍的理解：“战争长久了，士兵已经成了一个特殊的阶层。他们有他

① 名曲研究、音乐运动现状、名剧选读、戏剧运动现状任选一种。

② 新闻学、边区教育任选一种。

③ 《延安大学教育方针暨暂行方案》《陕甘宁边区教育资料（下）》，教育科学出版社 1981 年版，第 146 页。

④ 《改进边区专门教育，延大行政学院合并》《解放日报》1944 年 4 月 23 日。

⑤ 艾克恩：《延安文艺运动纪盛》，文化艺术出版社 1987 年版，第 430 页。

⑥ 钟敬之：《延安鲁迅艺术学院概貌侧记》《新文学史料》1982 年第 2 期。

们的权益和要求。”王震的话令周扬和何其芳都很“兴奋”而“感动”。① 1944 年，鲁艺文学部又抽调了冯牧等一些学生和研究人员，以普通士兵身份进驻南泥湾的三五九旅去当兵。

1944 年 5 月，延安审干运动期间，延安大学鲁迅文艺学院文学系又招收了一批学员。一批新的老师来到文学系。1944 年，鲁艺为了团结各方面的作家，邀请了“文抗”和部队作家舒群、欧阳凡海、艾青、萧军、鲁藜、高长虹、公木等来校任教，舒群担任文学系主任。1944 年 7 月，孙犁、邵子南从华北联合大学来鲁艺文学系，留下来的学员天蓝、孔厥、侯唯动做辅导和行政工作。课程有：萧军的《八月的乡村》创作谈，公木的民间文学论纲，邵子南的《李勇大摆地雷阵》是怎么写出来的，孙犁的关于《红楼梦》讨论的发言，舒群的边区秧歌运动等，主要是以讲座的形式进行。但是，萧军、艾青等人在鲁艺文学系任教的时间都很短，也谈不上对鲁艺有什么影响。

抗日战争结束后，中共准备接收日本的一些受降地，扩展解放区，发展自己的力量。1945 年 8 月 21 日，陈荒煤带领葛洛、赵起扬、胡征、朱平康、陈因、计桂森等鲁艺学生去太岳地区工作。9 月 2 日，舒群、田方率“华北文艺工作团”第一团开往新解放区，艾青、江丰率领第二团去华北张家口。1945 年 11 月中旬，党中央决定：延安大学各学院（包括鲁艺）迁离延安，去东北新解放区继续办学，开展工作。迁校队伍由周扬率领，沙可夫负责鲁艺部分。从此，鲁艺完成了它在解放区的历史使命，进入到另一个新时代。

第二节　师资、生源和课程设置

一、师资、生源情况

来到延安鲁艺的师生们都有着坚定的共产主义信仰和强烈的革命激情，他们为追求革命理想，先后来到了延安，无一不具有狂热的革命激情和执著的信仰。因此，他们大都具有革命浪漫主义的精神气质。加之在延安鲁艺的马列主义思想政治学习进一步提升了他们的共产主义理论水平，从而为中国共产党的文艺纲领在全国的广泛推广提供了人员储备。

到延安的知识分子中很大一部分都先后进入鲁艺学习和工作，形成了具有鲜明特点的新型教师群体和学生群体。据统计，鲁艺建校初期共有教师三十七人。其中，有三人来自中央苏区，占教师总数的百分之八；来自上海的“左翼”文化人和非“左翼”文化人各十七人，占教师总数的百分之四十六。② 随着办学规模的扩大，教师和工作人员迅速增加至二三百人之多。“在鲁艺的教职学员中有共产党员、有国民

① 何其芳：《王震将军》《何其芳文集（第 2 卷）》人民文学出版社 1982 年版，第 287 页。

② 龚亦群：《党的艺术教育的辛苦开拓者——沙可夫同志》《沙可夫诗文选》，文化艺术出版社 1990 年版，第 388 页。

党员及其他抗日党派和无党派的青年及专门家；有大学生、中学生、留学生；有资本家出身的子弟，也有工人。”① 在这些教师群体中，已经有一定数量的中共党员。这在很大程度上表明了鲁艺的教师群体不同于一般大学教师的基本特征。

鲁艺的教师队伍不仅有著名的学者和理论家，而且还有著名的诗人、小说家、剧作家、作曲家、歌唱家、演奏家、画家和导演等。文学系主要有周扬、何其芳、陈荒煤、严文井等；戏剧系有张庚、王震之、姚时晓、王彬（后改名王滨）、水华、王大化、田方、钟敬之等；音乐系有冼星海、吕骥、向隅、杜矢甲、唐荣枚、张贞黻、贺绿汀、李焕之等；美术系有江丰、王曼硕、王式廓、胡蛮、王朝闻、蔡若虹、华君武等为代表。从全国范围来讲，这是一支一流的教师队伍。他们主要来源于四个方面：一、从中央苏区和南方各红色根据地随红军长征到达陕北的苏区文艺人，如沙可夫、徐一新等人，这部分人后来大都转行担任领导；二、来自国统区和沦陷区的文艺人，如文学系的何其芳、周扬、周立波、沙汀等人，戏剧系的张庚、音乐系的吕骥、美术系的王式廓、沃渣等人，他们在进入解放区之前就早已成名，是解放区艺术家的主体力量和最高水平；三、鲁艺自己培养的，如李焕之、刘炽等人，他们是鲁艺的新生力量；四、来自苏联和解放区的，如萧三、孙犁等人。这四个方面的文艺家们，分别代表着不同类型的文化观念、文艺思潮。他们构成了实用政治文化观念、知识分子文化观念和民间农民文化观念等多种文化成分的群体。他们大多在“五四”运动前后已经完成了初步的文化启蒙和学思积累。有的在大都市受过很好的生活历练与文化熏陶，接受过正规的高等教育，甚至出身名校或留洋多年（这与此时中共的高层领导的教育背景相仿），有的在进鲁艺前已经是中共党员，有的在鲁艺加入了中共。因此，有较宏阔的世界视野，也有相当的外语功底。鲜明的政治倾向和强烈的革命性，良好的教育和过硬的政治思想背景，不仅赋予鲁艺的知识分子高雅的文化趣味，而且也决定了他们与学院派知识分子迥异的品性。

教师队伍也分几类：一是专职教员，如周扬、何其芳、严文井、王曼硕、力群等人。周扬、沙汀、何其芳、严文井等人都曾担任过创作实习课的教师，都是著名的作家和理论家，不但向学生讲授自己对于文学创作的体会与真知灼见，而且还传达了鲁迅、茅盾等大作家的创作经验，他们的指点是很可贵的。文艺理论课有：中国文艺运动史（周扬讲授）、艺术论（周扬讲授）、苏联文艺（沙可夫讲授）。创作实习课成为发掘艺术人才、培养学生独立创造能力的一块乐土，培养出了许多著名的剧作家、诗人、小说家、作曲家、画家、导演。二是客串兼职。鲁艺经常邀请院外的名人如齐燕铭来讲课，还邀请作家丁玲、欧阳山、艾青、草明等作报告。有的任课教师，是专门聘请的中共领导人和校外的有关专家。政治理论课有：中国共产党（李富春讲授）、列宁主义（杨松讲授）、中国革命问题、辩证法（李卓然讲授）等。著名作家茅盾就是以一个游客的身份来到鲁艺的。1940 年 5 月茅盾挈妇将雏来到延安，正值鲁艺开始正规化的时候，中共对这位文学大师举行了隆重的欢迎仪式。

---

① 钟敬之：《延安鲁迅艺术学院概貌侧记》《新文学史料》1982 年第 2 期。

毛泽东建议茅盾搬到鲁艺去："鲁艺需要一面旗帜。你去当这面旗帜。"① 他的目的是希望以这位在国统区颇具声望的作家为解放区文艺工作者树立一个榜样。后来，周扬又邀请他搬到桥儿沟鲁艺东山的土窑洞，自6月上旬至9月底以客人的身份暂居。开始他不担负工作也不上课，后来觉得不"报答"主人的款待太对不起人，就开始给文学系上课。他讲的题目是中国市民文学概论。这是个新颖而包容力很强的题目。茅盾在这个题目下理清了市民文学的发展史，并分析了市民文学不朽的代表作《水浒》《西游记》和《红楼梦》。茅盾以他惯常的娓娓道来的风格讲得很从容，也很丰富。茅盾讲了《红楼梦》；后来，周立波在讲以外国文学为主的"名著选读"课时也讲了中国的经典——《红楼梦》。这恰与同时期的西南联大刘文典教授与外文系的吴宓教授都讲《红楼梦》的轶事相谐成趣。鲁艺对于茅盾是相当尊崇的，在居住条件很困难的条件下，给他提供了两孔窑洞。这种规格等同于中共领袖。茅盾对居于鲁艺的岁月留下了美好的印象："两孔窑洞一孔有门，一孔只有窗户。从带门的一孔进去，有一通道与另一孔相连。我们的卧室和书房就在里面一间，外间一空则做客厅兼饭厅。洞壁刷了白灰，洞口向阳。窗格虽没有玻璃而是糊的白纸，光线却很充足。窑洞前有一小块平台，可以散步、乘凉、晒被子。平台下面是翠绿的菜圃，桥儿沟著名的西红柿已开始成熟。再往前走，能听到潺潺的流水声。周扬派来一个'小鬼'帮助我们打水、打饭。我们吃的是小灶，伙房就在附近；有事进城，还给我派马。"② 茅盾见证了鲁艺正规化初期的历史。

茅盾先生在鲁艺讲学

鲁艺之所以能够吸引众多精英来讲学，不仅因为它是高举抗日救亡旗帜的中国共产党创办和领导的一所文艺学院，而且还在于鲁艺当时奉行"教育精神为学术自由""各学派学者、专家均可在院自由讲学，并进行实际艺术活动"。正因如此，八年之后，中华人民共和国成立时，鲁艺的教师群体大都正值三四十岁的壮年，很快成为文宣战线的行政骨干，成为党的文化政策的主要执行者；而鲁艺的毕业生大都年约而立，也走上了中级领导岗位，并显示出极为宽阔的前景，将在此后四十年内

① 高延胜：《抗战时期的延安鲁艺及其历史贡献》《西部论丛》2018年第6期。

② 茅盾：《延安行》《延安文艺回忆录》中国社会科学出版社1992年版，第7页。

发挥重要作用。

学生的来源主要有两个方面：一是工农家庭出身，只有一小部分出身于地主、官僚、资本家家庭；另一个来源是爱国的青年知识分子，多半是为寻求革命真理和有志于献身民族解放事业而来根据地求学的。关于鲁艺学员的来源情况，茅盾在《记“鲁迅艺术文学院”》一文中做过如下描述：“在‘鲁艺’，聚集着全国各省的青年。他们的身世多式多样：有在国内最富贵式的大学将毕业，也有家景平平，曾在社会混过事的；更有些‘南洋伯’的佳女儿偷偷从家庭里跑出来的；有海关邮局的职员；有中学教员；有经过战斗的‘平津流亡学生’。他们齐集在‘鲁艺’为了一个：娴习文艺这武器的理论与实践，为民族之自由解放而服务！”① 他们大都生于1920年前后，家境贫寒，多无家学渊源，对都市文化理解不够。就学员的个人成分而言，大多数是学生，也有少部分是工人、农民、手工业者、自由职业者和军人等。另外，也有一些科学家、律师、医生、军官等。学员来源广，成分复杂，同期的其他院校也大抵如此。他们的生活面主要限于农村和部队（工农兵），学习的环境也较特殊，在世界视野和知识积累方面与师长辈有所不同。这些学生毕业后大都派往各解放区和部队，成为文艺战线的骨干力量，创作了大批的好作品。

鲁艺在七年多的时间一共开办了五届，为抗战和中共的文艺事业培养了合计六百八十五名各类学员。各系历届培养的学生情况具体如下表：

鲁艺各届各系学员人数统计表

人数 \ 年度 系别	第一届 1938	第二届 1938～1939	第三届 1939～1940	第四届 1940～1943	第五届 1943～1944	合计
文学系		53	49	46	49	197
戏剧系	37	40	40	23	39	179
音乐系	14	34	57	34	23	162
美术系	15	32	38	35	27	147
合　计	66	159	184	138	138	685

（录于延安革命纪念馆）

从以上统计数据可以看出，各系培养的学生人数中文学系为最多（占总数的28.8%），戏剧系第二位（占总数的26.1%），音乐系次之（占总数的23.6%），美术系人数最少（占总数的21.5%）。其中，文学系第一期没有招生。虽然只有四期学生，总人数却是最多的。可见当时对于这类人才的需求最大。除此之外，鲁艺还开办过短期的“普通科”“地干班”等培训班。这些学员的人数无法统计，他们都是很快就派往各革命根据地去工作了。

① 茅盾：《记鲁迅艺术文学院》《延安鲁艺回忆录》，光明日报出版社1992年版，第89页。

二、招生考试、课程设置与课时安排

（一）招生和录取

鲁艺的招生一般要求先报名，然后再安排时间统一考试。抗日战争时期，鲁艺的招生和延安其他高校一样都相对宽松。鲁艺第一期学生大多是从抗大、陕公以及刚来延安的一些文艺青年中招录的。第一期的报名条件是：（一）对抗战有明确的认识与坚强胜利的信心，并曾积极参加抗日救亡运动；（二）在文学与艺术上有基本的修养，并决心从事于抗战文艺工作；（三）有刻苦耐劳、不怕困难、不怕牺牲的精神。虽然对生源要求不高，但最低限度必须有一定的文艺技能。到了鲁艺最鼎盛的第五届招生时规定的投考资格为："年在十八岁以上，中等教育程度，身体健康，能吃苦耐劳，有从事艺术文学工作之决心，并愿为抗战建国及建立新艺术文学服务者，不分性别，均可投考。"可见此时的培养目标已经由早期的侧重于培养抗战急需的文艺战士转向了侧重于培养"建立新艺术"的一般的艺术工作者。这种招生条件的变化，事实上也反映了延安鲁艺教育方针的调整。

到了第二期，生源开始多元化，有了招生考试，但仍然比较宽松。文学系的招生分为笔试和口试。据文学系第二期学员陆地回忆，当时他笔试的题目是："一、作文一篇——写一段难忘的回忆；二、阐述对当前抗战文艺的见解；三、回答几个文学知识问题；四、分析一篇自己最欣赏的作品。"① 第三期的招生考试应该与此类似。第四期的笔试题目为："论文题目为《文学的作用》，叙述文题目为《最难忘的一段经历》。"② 第五期的笔试题目为："一、半天写出一篇短篇小说，题材、题目自选；二、半天写出一篇文学论文，题材、题目自选。"

笔试完了还要面试。据陆地回忆，他当时的面试考官是代系主任陈荒煤；而第四期学员苗延秀的面试考官是文学系系主任严文井。面试内容就是问读过什么作品，比较喜欢的是哪些。最后还要到政治处谈话，进行一些考察，就算过去了。③

建校初期"鲁艺的学生和教师之间的区别也不太大。学员们都有一定的文化水平和艺术修养，有些参加演剧的工作时间较长，有较多的舞台经验。因此，很快就能自编、自导，演出许多戏"。④ 后来招收的学生素质就比较参差不齐。

（二）课程设置

它是学科建设的重要内容之一，也是教育方针、体制的重要体现。由于鲁艺初创时期教师和教学设备不足等方面的原因，前三期，特别是第一期，开设的课程比

---

① 陆地：《投考文学系——1938年最后的日记》，见《延安鲁艺回忆录》，光明日报出版社1992年版，第527页。

② 纪云龙：《难忘的最后两年文学系》，见《延安鲁艺回忆录》，光明日报出版社第540、541、544页。

③ 林野：《我在延安鲁艺的时候》，孙新元、尚德周：《延安岁月：延安时期革命美术活动回忆录》，陕西人民美术出版社1985年版，第371页。

④ 《张庚与鲁艺的戏剧建设》《鲁艺史话》，陕西人民出版社1991年版，第53页。

起后几期来相对要少一些。后来强调专门化和正规化，课程设置比较多，注意知识的全面性和专业技能的基础训练。据记载，政治理论课和文艺理论课当时是全校各系共同必修课，学时安排在前三届几乎占全部课时量的四分之一，在后面三届占了近三分之一。除去由于短期学制及师资薄弱等条件所限，带有无法避免的学时少、内容不完善等缺憾外，基本上还是圆满完成了教学计划的。

鲁艺的课程设置在 1941 年 6 月的招生简章里，已经非常明确地体现了正规化的教育计划。

①公共课：全院公共课方面安排了一系列过去艺术学校所没有的马列主义思想政治理论课，与延安的抗大和陕公基本相同。主要有“中国共产党”（李富春）、“辩证法”（艾思奇）、“列宁主义”（杨松）、“中国革命问题”（李卓然）。另外还开设了“中国问题”“抗日民族统一战线”“军事常识”“民众运动”等密切结合当时社会现实的政治理论课。除此之外，还开设了马列主义艺术理论课，如“艺术论”“中国文艺运动史”等。延安鲁艺对这类课程的重视程度要远超出一般的艺术专业院校，其目的在于提高学员政治理论觉悟，增强民族意识，使学生树立马列主义艺术观，培养政治、艺术理论和抗战文艺的工作能力。

②文学系：据第二期学员肖殷回忆，文学系的课程有“艺术论”“旧形式研究”“世界文学”“名著研究”“中国文艺运动史”“俄文”“创作”。[①] 其中，“艺术论”“中国文艺运动史”是由周扬主讲，是全校大课。周扬当时是陕甘宁边区教育厅长，每周来校上课。在沙汀和何其芳没来鲁艺之前，周扬还兼任文学系系主任，并代过“创作实习”课。[②] 延安鲁艺对政治理论类课程的重视要远超出一般专业艺术院校，目的在于使学生树立马列主义艺术观，培养政治、艺术理论修养和抗战文艺工作能力。

③第三期，鲁艺开办了普通部、专修部与研究部，学习时间为六个月。开设课程为：1. 政治常识；2. 抗战艺术的一般问题；3. 战时艺术工作；4. 旧形式研究；5. 军事常识；6. 音乐（包括唱歌、指挥、作曲等）；7. 舞台技术（包括演技、导演、打鼓、相声等）；8. 宣传美术（包括漫画、木刻、美术字等）；9. 写作（包括脚本、歌词、鼓词、诗词、报告文学、速写等）；10. 舞蹈；11. 其他各种政治、学术讲演。[③] 普通科学习内容包含戏剧、音乐、文学美术四个方面。这是鲁艺为抗战需要培养普及型多面手人才的短期培训班。文学系第四期和第五期已经逐渐正规化，学制比以前三期更长。第四期实行三年的正规学制，第五期缩短为两年。第四期开始施行新的教学计划，全系必修课为：文学概论、中国文学史、西洋文学史、创作问题、近代名著选读、中国旧文学选读、中国小说研究、中国诗歌研究、作家研究、文艺批评；选修课有：理论名著选读、民间文学、新闻学、翻译、写作实习。[④] 这一期开设的课程最多，三年共

---

① 肖殷：《抗战艺术在延安》《延安鲁艺回忆录》，光明日报出版社 1992 年版，第 433 页。

② 康濯：《延安鲁艺之忆》《延安鲁艺回忆录》，光明日报出版社 1992 年版，第 510~511 页。

③ 《鲁迅艺术学院普通科招生简章》《延安文艺丛书 · 文艺史料卷》，湖南人民出版社 1984 年版，第 645~646 页。

④ 王培元：《延安鲁艺风云录》，广西师范大学出版社 2004 年版，第 90 页。

开设十五门专业课，而之前的文学系常设的课程也就是五六门左右。第四期课程设置上、出现了必修与选修课的不同的课时分配，逐渐走上了正规化的教学道路。第五期并入延安大学后，学制缩短为两年，课程也比第四期减少了，主要有：文艺现状研究、应用文、中国文学、世界名著选读、写作实习、新闻学、边区教育。其中，边区教育和新闻学二选一。① 第五期开设的课程大多以讲座形式进行。据纪云龙回忆："我们听过萧军讲《〈八月的乡村〉创作谈》、何其芳讲《大后方的文化阵地》、公木讲《民间文学论纲》、邵子南讲《〈李勇大摆地雷阵〉是怎么写出来的》、孙犁关于《〈红楼梦〉讨论的发言》、舒非讲《边区秧歌运动》……还请胡绩伟讲过《边区〈群众报〉的办报经验》、陈企霞讲过《〈解放日报〉的副刊》。"② 由此可见，并入延安大学后的鲁艺文学系的教学基本是以经验交流会的形式让作家和编辑谈创作体会，帮助学员们提高写作水平。

④音乐系第一届教育计划中，试图按照西方专业音乐人才培养模式设置课程，后主要受鲁艺初创阶段的教学、师资条件所限，同时也与短期培训班式的学制以及满足普及型抗战艺术人才的现实需要密切相关，全部专业课程为必修课，没有选修课，安排的科目比较精简。第二届的课程设置有明显的进度安排，增加了"练耳与欣赏""民间音乐""歌剧音乐"等课程，并明确规定采用民间音乐作为教材的一个重要内容，还增加苏联音乐和外国革命音乐教材。这是以往的音乐学校不可能开设的，目的是使学员们能够从古今中外各种优秀音乐文化中汲取营养，扩大视野，充实知识，提高音乐创作的能力。第二届结业后，鲁艺各系开办了高级班，音乐系留校少部分学员（李凌、李焕之、梁寒光、李鹰航等）进入高级班，跟随冼星海学习作曲和指挥，学习期限三个月。由于师资力量的充实，特别是冼星海的到来和教师自身提高发展的需要，第三届正式开设初级班与高级班。自 1938 年 12 月至 1940 年 4 月，音乐系第三届的学制及课程设置几经变化，经历了从"专门学习到提高与普及兼顾，再到单纯的专门学习"三个发展阶段。他们将"民间音乐研究（原为选修课）"列为全系必修课程，曾邀请陕西著名民间艺人韩起祥为音乐系同学表演民间说唱艺术。在当时的教学条件下，请民间艺人进课堂的举措不仅切实可行，也是对民族音乐教育的大胆尝试，有利于加强学生对民间音乐的了解，今天看来仍不失其积极意义。尽管初创阶段的这类课程及其教学必然要在实践中不断探索和完善，有些内容也只是一种构想和计划，但它对于继承和发展民族音乐教育的重要开拓意义是毋庸置疑的。

⑤戏剧系第五期戏剧音乐系课程：语言、舞蹈、发音及唱歌、器乐、民间音乐、名曲研究、排演实习、名剧选读、戏剧运动现状、音乐运动现状、创作实习。

⑥美术系最初仅具有短训班的性质，所学课程主要有版画、漫画、宣传画、素

① 《延安大学教育方针暨暂行方案》《陕甘宁边区教育资料·高等教育和干部学校部分（下）》，教育科学出版社 1981 年版，第 160~161 页。

② 纪云龙：《难忘的最后两年文学系》《延安鲁艺回忆录》，光明日报出版社 1992 年版，第 544 页。

描、美术史等。一门课程往往先由教师示范，学生投身实践即结束，时间非常仓促。这也是当时的特殊环境决定的。另外，他们也重视艺术理论与艺术欣赏的培养。当时鲁艺的美术教科书很少，只有《珂勒惠支版画集》《麦绥莱勒作品集》和《苏联版画集》这几种，都是20世纪30年代“左翼”美术运动在上海的出版物。1942年美术理论家胡蛮曾从苏联带回一些美术资料，可能有几本是俄罗斯巡回画派的画册。当时的教学注重写生，而不注重临摹，主要也是因为有部分老师如王式廓、王曼硕等人都曾留学日本，承袭了不少日本美术院校的教学方法。美术系正是在这次专业化的调整中改为美术部，在其下设有美术系（主任王曼硕）和美术工场（主任钟敬之）。学生实习的范围限于陕甘宁边区的工厂、农村和部队，而不再是前线。显然，这种安排的目的在于避免过去那种在前线实习后迟迟不能返校甚至根本不能返校的状况。这个时期，学校师生仍然对鲁迅翻译的板恒英穗的《近代美术史潮论》和罗丹的《美术论》（《艺术论》）非常着迷。王朝闻干脆将收集的罗丹作品图片举办了展览，同时吸引其他专业师生前来参观。在即将展开的整风运动前不久，美术部还举办了后期印象主义画家塞尚的画展。正如音乐系对贝多芬、肖斯塔科维奇的交响曲唱片的异常着迷，文学系的师生对托尔斯泰的《安娜·卡列妮娜》、歌德的《浮士德》孜孜不倦的翻阅一样，包括毕加索作品在内的西方现代主义艺术展览在整风运动之前的延安成为学生和艺术家进行“正规”和“专业”训练的机会。第五期美术系的课程有：素描、速写、中国民间美术研究、世界名画研究、美术运动现状、创作实习。

（三）教学实践

鲁艺担负着建设民族新文化和培养新时代艺术人才的双重任务，因此，文艺教学和文艺实践必须紧密结合。为此，鲁艺采取了一系列重要措施：一是成立了各种实验或实践机构。按照专业设置，挂靠相应部、系，成立一批实验或实践机构，包括文学研究室（原各文艺工作团，挂靠文学部、系）、实验剧团和平剧团（挂靠戏剧部、系）、音乐工作团（挂靠音乐部、系）、美术工场（挂靠美术部、系）。这些机构担负着研究、实验、实践活动（演出、展览、文学创作等）各项任务，不但配合了教学工作，而且对进行抗日宣传和活跃边区人民文化生活起了重要作用。二是在各系教育计划中专设“实习”课。例如戏剧系，每届都有几次实习晚会，自编自演出，不少优秀剧目演出效果很好；音乐系举行过多次实习晚会；美术系则举行实习展览；文学系也有创作实习。三是组织工作团到前方和边区部队、农村、工厂实习和工作。各系组建的文艺工作团多次开赴华北前线工作，到边区各地和南泥湾演出。他们深入生活，学习群众语言、群众文艺，积累素材进行创作。

鲁艺第一、二期实行的是在校学习三个月、到前方实习三个月，再回到学校学习三个月，然后毕业分配的学制。由于当时处于战争的环境，派出实习的学生很难准时返校，有的甚至拖了几年才回到学校，有的则一直留在前方工作，原定的教学计划无法真正实现。于是，从第三期开始，鲁艺不再派遣学生到前线实习。第三期，鲁艺把学生的实习改在陕甘宁边区的工厂、农村和部队进行。实习时间长达五个月。

<table>
<tr><td colspan="2">共同必修学科</td><td>共产主义与共产党、社会科学概论、中国问题、艺术论、马列主义、唯物史观、唯物辩证法、艺术学说史、中国新文学论</td></tr>
<tr><td colspan="2">共同选修学科</td><td>外国语等</td></tr>
<tr><td rowspan="4">各系专修学科</td><td>戏剧系</td><td>动作、演戏、朗诵、音乐常识、文学欣赏、剧作法、中国新剧运动史、戏剧概论、剧团领导、舞台工作、导演论、舞台美术、舞台管理、剧作实习、名剧选读、中国戏剧史、毕业公演</td></tr>
<tr><td>音乐系</td><td>指挥、唱歌、练声、视唱、音乐、欣赏、和声学、音乐概论、新音乐运动史、自由作曲、作曲法、普通乐学、器乐、歌词作法、民歌研究、中国音乐史、曲体解剖</td></tr>
<tr><td>美术系</td><td>美术运动、美术概论、素描、彩画、解剖学、透视学、构图法、色彩学、野外写生、工艺美术、中国美术史、西洋美术史、漫画创作、舞台要求、课外活动</td></tr>
<tr><td>文学系</td><td>新文学运动、名著选读、中国文学、创作问题、创作实习、文艺批评、作家研究、世界文学、文艺理论选读、创作。</td></tr>
</table>

表1　各系共同必修课目时间支配表①

授课小时 / 学年 学期 / 课目	Ⅰ		Ⅱ		Ⅲ		每科上课小时总计
	1	2	1	2	1	2	
中国近代史	60						60
中国文艺思潮史		60					60
中国社会问题			60				60
西洋近代史				60			60
思想方法论					60		60
艺术论						60	60
策略教育							
外国文	60	60	60	60	60	60	360
新文字	20						20
每学期上课小时总计	140	120	120	120	120	120	740

附注：1. 外国语言为俄语及英文两种（任选一种）

2. 策略教育时间定在救亡日，包括大报告及时事座谈会等活动

① 以下五个表格均参考王培元：《延安鲁艺风云录》，广西师范大学出版社2004年版，第87~91页。

表 2　戏剧系专修课目时间支配表

<table>
<tr><th colspan="2" rowspan="2">授课小时＼学年、学期
课目</th><th colspan="2">Ⅰ</th><th colspan="2">Ⅱ</th><th colspan="2">Ⅲ</th><th rowspan="2">每科上课小时总计</th><th rowspan="2">附　注</th></tr>
<tr><th>1</th><th>2</th><th>1</th><th>2</th><th>1</th><th>2</th></tr>
<tr><td colspan="2">中国新剧运动史</td><td></td><td>30</td><td></td><td></td><td></td><td></td><td>30</td><td>全系必修</td></tr>
<tr><td colspan="2">戏剧概论</td><td></td><td></td><td>30</td><td>30</td><td></td><td></td><td>60</td><td>同上</td></tr>
<tr><td colspan="2">中国戏剧史</td><td></td><td></td><td></td><td></td><td>30</td><td>30</td><td>60</td><td>同上</td></tr>
<tr><td colspan="2">西洋戏剧史</td><td></td><td></td><td></td><td></td><td>30</td><td>30</td><td>60</td><td>同上</td></tr>
<tr><td colspan="2">名剧选读</td><td></td><td></td><td></td><td></td><td>30</td><td>30</td><td>60</td><td>同上</td></tr>
<tr><td colspan="2">演技</td><td>60</td><td>60</td><td>120</td><td>120</td><td>120</td><td>120</td><td>600</td><td>第一学年全系必修，但除演导组外，其余可免课外实习；从第二学年起，即为演导组必修</td></tr>
<tr><td colspan="2">朗诵</td><td>40</td><td>40</td><td>60</td><td>60</td><td></td><td></td><td>200</td><td>演导组必修，第一学年其他组可选</td></tr>
<tr><td colspan="2">体格训练</td><td>40</td><td>40</td><td>60</td><td>60</td><td>30</td><td>30</td><td>260</td><td>同上</td></tr>
<tr><td colspan="2">导演</td><td></td><td></td><td></td><td></td><td>30</td><td>30</td><td>60</td><td>演导组必修，其他组可选</td></tr>
<tr><td colspan="2">音乐常识</td><td>20</td><td>20</td><td></td><td></td><td></td><td></td><td></td><td>全系必修，经主任许可可免修</td></tr>
<tr><td colspan="2">唱歌</td><td>20</td><td>20</td><td></td><td></td><td></td><td></td><td></td><td>演导组必修，其他组可选</td></tr>
<tr><td colspan="2">舞台工作</td><td>60</td><td>60</td><td></td><td></td><td></td><td></td><td></td><td>全系必修</td></tr>
<tr><td colspan="2">素描</td><td>60</td><td>60</td><td></td><td></td><td></td><td></td><td></td><td>舞美组必修</td></tr>
<tr><td colspan="2">舞台美术</td><td></td><td></td><td>120</td><td>120</td><td>180</td><td>180</td><td>600</td><td>同上</td></tr>
<tr><td colspan="2">文学欣赏</td><td>60</td><td>60</td><td></td><td></td><td></td><td></td><td>120</td><td>全系必修，经主任许可可免修。</td></tr>
<tr><td colspan="2">写作练习</td><td>30</td><td>30</td><td></td><td></td><td></td><td></td><td>60</td><td>剧作组必修</td></tr>
<tr><td colspan="2">剧作法</td><td></td><td></td><td>60</td><td></td><td></td><td></td><td></td><td>剧作组必修，其他组可选</td></tr>
<tr><td colspan="2">剧本创作</td><td></td><td></td><td>60</td><td>60</td><td>60</td><td>60</td><td>240</td><td>同上</td></tr>
<tr><td colspan="2">毕业公演</td><td></td><td></td><td></td><td></td><td></td><td></td><td></td><td></td></tr>
<tr><td rowspan="4">每学期上课小时总计</td><td>全系必修</td><td>200</td><td>230</td><td>30</td><td>30</td><td>60</td><td>60</td><td>610</td><td></td></tr>
<tr><td>演导组</td><td>100</td><td>100</td><td>240</td><td>240</td><td>180</td><td>180</td><td>1040</td><td></td></tr>
<tr><td>舞美组</td><td>120</td><td>120</td><td>240</td><td>180</td><td>180</td><td>180</td><td>1020</td><td></td></tr>
<tr><td>剧作组</td><td>30</td><td>30</td><td>120</td><td>60</td><td>90</td><td>90</td><td>420</td><td></td></tr>
</table>

表 3 音乐系专修课目时间支配表

课目＼授课小时＼学年＼学期		Ⅰ		Ⅱ		Ⅲ		每科上课小时总计	附注
		1	2	1	2	1	2		
中国新音乐运动史			40						全系必修
音乐概论				40					同上
西洋音乐史					60				同上
中国音乐史						60			同上
理论座谈							20	20	同上
诗歌						40			作曲组、声乐组专修
民间音乐研究							40	40	全系必修
名曲研究						40	40	80	同上
音乐欣赏		40	40	40	40	40	40	240	同上
普通乐学		40							同上
和声学			40	40	40			120	同上
作曲法				40				40	同上
对位法						40	40	80	作曲组专修
视唱及练耳		100	80	60	40			280	全系必修
练声及独唱		20	20	20	20	30	30	140	声乐组专修
乐器练习及独奏		20	20	20	20	30	30	140	器乐组专修
指挥		20	20					40	全系必修
自由作曲				20	20	40	40	120	第二学年全系必修，第三学年作曲组专修
合奏						60	60	120	器乐组专修
合唱		50	50	40	40	40	40	260	全系必修
每学期上课小时总数	全系必修	250	270	280	240	180	180	1400	
	声乐组	20	20	20	20	70	30	180	
	器乐组	20	20	20	20			80	
	作曲组					120	80	200	

附注：第一学年不分组。但除全系必修外，练声及独唱、乐器练习及独奏得任选一项。如经系主任认为不合适时，得征求本人同意，于第一学年后改换之。从第三学年起，分声乐、器乐、作曲三组

表 4　文学系专修课目时间支配表

授课小时 学年 学期 课目	Ⅰ		Ⅱ		Ⅲ		每科上课小时总数	附　注
	1	2	1	2	1	2		
文学概论		60					60	全系必修
中国文学史					60	60		同上
西洋文学史			60	60			120	同上
创作问题	60						60	同上
近代名著选读	60	60					120	同上
中国旧文学选读	60	60	60	60			240	同上
中国小说研究			60				60	同上
中国诗歌研究				60			60	同上
作家研究					60	60	120	同上
文艺批评					60			同上
理论名著选读						60	60	理论组选修
民间文学		60					60	选修
新闻学				60			60	选修
翻译						60	60	选修
写作实习								
每学期上课小时总数	180	180	180	180	180			

附注：1. 第一学年不分组，从第三学年起全系分创作、理论两组

2. 写作实习一科，每月开批评会一次，约三小时，写作时间不规定

3. 选修课时间未列入每学期上课时间总数

表 5　美术系专修课目时间支配表

授课小时 学年 学期 课目	Ⅰ		Ⅱ		Ⅲ		每科上课小时总数	附　注
	1	2	1	2	1	2		
中国新美术史运动		40					40	全系必修
美术概论			40				40	同上
西方美术史				40			40	同上
中国美术史					40		40	同上
名家研究						60	60	同上
素　描	240	240	240	180	120		1020	同上
自由创作		40	40				80	同上
透视学	40						40	同上
解剖学		40					40	同上
构图学			40				40	同上
色彩学				40			40	同上
漫画				60	60	60	180	以下各种每人以选两种为限
木刻				60	60	60	180	
绘画				60	60	60	180	
雕塑				60	60	60	180	
图案				60	60	60	180	
每学期上课小时总数	280	360	360	380	280	180		
附注："每学期上课小时总计"系依每一学员实际上课时间计算。第二学年第二学期起，漫画、木刻、雕塑、图案等科每人只选两科（共120小时），故学生上课总时与学校授课总时不符								

（四）教学内容

由于年代久远，很多当时珍贵的资料都成为历史的烟尘，我们就从这仅存的两份当时鲁艺的教学提纲揣摩鲁艺文人的文化选择吧！

1. 周扬的《新文学运动史讲义提纲》

1939 年至 1940 年期间，周扬担任延安鲁艺《艺术论》和《中国文艺运动史》两门课的课程教学。他编写的这两门课的讲义大部分都散失了，现在只留下一份很不完整的《新文学运动史讲义提纲》。这是周扬讲授新文学课程的授课提纲，从未公开发表过。"文化大革命"中这份讲义作为"黑材料"存入周扬档案，一直到周扬"文革"中的冤案得到平反之后的 1982 年，才被"发掘"出来，发表于 1986 年第一、二期的《文学评论》上。编者为了保持原貌，对这份原稿的内容、文字都未作改动，基本上可以窥见当时周扬在延安鲁艺讲授此课的内容与风格。

1939 年周扬开始在鲁艺讲授这门课时，毛泽东的《新民主主义论》（1940 年 3 月）还没有正式发表。可以说，讲稿论及"五四"新文学性质时，周扬还来不及参考或照搬毛泽东的有关论断，也就敢于作较有弹性的理论发挥。将周扬发表的有关新文学传统研究的文章与这篇未正式发表的《提纲》作比较，就会发现某些观点有差异，甚至有一些矛盾。

周扬的《提纲》由于仅供他讲课使用，带纲领性质，比较简单扼要，不是完整的新文学运动史。而且，写成的部分只有《引言》、第一章《新文学运动之历史的准备（1894~1919）》、第二章《新文学运动的形成（1919~1921）》。第三章因为作者没有写完而未予刊载。提纲与过去建立在个人经验的基础上从艺术本位把握文学史的立场不同，周扬在审视和描述"五四"新文学运动前后中国文学发展嬗变历史时，娴熟地运用社会历史批评的方法，从政治、经济等文学的外部因素在宏观上建立了具有强烈主观性的新文学史框架。从《引言》部分看，讲稿旨在全面评述新文学运动的历史过程，基本上依据新民主主义革命的发展阶段把"五四"运动（1919 年）以来的新文学运动分为新文学运动形成时期（1919~1921）；新文学运动内部分化的酝酿与革命文学兴起（1921~1927）；新文学运动内部分化过程完成，革命文学成为主流的时期（1927~1936）；抗战时期，新文学运动之力量的重新组合，文学上新民主主义提出的时期（1936~　）这四个时期。周扬从中国社会经济、政治的变动趋势去解释新文学运动，着重考察新文学运动在意识形态上反映民族斗争、社会斗争的特点。他认为："新文学运动是在意识形态上反映民族斗争、社会斗争的，是思想斗争的一种武器。"① 周扬为新文学发展与政治进程之间建立了直接的联系，这是根据社会生活的政治性质判定来确定文学性质的最初实践。他的关于"五四"新文学运动和"五四"新文化运动性质的界定与中国新文学发展历史时期划分的方法，对中华人民共和国成立后中国现代文学史的编撰和现代文学研究影响很大，可以说是对周扬这一思路的直接延伸。

讲稿的第一章"新文学运动之历史的准备"，其研究角度与结论都是新的。虽然所采用的史料并没有超过前人的有关著作，但周扬很注意把文学运动放到社会的整体动态系统加以考察，注重考察甲午战争以后中国政治形势变迁对思想界的刺激，

---

① 周扬：《新文学运动史讲义提纲》《文学评论》1986 年第 1 期。

以及对启蒙主义思潮的促进。革命的结果最终落实到“思想革命”和“文体解放”的时代需求上，从而论证“五四”新文化运动的必然性，论证新旧民主主义的区别与联系，指出封建文学形式无法表现革命新内容的缺陷，揭示了文学新思想输入的可能性。周扬对于从政治经济到文学之间的“中介”是比较关注的，这种眼光使他对文坛衍变的现象常有独到的评说。在倡导新的学术思想和文学观念的人中，他提议不仅应当重视梁启超，还应当重视王国维。他说：“这个人物有权被称为新文学运动的先驱，中国所有文艺评论家中最伟大的一个。”① 他从理论上论证工人阶级走上历史舞台是社会政治发展的必然结果，表明周扬的文艺理论思想与中共的文艺指导思想是合拍的。

“新文学运动的形成”为第二章。周扬观察“五四”新文化运动是以“五四”运动前后中国一般经济政治变革的趋向为视角的。他很赞赏这一“民族民主思想革命运动”所表现出的战斗性与“暴躁凌厉”的气概。这种做法和后来新文学研究中某些僵化的庸俗的思维模式不同的是，周扬在讲稿中尽量保持一种历史的观点。他把“人的文学”视作文学革命的“新精神、新内容”，并高度评价这一“资产阶级性质”口号的进步作用；他准确地揭示了以“科学”与“民主”为旗帜的“五四”新文化运动与以“人的自觉”为“新精神、新内容”的“五四”文学革命的性质和历史功绩，并高度评价这一“资产阶级性质”口号的进步作用；肯定了“五四”文学革命“谋文学与大众结合”方面的成绩，指出新诗运动的基本精神是现实的、大众的特点等。他还高度评价了“中国新文学的第一块基石”——《狂人日记》的意义，深刻揭示了鲁迅此后创作的《孔乙己》《药》等小说最有力地控诉封建制度和思想的严峻的现实主义精神。

周扬的这份讲稿显得很大气，以极简洁的笔墨纯熟地运用社会学批评方法，从社会结构系统的复杂关系和变化中宏观地勾勒出“五四”前后文学运动的概况与发展的线索，然后运用了社会学批评方法来分析新文学运动的发展历程，反映了当时马克思主义的文艺理论研究所能达到的最高思想水平，其思路之开阔和气魄之宏大，显示了他高超的文艺理论批评的素养，以及对错综复杂的文艺与社会政治关系的清醒的认识。赵超构曾这样评价周扬：“他虽是理论家，却不是一见就可以看得出共产党气味的人，态度儒雅，不露棱角。”② 这说明，共产党内的知识分子并不是那种粗鲁的没有涵养的，而是有很高理论修养的。

周扬的这份《提纲》在观点上比过去的文学史最重大的发展是：明确地提出了无产阶级在新文学运动中的领导作用，对鲁迅思想中的马克思主义成分及他的作品对于现实政治革命的意义做了夸张的评价。周扬的《提纲》是将中国新文学发展过程描述为新的国家本质不断逼近的过程的最早的尝试。他的《提纲》“第一次用新的意识形态——毛泽东的思想对新文学史进行重新阐释与叙述，为中国共产党领导的

① 周扬：《新文学运动史讲义提纲》《文学评论》1986年第1期。
② 赵超构：《延安文人群像》《延安文艺研究》1988年第3期。

新民主主义革命（包括文学革命）提供了合理性与合法性资源”。①

《文学评论》编者按：“周扬同志的这份讲稿，是一篇主要从社会历史角度着眼的批评文章……这与后来被庸俗化了社会学批评是很不同的。这份讲稿可以帮助我们理解科学的社会历史批评的特点和优点，也可以帮助我们认识科学的社会学批评与庸俗的、机械的社会学批评的区别。”

2. 周立波的《名著选读》② 课

1940 年和 1941 年延安鲁艺的专门化改造进行得很扎实，具体地深化到了日常教学活动、创作活动与师生的日常生活之中。现在保存下来的当时比较完整的教学资料是周立波 1941 年下学期所开设的名著选读课的讲授提纲，从中可以窥见鲁艺文学课教学的深度。

周立波当时担任鲁艺编译处处长兼文学系教员，他的名著选读课在鲁艺享有盛誉，深受学员们的欢迎。他的课不仅对于鲁艺各系学生，而且对延安城周边的文学爱好者都有很强的吸引力，“听课者开始从文学系扩展到其他三个系，后来又扩大到延安其他机关和学校。许多人预先都打听好周立波每周讲课的具体时间，届时他们会从十多里路外的单位步行到鲁艺来听课。这时候，‘课堂’便不得不从文学系的小院子搬到鲁艺的篮球场上。听课者最多时候竟有近二百人之多”。③

在这之前，周立波就已是一位颇有成就的文学评论家、文学翻译家。他翻译过马克·吐温的小说《驰名的跳蛙》、詹姆斯·乔伊斯的小说《寄宿舍》及普希金的小说《杜布洛夫斯基》，并于 1936 年翻译出版了苏联文学名著《未开垦的处女地》。他在文学系担任的名著选读课上既讲中国古典小说名著——《红楼梦》《水浒传》，又讲蒙田、司汤达、巴尔扎克、梅里美、莫泊桑、普希金、托尔斯泰、法捷耶夫等外国作家作品。此中，既有传统作家，亦有像梅里美那样的现代派作家，既有散文随笔，也有小说等，而且大都是国外的（这是当时学生所最欠缺的）。周立波知识渊博，对中外名著了如指掌，甚至某些作品的章节都能背出来，所以才能把这些大作家的作品讲得专深而细致。

为了上课，“他日夜操劳，前查后翻，竟然用低劣粗糙的马兰草纸和油光纸，像画家工笔描绘小蚂蚁似的，密密麻麻地写下了多达十万字的讲义”。“他在分析作家作品时宛如庖丁解牛，游刃有余；重点突出，详略得当；条理清晰，层次井然。他的语言娓娓动听，若奏琴瑟。”④ 当年的周立波把课讲得生动活泼，体现出一个作家的文学气质。虽然受到延安主流文化观念与文学理论的影响，但他并没有被完全束缚。他分析、评价文学作品的尺度是“五四”以来新文学的价值艺术观，主要还是基于他自己对文学艺术的感觉。他在谈到长篇小说研究时说：“我们的研究主要的是

① 姚丹：《西南联大历史情境中的文学活动》，广西师大出版社 2000 年版，第 16 页。

② 周扬：《新文学运动史讲义提纲》《文学评论》1986 年第 1 期。

③ 王培元：《延安鲁艺风云录》，广西师大出版社 2004 年版，第 138 页。

④ 贺志强等：《鲁艺史话》，陕西人民出版社 1991 年版，第 105 页。

周立波给文学系讲课

在对于人生的认识和对于所认识的东西的表现。因此，我们探讨的是两个方面和两个主要的东西，人性和美学的既有的和可能的原理。”① 周立波通过他的课堂讲授表达了他自己的看法：文学作品探讨除了对于人生的认识和对于这人生的表现外，还有一个重要的文学观点——文学既要表现已有的人生，还要表现可能的人生。他要让艺术负担起社会的使命，起到改变人的灵魂的作用。“大艺术，一定是积极的引导者，一定不是人生抄录，而有选择，剪裁。”② 在表现人生的认识上，周立波更加关注文学所表现的“人性”。他能够在延安资料很缺乏的情况下做到旁征博引，显示了深厚的学养和博闻强记的能力。

他讲蒙田时就较系统地介绍了19世纪以来的蒙田研究家，其中着重介绍了佩因（Albert Bigelow Paine）的著作《米舍尔·德·蒙田：〈散文集〉作者未经编辑也少为人知的事迹》。他讲作家，能利用到这样冷僻的专业书，可见其苦心孤诣。周立波认为，蒙田散文的思想价值在于“深刻的人性的观察”。同时，他在评价巴尔扎克笔下的新女性典型时认为：“这典型形成一个全部从前未见过的世界，在那世界里的每一种感觉、情热与思想，比那少女心里的世界是无限的强烈……”③ 在《罪与罚》中，他“看见了苦海，发现了人性的罪恶、‘病态的良心’”，发出了对人生的叩问：“个人的受难和个人的恶和至高的上帝的善与完全的和解是可能的吗？一切人类的灾难的停止是可能的吗？”④。在作家作品分析中，托尔斯泰则是周立波讲授的重头戏。他带着学生细细欣赏《安娜·卡列尼娜》最精彩的片断和场景，并且组织了专门的讨论会，就“托尔斯泰对于19世纪的颓废派、象征派的态度”“他所推崇的艺术”“他的艺术主张和他艺术实践的印证”等问题对学生作了直接而富有见识的指导。他认为艺术家的托尔斯泰是“一切人性的洞察者”。⑤ 周立波对人性的关怀，体现了知识分子对人类命运的悲悯，来源于他对人生社会的热情。在分析巴尔扎克的思想与

① 《周立波鲁艺讲稿》《周立波文集（第5卷）》，上海文艺出版社1985年版，第332页。
② 《周立波鲁艺讲稿》《周立波文集（第5卷）》，上海文艺出版社1985年版，第363页。
③ 《周立波鲁艺讲稿》《周立波文集（第5卷）》，上海文艺出版社1985年版，第355页。
④ 《周立波鲁艺讲稿》《周立波文集（第5卷）》，上海文艺出版社1985年版，第404页。
⑤ 《周立波鲁艺讲稿》《周立波文集（第5卷）》，上海文艺出版社1985年版，第416页。

艺术特征时，他指出，宗教、历史、小说、艺术如果离开了热情将毫无用处。谈果戈理和他的《外套》时，他重点解说了“平凡的悲剧”,[①] 推崇文学对于真实人生的完美表现，认为伟大的艺术与人生的本质——真实紧密相连。关于司汤达，他讲到布局或结构在传奇小说中的运用以及它与希腊史诗、悲剧传统的关系；讲到奇异在小说中的意义。关于莫泊桑，他讲到琐事对于文学的价值。

周立波的讲授说明，当时延安的知识分子们对于“人性论”和“人类爱”是比较推崇的。周立波早年在上海期间阅读了大量原版外国文学作品，并曾在报刊上撰文介绍。他翻译了《被开垦的处女地》《秘密的中国》，译著近百万字。以他这样的文字修养和功力，通过具体的文本分析，将作家本人的文艺认识及文艺理论讲授出去，确实能讲到很专深的细微之处，能传达出作品之神。当年的文学系学生穆青回忆道：“学习的专业课程有周扬主讲的艺术概论，茅盾教授的市民文学，何其芳讲的古典文学和诗歌，周立波主讲的名著选读等。我记得名著选读最受欢迎，每次讲课，别的系的不少同学都来旁听。周老师深刻地剖析《安娜·卡列尼娜》和《红楼梦》两部名著，分析人物形象和故事结构，娓娓道来，其味无穷。引得同学们对书中主人公的命运争论不休。”[②] 周立波的课还需要学生博览文学名著，详作笔记，重点还组织讨论，要求学生讲出自己的心得体会。这样的精神加课堂讨论让学生们受益匪浅。

通过分析周立波的名著选读课的讲义，我们可以看到鲁艺专门化时期的教学的确是真正贯彻了新的教学方针，致力于建设“新民主主义的文艺学院”，为抗战和中华人民共和国培养文艺人才。这样有深度的讲授显示了鲁艺教师深厚的西学修养和对于中国文艺的独到见解。周立波的名著选读课至少说明了两个问题：一、延安虽然没有高深文化发展的环境，但是在中共领导的革命根据地里并不是没有真正的文化专家；二、像周立波这样的优秀专家在延安并不缺少听众，并且延安的听众水平并不是很低。正因为鲁艺拥有这样一群富有才华的教师，才使鲁艺成为延安文艺界的知识集中地。

（五）毕业去向

茅盾在《记鲁迅艺术文学院》一文中曾这样描述鲁艺学员毕业后的工作情形：“在华北敌后各抗日根据地以及游击部队中，到处可见‘鲁艺’毕业生的踪迹。‘鲁艺’图书馆中藏有‘鲁艺同学’从前方寄回的各种成绩。就数美术系学生的木刻（宣传性质的新式漫画、故事性的连环木刻等）最为出色。”[③]

根据周扬在1942年9月在鲁艺整风的总结报告中给出的统计数字，鲁艺毕业的学员被分配到共产党领导的部队和抗日根据地工作的占到毕业学员总数的百分之八

---

① 《周立波鲁艺讲稿》《周立波文集（第5卷）》，上海文艺出版社1985年版，第393页。

② 穆青：《鲁艺情深》《延安鲁艺回忆录》，光明日报出版社1992年版，第580页。

③ 茅盾：《记鲁迅艺术文学院》《延安鲁艺回忆录》，光明日报出版社1992年版，第90页。

十左右。这一统计数字包括了文学、音乐、戏剧等系的学员在内，从中亦可看出鲁艺学员毕业后的大致去向。鲁艺毕业的学生许多赴前线参加战斗，用青春和热血为抗战英勇奋斗，有的甚至献出了宝贵的生命，谱写了一曲曲壮美的诗篇。

三、文艺研究与创作成绩

在抗战的烽火中，延安的文艺活动很活跃。延安当时有各种报刊二十余种，其中文艺刊物近十种。有几个具有文学影响力的文艺刊物的编辑部设在鲁艺，成为该院的出版物。如：《文艺战线》是边区“文协”的综合性刊物，主编为周扬，编辑大多为鲁艺的教师。它在桂林出版，再运回延安发售。它的印刷十分精美，在全国影响很大。《中国文艺》是“文抗”延安分会的刊物，属于大型文学刊物，主编是周扬。鲁艺的专业性刊物有《草叶》《戏剧工作》《音乐工作》；综合性刊物有《鲁艺校刊》《艺术工作》等。除了在自己学院的刊物发表文章，鲁艺师生还在解放区别的报刊上发表作品，《谷雨》《文艺月刊》《解放日报》《文艺突击》等，显示了延安鲁艺空前绝后的创作力量和文艺发展充盈的生命能量，为延安文艺的繁荣开创了重要空间。

此时，由于张闻天主管延安的文艺政策，他不仅深知并尊重知识分子性格特点，更鼓励作家和文艺理论家进行自由创作和独立思考。与《讲话》之后延安作家被迫进入体制不同，此时的作家、艺术家能够自觉地在“抗战”和“建国”两大前提之下，进行个人不失热情与真诚的创作和思考，延安文艺初期的创作与理论也相对复杂与丰富。正是这一段时间的文艺创作提供了与苏区文艺、“左翼”文艺不同的声音，使诉诸革命文艺的政治解放与民族解放的主流主题一度转向了个性解放，回到了“五四”的文学传统之中。这使延安文艺得到了丰富与发展的机会，也使延安文艺从此被纳入文化主流，开始为大后方所关注。

作为延安最高文艺殿堂，鲁艺的文艺研究与创作也是令人瞩目的。鲁艺的成果以文艺创作为主，而创作又分教师与学生两个团队。当时一些已成名的作家、艺术家不但自己创作成果不断，而且还致力于培养年轻的后备人才，以扩大创作的队伍，一些年轻的文艺爱好者也开始崭露头角。无论在鲁艺还是在延安，鲁艺的学生都已经成为一支强大的文艺创作队伍。鲁艺的文学刊物《草叶》的作者，主要是鲁艺的学生。1940 年延安各界纪念“五四”青年节，筹备委员会组织有奖征文活动，在文学类、戏剧类和美术类甲、乙两等共十九位获奖者中，鲁艺的学生占了很大部分。1942 年 3 月 11 日《解放日报》“文艺”栏目出满百期，主编丁玲在《编者的话》中总结说：半年来“文艺”栏目发现了三十几个年轻作家，半数以上是鲁艺的学生。

鲁艺文艺创作的种类、题材的开拓，角度的更新，都达到了解放区的最高水平。这一时期鲁艺的一批教师和学生在木刻、年画、诗歌、小说创作以及文艺理论研究和评论方面，都取得了重大的成就。鲁艺的美术系、音乐系、戏剧系在延安文艺界独占鳌头，不仅汇集了当时全国一流的专业人才（如冼星海、贺绿汀、张庚、江丰、华君武等)，而且培养了一批优秀的优秀学生（李鹰航、王大化、古元等）。鲁艺文学系在何其芳、周立波、严文井等著名作家指导下，也培养了不少优秀的文学创作人才（如冯牧、陆地等）。由于延安文艺界的各类文艺刊物给予了很好的发表平台，鲁艺的文艺生产达到了前所未有的高度。

戏剧系的创作最丰富：平剧《松花江上》，话剧《流寇队长》《团圆》《大丹河》《打虎沟》《棋局未终》《今天》《一心堂》《希特勒之梦》《到马德里去》《还我孩子》《良民》《中秋》《海滨渔归》……

音乐系创作：歌曲有郑律成《延安颂》《八路军进行曲》；冼星海《黄河大合唱》《生产大合唱》；贺绿汀《游击队歌》；吕骥《七月里在边区》《凤凰涅槃》；歌剧《农村曲》等。尤其是产生于1939年春的《黄河大合唱》的巨大成功，鼓舞了全系师生的创作热情和广大群众参加抗战的热情。同时，鲁艺音乐系始终注重对民歌的采集。该系于1939年3月成立“民歌研究会”（后改名为“中国民间音乐研究会”），收集、整理了大量的民间音乐资料，如陕北民歌，秦腔音乐等。二期学员郗天风还写出了研究绥远民间音乐研究的论文，产生了刘炽的《黄河水手歌》、陕北民歌《翻身道情》等经典民歌。

美术系创作：以木刻为主，马达《延安鲁艺校景》，古元《运草》《冬学》，江丰《五谷丰登》，沃渣《保卫家乡》，王朝闻的毛泽东小型胸像、毛泽东圆浮雕侧像、朱德像和鲁迅像等。

文学系由于和“文抗”相抗衡，培养了一批年轻作家。1938年，鲁艺成立之初曾经成立诗歌社团“路社”，出版《路》诗墙报及诗刊《路》。该社除此之外还以讨论作品、朗诵诗歌为主。其作品发表的阵地虽以延安为主，但又不仅限于此。

文学系创作：①诗歌：何其芳的《革命—向困难进军》《生活多么广阔》《夜歌》《叹息三章》，天蓝的叙事长诗《队长骑马去了》……②小说：严文井《一个钉子》，周立波《第一夜》《麻雀》《牛》，陈荒煤《在教堂唱歌的人》《无声的歌》，葛洛《我的全家》，鸿迅（朱寨）《厂长追猪去了》，孔厥《农民会长》《病了的郝二虎》，陆地《参加八路来了》，贺敬之《情绪》，雷加《躺在睡椅里的人》……③报告文学：沙汀《我所见之H将军》(又名《随军散记》，中华人民共和国成立后改名《记贺龙》)，陈荒煤《陈赓将军印象记》《刘伯承将军会见记》，黄钢《我看见了八路军》《雨——陈赓的兵团是怎样作战的之二》……④文艺评论：何其芳《论“土地之盐”》，胡蛮《目前美术上的创作问题》，周扬《新的现实与文学上的新的任务》《一个伟大的民主主义现实主义者的道路——纪念鲁迅逝世二周年》《精神界之战士——论鲁迅初期的思想和文学观》《文学与生活漫谈》，萧三《纪念屈原》，张庚《剧本创作问题》《剧运的一些成绩和几个问题》，江丰《绘画上的利用旧形式问题》，王朝闻《再艺术些》等。当然，具体而言，鲁艺是创作极丰而研究略逊。这从其具体成果可以看出。

在物质条件极其困难的情况下，鲁艺还出版了许多书籍。现在保存下来的有

《秧歌剧选》《歌剧集》《戏曲集》，《陕北民歌集》（以上均为多集）、《陕北民歌研究》《绥远民歌研究》《绥远民歌集》《新歌曲选》《鲁迅小说选》《鲁迅论文选集》《木刻集》《世界文学名著选》《白毛女》（歌剧）、《马克思恩格斯列宁论文艺》《马克思主义与文艺》等，以及难以精确统计的许多单篇作品小册子。

鲁艺美术工场（研究性质）还为延安做了许多实用美术工作。担任建筑整体设计的有：志丹陵、八路军礼堂、作家俱乐部内部设计及“七大”会场设计等；舞台美术设计方面有：《日出》《白毛女》《带枪的人》等。此外，还为一些机关、学校、商铺设计了门脸、牌匾、徽志等，对于美化艰苦时代的延安环境，起到了积极作用。中共历史上的第一尊毛泽东塑像，也是鲁艺创作出来的。

延安文艺座谈会前，不但延安鲁艺整个延安文艺界的文艺活动都十分活跃，盛行自由创作、自由批评与自由讨论之风，文艺创作不仅数量很多，形式多样，题材也很广泛。《讲话》后，“文艺为工农兵服务”成了文艺家首要的任务，从题材、形式到内容都要围绕这个主题，延安文艺界的文艺创作发生了很大的变化。

第三节　组织机构与人才培养模式的调整

一、组织机构及人员调整

1938 年 2 月，由毛泽东、周恩来、林伯渠、徐特立、成仿吾、艾思奇、周扬等七人联名发出鲁艺的《创立缘起》，强调在抗日民族统一战线旗帜下，培养军事、政治、经济、文化等各方面干部的重要性和迫切性，同时也表达了希望得到各方面支持与援助的愿望。“我们深知，这鲁迅艺术学院的建立是件艰巨的工作，决非我们少数有限的力量所能完全达到。因之，我们迫切地希望全国各界人士予以同情和援助，使其迅速成长。”①

筹建中的鲁艺成立了校董事委员会。董事会成员中既有毛泽东、洛甫、康生、王明、周恩来、凯丰、徐特立、林伯渠、成仿吾、周扬等中共中央有关负责人，也有蔡元培、邵力子、陈立夫、于右任、宋庆龄、何香凝、郭沫若、茅盾、洪深、田汉、潘梓年、许广平等社会名流、著名学者。其中，诸如蔡元培、邵力子、陈立夫等还曾是国民党的政界要员。校董会作为鲁艺最高权力机构，负责筹集办学资金，决定学校主要行政领导人选，确定办学宗旨，审定重大事项。校董事会是鲁艺名义上的最高领导组织，实际上其中大部分成员只是挂名而已，并不参与鲁艺的教学与管理。首届任命沙可夫为副院长，主持工作，院长人选暂时空缺。平时的各项事务由正、副院长等组成的院务委员会料理，真正的最高决策者无疑还是以毛泽东为首的中共中央领导人。

鲁艺初建时，组织机构较为简单，最高领导层是名义上的校董事会，其下是正、

① 《延安鲁艺回忆录》，光明日报出版社 1992 年版，第 1 页。

副院长等组成的院务委员会，下辖有秘书处、教务处、训育处（后改称“政治处”）和实验剧团等职能部门。此外，还设有编审委员会和晚会委员会。

1939年3月，国共合作出现紧张形势，中央书记处会议讨论鲁艺工作时，罗迈提议洛甫（张闻天）兼任院长，会议曾决定康生担任鲁艺院长。① 但实际上，此项决定没有对外公开宣布，康生也没有到任。1939年5月15日，重新任命赵毅敏、沙可夫为副院长，院长人选仍是空缺。直到1939年11月28日，中共任命吴玉章为院长，周扬为副院长，宋侃夫为党总支书记兼政治处处长。此后，鲁艺日常工作一直由周扬主持。沙可夫于1939年6月率领部分师生员工转赴晋察冀，参与创办华北联合大学而离开鲁艺，赵毅敏于1939年11月调至中宣部工作。

1939年下半年以后，鲁艺的领导机构和文学系发生了较大的变化。

第一个变化是原副院长沙可夫的离开。他曾是鲁艺的首届副院长。选他出任副院长之职，一是因为他有苏区创办高尔基戏剧学校的经验，还因为他本人具有很强的业务知识和能力。沙可夫早年曾在法国学习艺术，唱歌、跳舞、弹钢琴、拉小提琴、指挥合唱队、导演排戏，样样拿得起、放得下。他除了领导鲁艺的工作时，还亲自任教多门课程。他在戏剧系教演戏，在文学系讲苏联文学，在美术系讲世界美术史，在全院上大课教俄文。孙犁对他的评价是：“沙可夫是个共产党里边的正派人。……他没有野心，从不计较什么，他踏踏实实地搞工作……”好争论的文艺兵围着他，“周围站立着这样多的怒目金刚，沙可夫同志总是像慈悲的菩萨一样坐在那里，很少发言，甚至在表情上也很难看出他偏袒哪一方”。“沙可夫同志在发言的时候，既无锋利惊人之辞，也无叱咤凌厉之态，他只是平平淡淡地讲着，忠实地、简直是没有什么发挥地反复说明党的政策。……他传达着党的文艺方针和政策，就像他从事翻译那样忠实。”② 沙可夫是一位艺术家，不擅长搞行政，所以他的领导风格不会太出格，谨小慎微。他能根据不同的具体任务、对象和条件，适时作出调整，具备高超的领导艺术。不可否认，沙可夫对于鲁艺的教学是有过贡献的。他按照以张闻天为首的中共中央的指示办学，为鲁艺后来的专门化、正规化改革打下了很好的基础。

1939年7月，中共中央决定，分别从抗大、陕公、鲁艺、青训班和延安工人学校抽调部分人员组成华北联合大学；在成仿吾校长的带领下，离开延安，到敌后晋察冀地区办学。华北联大设立文艺部（后改称“文艺学院”），由沙可夫任部长，原鲁艺音乐系主任吕骥为副部长。华北联大文艺部还有钟惦棐、蔡其矫、侯金镜等人。

第二个变化是鲁艺文学系主任萧三的离开。萧三和沙可夫一样，也是“留苏派”。他曾一度是“拉普”和“左联”之间的联系人，在苏联时和高尔基等作家有过交往，“拉普”解散后从苏联辗转来到延安。他在国外就听说过鲁艺，而且写过文

---

① 《张闻天年谱（上）》，中共党史出版社2000年版，第604页。

② 晁歌：《沙可夫的领导艺术》《嘉兴学院学报》2004年第7期。

章——《鲁艺在国外》进行介绍。他说："我自己觉得，早就是该院的人了。"① 萧三到鲁艺还有一个原因。他与当时鲁艺副院长沙可夫和训育主任徐一新是留苏的朋友，选择到鲁艺是很自然的。在1940年初延安的《轻骑队》墙报上，曾有一篇题为《想当年》的文章风行一时。该文讽刺某些老干部没有建树，只一味摆老资格。文中虽没有点名，但所举的例子是"想当年我在苏联如何如何""想当年我与高尔基如何如何"。② 因为他跟毛泽东是同学，常常给人讲毛泽东青少年时期的生活。因为这些原因，很多人反感他。萧三在鲁艺除了担任编译部主任，还代理文学系主任。鲁艺最初的文学系主任为周扬，沙汀从成都来延安后应周扬邀请曾代理文学系主任。按照院部规定，沙汀和何其芳带着鲁艺学生随贺龙上前线实习后，萧三又代理文学系主任。但是，在鲁艺，萧三却与文学系的周扬、何其芳相处不愉快。萧三跟周扬的不愉快渊源于"左联"解散之事。后来，在鲁艺关于"民族形式问题"的讨论中，萧三与何其芳、周扬意见相左，"吵得非常厉害"。在有关诗歌问题上，萧三与何其芳也有很大的分歧。王政明在《萧三传》里说："然而遗憾的是，后来个别嫉贤妒能的人在鲁艺搞宗派主义，排斥萧三这样的'外来户'。为此，萧三在鲁艺工作一年多以后便愤然离开了这个他本不愿意离开的窑洞学院，去主持延安文协和创办俱乐部工作去了。"③

第三个变化，也是一个根本的变化：1939年11月28日，鲁艺正式宣布新任院长为吴玉章，副院长为周扬，宋侃夫任政治处处长兼党总支书记。张闻天对鲁艺新教育方针的制定是鲁艺走向正规化和专门化的前提与关键。但是，鲁艺正规化与专门化的实施是在周扬手中进行与完成的。沙可夫离开延安后接任的副院长赵毅敏调任其他工作。任命周扬为鲁艺副院长估计是张闻天的意见。吴玉章虽为鲁艺的正院长，而作为副院长的周扬成了鲁艺的实际领导人。有的学生评论，"赵毅敏重政治，作风严肃；周扬则重业务，爱护人才。当时平剧团有位小生演员陶德亢有些骄傲，很为众人议论。周扬在一次大会上讲：一个革命者干什么就应干得出色。如果画家画不出画，作家写不出作品，那还算什么画家、作家？另一方面，出了成绩也不应骄傲，更不应以己之长比人之短。陶德亢同志演小生功夫好是事实，叫他违心地说不如他的人比他好，我看也不实事求是。我们提倡谦虚，尊重别人，但反对虚伪。后来，就没人再议论这件事了"。④

1941年11月中旬沙汀离开延安，何其芳担任文学系主任。张闻天和周扬联合致电正在桂林编辑《救亡日报》的周立波来延安。周立波来延安后，担任鲁艺编译处处长，兼任文学系教员，教"名著选读"课程。这件事说明张闻天是插手鲁艺的人事安排的。这样，鲁艺文学系进入到周扬、何其芳、周立波"三足鼎立"最辉煌的

① 萧三：《窑洞城——献给党的60周年》《萧三文集·散文篇》，北京出版社1996年版，第437页。
② 李锐：《直言：李锐六十年的忧与思》，今日中国出版社1998年版，第36页。
③ 王政明：《萧三传》，北京出版社1996年版，第278页（这里"个别嫉贤妒能的人"指的应该是周扬）。
④ 杜夏：《延安求学记》《延安鲁艺回忆录》，光明日报出版社1992年版，第469页。

时期。

鲁艺内部领导机构的调整看似简单，其实也不简单。它和中共高层内部对文艺以及知识分子态度的关系很紧密。在1942年《讲话》之前，张闻天同志是中共对文艺界的主要指导者。他认为知识分子是最敏感的一群，必须慎重对待，所以，他在文化政策报告及一些党内指示中，都非常注重制定政策要适合于知识分子特点与文化统一战线的特点。

作为知识分子“重镇”——鲁艺的领导者阶层，他们不仅本人在高层政党组织中担任领导职务，参与文化政策的制定，还负有诠释文化政策以及督促其他知识分子做好革命工作的责任。在这样一个中共高度重视的艺术院校里的领导机构，人事任免就绝不会是一件很平常的决定，往往透露出中共意识形态内部的些微变化。

二、教学部门与人才培养模式的调整

《延安鲁艺创立缘起》指出：“艺术——戏剧、音乐、美术、文学是宣传、鼓动与组织群众最有力的武器。艺术工作者——这是对于抗战不可缺少的力量。因之，培养抗战的艺术干部在目前也是不容稍缓的工作。”①

毛泽东领衔发起创建鲁艺的目的是培养抗战的艺术干部，也就是培养艺术宣传员，他是从革命的角度来考虑的，提倡的是发挥艺术作为教育、鼓舞群众进行抗战的“武器”作用。这是一种实用的、功利主义的人才培养目标。鲁艺领导人——副院长沙可夫却有着与毛泽东不一样的理解：“鲁艺是一个国防教育机关，所以它的主要任务是训练大批适合于今天抗战急迫需要的艺术干部。同时，我们没有忘了一面抗战一面建国，所以鲁艺除了上面它的主要任务以外，认为以马列主义的理论与立场，建立中华民族新时代的文艺理论与实践，团结与培养新时代的艺术人才，这对于鲁艺是同样重要的任务。”② 他认为，鲁艺不仅要注重眼前的抗战需要，还要为将来的中华人民共和国成立培养艺术建设人才。也就是说，不仅仅只是培养文艺宣传员，还有为将来中华民族新时代进行人才储备的愿望。所以，鲁艺前期就是按照“培养抗战艺术工作的干部，研究艺术理论，接受中国与外国各个时代的文艺遗产，以至创造中华民族的新艺术”③ 来实施教学目的的。

第一期的学生结束实习返校后，在向沙可夫汇报工作时谈到前方很需要做文艺普及工作的“全才”，比起各系按照戏剧、音乐、美术等不同专业分工培养的学生来，这种能够掌握各种专业知识的全面型的艺术人才更能适应敌后开展文艺、宣传和教育工作的需要。学院负责人向毛泽东等中央领导人汇报了这个建议，毛泽东对此很重视。1939年初，全院动员全校师生进行认真的检查和深入的讨论。中共中央干部宣传部副部长罗迈亲自来鲁艺调查研究，检查、指导工作。罗迈在《鲁艺的教

① 《延安鲁艺创立缘起》《延安文艺丛书·文艺理论卷》，湖南文艺出版社1987年版，第789页。

② 沙可夫：《鲁迅艺术学院创立一周年》《延安文艺丛书·文艺理论卷》，湖南文艺出版社1987年版，第811页。

③ 《鲁艺第二届概况及教育计划》《延安文艺丛书·文艺史料卷》，湖南文艺出版社1987年版，第641页。

育方针与怎样实施教育方针》的报告中指出，专门人才的培养是重要的，但很难满足各个战线的大量需要。同时他认为，许多出去工作和实习的学生的经验更加证明："在抗战中需要成千上万的领导俱乐部与战地服务团等类文艺团体的人才。"他说这些艺术团体要求艺术大众化，需要的是各方面都在行的通才。"如果有了这样的领导干部，我们就可以到处组织大众艺术活动。所以当前迫切的问题，便是要大批培养这样的艺术干部。""不仅要训练大批适合于抗战需要的一般艺术工作的干部，并且要培养许多新时代的文艺人才；许多专门家，不仅要有一般的艺术能力，并且要深研理论与实际。"① 这说明中共中央是支持鲁艺的这种双重教学设想的。

鲁艺前期的办学是有着长远的战略目标的。它一方面为战争服务，学员在校进行理论和技术学习后，都要去基层、去敌后，以艺术为武器为抗战、为民族的解放而贡献力量；一方面保留骨干，在基层、部队锻炼之后，优秀的艺术人才又调回学院或任教，或在工作室搞创作，普及与提高相结合。所以，鲁艺对人才培养是有要求的：一是普及型的宣传员，一是具备高深学问和修养的艺术家。但是，很多鲁艺的学生把成为艺术家作为自己的梦想，将毛泽东的"不容稍缓"的抗战需要理解为"适合抗战建国需要"。这种偏差造成了鲁艺与中共意识形态之间的缝隙。

根据罗迈的指示，第三期时，鲁艺开办了一个不分专业的"普通科"，把原有的四系（文、剧、音、美）改编为三部（研究部、专修部、普通部）。原有的文学、戏剧、音乐、美术四系隶属于专修部；研究部是专门研究艺术理论的一个部门；普通部不分专业，目标是培养具有较全面的文艺知识和技能的学生，以适应前方部队与抗日根据地的文艺教育及演出的需要。

普通科的创办是对延安鲁艺教学组织及教育思想具有很大影响的事件。它招收学生一百名，学习时间为六个月。开设课程：1. 政治常识；2. 抗战艺术的一般问题；3. 战时艺术工作；4. 旧形式研究；5. 军事常识；6. 音乐（包括唱歌、指挥、作曲等）；7. 舞台技术（包括演技、导演、大鼓、相声等）；8. 宣传美术（包括漫画、木刻、美术字等）；9. 写作（包括脚本、歌词、鼓词、诗词、报告文学、速写等）；10. 舞蹈；11. 其他各种政治、学术讲演。②

从这些科目可以看出，普通科的培养目标是具有较全面的文艺知识和技能的学生，以适应前方部队与抗日根据地对于士兵和民众宣传教育以及文艺娱乐等工作的迫切需要。这是鲁艺在培养抗战需要的普及型人才方面的一项重要尝试和切实努力。但是，只办了一期尚未毕业的普通部很快就解散了。

在张闻天主持中央文委工作时，鲁艺着手正规化、专门化改革，明确了其教育方针为："团结与培养文学艺术专门人才，以致力于新民主主义的文学艺术事业。"还提出人才培养目标："培养适合于抗战、建国需要的文学艺术之理论、创作、组织

① 罗迈：《鲁艺的教育方针与怎样实施教育方针》《延安文艺丛书・文艺理论卷》，湖南文艺出版社 1987 年版，第 795~796 页。

② 《延安文艺丛书・文艺史料卷》，湖南文艺出版社 1987 年版，第 645 页。

方面的人才；这些人才必须具备社会历史知识与艺术理论之相当修养、基础巩固的某种技术专长。”① 也就是由先前单一的培养文艺宣传员类型改为培养从事文学艺术理论研究的人才、创作人才和组织革命工作的人才等多种人才培养类型。

何其芳说：“在我们的队伍里，这三者的分工只是相对的而不是绝对的。即是说，我们的创作家不能对理论毫无知识、见解，毫不参加理论的活动与斗争；我们的理论家不能对于创作上的知识不但是作品的甚至是创作过程知道得很少；而且，无论创作家、理论家，在整个文艺运动中都应该起一定的组织作用，在必要的时候都应该做一定的组织工作。”② 这样的人才培养目标比较明确，突出了“一专多能”的特点，同时兼顾人才培养的多层次性，应该说还是比较具有发展眼光的人才培养设想。

当时的抗战环境实际需要的人才是：通讯工作者（包括自己当通讯记者，或者作通讯组织工作，或者教人家写通讯等）、文化教员（包括根据地的中级学校以上和部队国文教员，或者文学教员）、编辑（地方和部队一般刊物、报纸，或者文艺刊物，文艺副刊的编辑），以及其他宣传作品的写作者和通俗化工作者等。这些都是能够真正起到实际效果的普及型的人才。这样鲁艺的教育就与实际的需要产生了矛盾，引起了中央领导人、前方部队将领和边区老百姓的不满。贺龙就对周扬说：“把好学生、好干部都留在学校里，不派到前方去，而对于抗战初期派到前方去的学生又不关心他们，和他们联系，研究并解决他们在实际工作中间所碰到的艺术上的问题。”③ 有一次，在新四军第五师驻地，鲁艺学员演出国统区的一个大戏，演员穿旗袍，战士在台下看了骂“婊子”，往台上扔石头。当地百姓更无法接受和欣赏新文化作品。在延安桥儿沟鲁艺所在地，当地群众对鲁艺师生的文化活动十分不满，编了这样一首顺口溜：“戏剧系装疯卖傻，音乐系呼爹叫妈，音乐系不知画啥，文学系写的‘一满解不下’（延安方言，意即不懂）”④ 毛泽东对鲁艺所实施的正规化的教学方针并不赞成。胡乔木说：“在当时那种环境下，毛泽东很反对鲁艺的文学课一讲就是契诃夫的小说，也许还有莫泊桑的小说。他对这种作法不满意。但讲文学、讲写作，又必须有一些典型作品教育学生。毛泽东力图找到一个途径，解决普及和提高问题。”⑤

直到毛泽东召开延安文艺座谈会，在《讲话》中将“普及与提高”两项工作都定位于为工农兵服务，否定了鲁艺的提高是为了培养专门家，批评了鲁艺的“关门提高”倾向。他又亲临鲁艺讲话，号召鲁艺师生走出“小鲁艺”，到广阔的群众的“大鲁艺”去。于是，鲁艺的师生都打起背包，到社会这个大课堂去进行锻炼了。人才培养完全转变成实用性的、普及性的能满足实际工作需要的类型，专门家之类的

---

① 《鲁迅艺术文学院教育计划及实施方案》（1942年2月改订），转引自王培元：《延安鲁艺风云录》，广西师范大学出版社2004年版，第95页。

② 何其芳：《论文学教育》《延安文艺丛书·文艺理论卷》，湖南文艺出版社1987年版，第846、843页。

③ 何其芳：《记贺龙将军》《何其芳文集（第2卷）》，人民文学出版社1983年版，第298页。

④ 陆地：《七十年回首话当年》《新文学史料》1989年第4期。

⑤ 《胡乔木回忆毛泽东》，人民出版社1994年版，第60页。

想法被归为主观主义和教条主义，受到批判和遏制。

小 结

无论教学设置还是领导机构的调整，表明鲁艺组织教学和中共的文艺政策是密切相关的。它内部所发生的变化，不仅是中共党内两种思想“长期性”和“实用性”的较量，也是鲁艺文人在适应政策和保持自我时的一种权宜之计。

第三章

鲁艺与延安整风、《讲话》

延安文人一直试图在革命家和文艺家、融入群众与保持独立性之间求得平衡，不可避免地显露出与延安意识形态的差异和分歧。这是延安整风最直接的原因和“契机”。毛泽东《讲话》之后，鲁艺作为“关门提高”的典型受到组织上的整顿，在强大的政治压力下，鲁艺被迫进入转型期。在1942年延安文艺界整风和毛泽东发表《讲话》前后，延安文艺界关于“文艺大众化”“普及与提高”“歌颂光明”与“暴露黑暗”等问题发生了多次争论，集中展示鲁艺文人在此前后思想上的矛盾与冲突。

第一节　延安文艺界的争论

一、关于“文艺大众化”和“民族形式”的论争

1938年10月，在中共六届六中全会上毛泽东作了《中国共产党在民族战争中的地位》的报告，提出“民族形式”的问题。他强调：中国革命应该将“国际主义”的内容和“民族的”的形式相结合，马克思主义必须和中国的具体特点相结合并通过一定的民族形式才能实现，要“使马克思主义在中国具体化，使之在其每一表现中带着必须有的中国的特性”。对马克思主义的学习不只是了解一般规律的结论，更重要的是用这种理论的立场和方法去观察和解决问题，要学会把马克思、列宁主义的理论应用于中国的具体环境。毛泽东提出的“民族形式”最初并不是针对文艺问题的，却很快在文艺界产生了反响，解放区的文艺工作者和国统区进步文艺工作者就此问题开展了关于“文艺大众化”和“民族形式”的激烈讨论。

抗日战争把中国知识分子与中国作家的忧患意识与社会、民族责任感发挥到了极致（这也是“五四”新文学的一个传统）。文艺为“抗战”这一时代的最大“政治”服务，强调文学的“工具性”，重视文学宣传、教育、鼓动以至组织功能。为了运用文艺对广大人民群众进行抗日宣传，“文艺大众化”成为文艺界的迫切要求。延安文艺界对“文艺大众化”问题展开的讨论，是将“左联”的“文艺大众化”讨论和实践作为一个预设的逻辑起点而进行的，是“左联”文艺大众化运动在延安的延续。

1939年7月21日，毛泽东的秘书陈伯达到延安鲁艺做《中国文化启蒙运动与文艺的民族形式》的报告。他明确指出："有些文化工作者对于民族旧文化形式的利用，还没有给予最适当的注意。"进而提出："最广大、最下层的人民群众最习惯于旧的文化形式，经过那旧形式而传播给他们以新的文化内容、新的东西，他们是最容易接受的。"① 他强调了民族传统对于文化传播的重要性。他的这番话引发了延安鲁艺文学系关于"民族形式"问题的讨论，会上出现了不同的看法，甚至吵得很厉害。在辩论中，萧三等人否定"五四"以来的新文学，注重古典文学与民间文学。何其芳与沙汀认为，大众化不应片面强调，否则会在文艺创演中降低艺术水准。萧三指责他们"将艺术脱离抗战，脱离政治"，是"新的艺术至上主义"。同年8月，艾思奇主持召开中央文化工作委员会扩大会议，讨论《文化工作动向大纲》。会上，何其芳、沙汀以及周扬仍然坚持大众艺术会降低艺术水准的看法。11月16日《文艺战线》第1卷第5期开设"艺术创作者论民族形式"专栏，发表冼星海的《论中国音乐上的民族形式》、萧三之《论诗歌的民族形式》、何其芳之《论文学上的民族形式》、沙汀之《民族形式问题》等文章。1940年2月15日，《中国文化》创刊号发表周扬的《对旧形式利用在文学上的一个看法》、艾思奇的《旧形式运用的基本原则》等文章，将讨论推向高潮。

周扬认为："新文艺，是作为一个打倒少数人的贵族的文学、建立多数人的平民的文学的运动而兴起的，是一直在为文艺与大众的结合的旗帜下发展来的……""历史的事实毋需粉饰，也不应抹杀。如果不是我的偏见，新文艺无论在其发生上、在其发展的基本趋势上，我以为都不但不是与大众相远离，而正是与之相接近的。""新文艺的内容是民主主义的，最适宜于表现这种内容的，就不能不是新形式。"同时认为，新文学"把章回小说改造成了更自由、更经济的现代小说体裁，从旧白话诗词蜕化出了自由诗"；同时认为，"在'五四'初期的白话小说、白话诗里面就保留有旧小说、诗词的写法与调子的鲜明的痕迹，但那已经不是旧形式，而是新形式了"。② 只要是写民族的生活和人物的，为大众写的，虽不为大众所明了、接受，也不能苛责。

何其芳说："我认为'五四'运动以来的新文学是旧文学的正当的发展。虽说由于中国旧文学的落后性，由于旧文学的形式有的被利用了千多年，有的被利用了几百年，大部分无法再利用下去，因此大量地接受了欧洲文学的影响，它并不是斩钉截铁地和旧文学毫无血统关系的承继者。很明显的，初期的白话诗保留着浓厚的旧诗词的影响（如胡适、俞平伯、刘大白等的诗集），有些小说也还没有脱离旧小说的窠臼（如杨振声的《玉君》），后来才在形式上更欧化而在内容上更现代化，更中国

① 陈伯达：《论文化运动中的民族传统》《红色档案——延安时期文献档案汇编〈解放〉（第3卷）》，陕西人民出版社2014年版，第184页。

② 周扬：《对旧形式利用在文学上的一个看法》《延安文艺丛书·文艺理论卷》，湖南文艺出版社1987年版，第621页。

化。这是一种进步。"①

周扬曾肯定了新文艺的发生、发展趋势并非与大众相远离而是与之相近之后，评述了新文艺与大众隔膜的两大原因："一面是固然归因于大众文化水平低下，一面却要由新文艺本身的缺点负责。"他认为新文学有责任改变这一状态，尤其应该克服由于文艺作家对现实认识和表现力量不够所造成的"写得不像"和"看起来难懂"的缺陷。较之于当时和以后一些人将"五四"与大众隔膜，或者简单归之于新文艺作家刻意模仿西洋作风中了"洋八股"的毒的结果，或者笼统地斥为新文学作家与生俱有的害怕通俗的"通病"的产物的说法，周扬这时期的说法比较客观、全面。

何其芳又说："新文学不够大众化不仅是形式的问题，更主要的还是由于内容。(我们将怎样说明为什么同样是章回小说的《红楼梦》《儒林外史》也不能流行在农民中间呢，假若不从内容方面解释?）而且这种责任不应该单独由新文学来负，更主要的还是由于一般大众的文化水准的低下。"

他们肯定了"五四"以来新文化的成绩，同时也指出了它的局限性。因此达成基本一致的意见，认为新文艺要以发展新形式为主，但同时对于旧形式要在艺术上、思想上加以改造，在批判地利用和改造旧形式中创造出新形式。

周扬、何其芳等人在文艺的政治诉求与美学诉求的纠缠关系上提倡"二元论"文学思想：既为当前抗战而写通俗作品，也为未来中华人民共和国文艺建构文艺的"民族形式"与文艺大众化的理论。他们的观点得到了更多人的认可，代表了延安文学理论的主流意识，显示了一种建构新的理论与批评的自觉。在文学资源问题上，何其芳、周扬等人不是放弃"五四"以来的新文化另建一种新文化，而是自觉地以"五四"新文学为起点建立中华人民共和国的新文学。这种新文学注重挖掘被"五四""现代性"立场所隐没的民间立场与传统立场。

于是，大众化问题构成了 1942 年的《在延安文艺座谈会上的讲话》的核心内容。其实质是，毛泽东从中国革命战争主要依赖的对象这一逻辑出发，建立了一个井然有序的庞大的话语体系。毛泽东说："许多同志爱说'大众化'，但是什么叫大众化呢？就是我们的文艺工作者的思想感情和工农兵的思想感情打成一片。"② 这是毛泽东就文艺大众化问题得出的具有指导性意义的结论。他从中国革命战争主要依赖的对象这一逻辑出发，认为"大众"是革命的主体，知识分子和文艺工作者并不具备无产阶级的思想意识，他们必须与"大众"相结合、为"大众"服务，才能在革命集体中有其存在的合理性。他将文艺为大众服务的问题归结为知识分子意识的大众化，过分强调了作家思想和感情向大众转化，忽视了对大众自身的封建残余和国民劣根性的客观审视，轻视知识分子对革命事业的重要作用，在强调大众化的同时不恰当地贬低了"化大众"应有的地位和作用。在某种程度上说，知识分子们一向以大众的启蒙者、指路人自居，或者以劳苦大众的拯救者自居，心灵深处一直怀

① 何其芳：《论文学上的民族形式》《延安文艺丛书·文艺理论卷》，湖南文艺出版社 1987 年版，第 654 页。
② 毛泽东：《在延安文艺座谈会上的讲话》《延安文艺丛书·文艺理论卷》，湖南文艺出版社 1987 年版，第 4 页。

有精英意识。但《讲话》强调的是知识分子的“大众化”，批判了知识分子的“化大众”，和工农大众相结合的道路也成为知识分子唯一正确的方向。

应该说，延安鲁艺的最初两年的工作也基本上是贯彻了毛泽东的这一要求的，如组织上华北前线的实习，面向群众的文艺演出等。但是，延安鲁艺的领导人和教师在某些方面，仍然没有完全领会毛泽东关于“与大众的结合”这一问题的精神实质，仍然习惯于知识分子的私人话语表达方式。或者说，许多延安鲁艺文人在对大众化的理解上出现了偏差，以为大众化只是一个形式的问题，只要能以通俗的形式创作、演出，就算大众化了。

二、关于“普及与提高”的论争

在延安文艺座谈会期间，延安文艺界展开了一场关于“演大戏”的论争。这场论争主要是由于知识分子内部就普及和提高问题上的不同理解而产生的，一定程度上反映了延安文艺的丰富性和复杂性。

“所谓‘大戏’，乃是外国的名剧和一部分并非反映当时当地具体情况和政治任务的戏，又都是在技术上有定评、水准相当高的东西。演这些戏的目的，主要着眼点是在提高技术，对于内容方面的着眼只是附带的。”①

1938 年到 1939 年初，延安的戏剧演出基本上只演抗战题材的戏，而且几乎都是在延安的作者创作的。延安真正着手“演大戏”始于 1939 年底。当时中共利用延安远离战火、相对安定的局势，曾经调集了其他根据地的两万多名干部到延安来学习、培训。延安的戏剧演出承担了既丰富他们的业余文化生活，又开阔他们的视野的任务。同时，延安文艺界大批演剧活动的骨干和戏剧爱好者也有进一步提高演剧水平的愿望和要求。但是，当时在延安演出的一些公式化、概念化的剧目已经不能满足群众的需要，各剧团解决剧本荒成为燃眉之急。延安文艺团体多次发出号召进行征稿活动，但一时还难以创作出更多、更好的剧本。仿照丁玲主编《解放日报》文艺副刊时经常登载外国名家作品一样，延安戏剧家的目光开始转向中外戏剧名著。

在边区，戏剧相对其他艺术形式对民众的影响要大，群众对它的要求也比较迫切，但解放区整体演剧水平不是很高。延安主要承担戏剧演出的“民众剧团”成员多为陕北民间的“半知识分子”，职业出身五花八门，包括教师、手工业者、商人、学生等，大多以演出讽刺短剧或战争剧等通俗形式深入农村进行抗日宣传。他们也利用秦腔、郿鄠等为陕北农民喜闻乐见的戏曲形式，以“旧瓶装新酒”创作、排演了大量贯穿革命内容的新编剧目，如《血泪仇》《一家人》《穷人恨》等，在边区农民群众中享有很高声望，并得到毛泽东等中央领导人的赞赏。他们在普及工作中做出了成绩，但对提高认识不足，认为越土越好，看不惯延安的“洋包子”。

1938 年 8 月，鲁艺实验剧团应运而生。鲁艺实验剧团是鲁艺戏剧系与教学工作相结合的一个艺术实践的组织。团长张庚认为：“它是个高度的研究艺术的学习团

① 张庚：《论边区剧运和戏剧的技术教育》《解放日报》1942 年 9 月 11~12 日。

体。在这里面，每一个同志不仅是抗战艺术干部，而且能够在艺术理论上或在某种舞台工作上有特殊的造诣，担负起比较艰巨的工作。"① 实验剧团与戏剧系联手，保持了鲁艺建校初期话剧演出颇为频繁的局面。鲁艺为了取得最佳表演效果，必须改进表演和导演的质量，取得专业人士的帮助，建立永久性的剧团并上演整本的大戏。

1939年10月，延安成立了"工余剧人协会"，原本排演俄国剧作家奥斯特洛夫斯基的经典剧目《大雷雨》。这个剧在上海非常时髦，在延安排演目的是"使延安戏剧家从这个戏中学习技术，扩大视野，提高鉴赏能力"②。《大雷雨》的戏排到一半时，毛泽东曾数次约见执行导演张庚。根据张庚回忆，毛泽东虽未直接说不能演《大雷雨》，但提出："延安也应当上演一点国统区名作家的作品，《日出》就可以演。"③ 这样，鲁艺就集中一些延安的好演员改演曹禺的话剧《日出》。《日出》于1940年元旦公演，受到了观众的热烈欢迎，连演八天，观众近万人。这次演出可以说"测试了戏剧工作者的能力，测试了延安观众的欣赏水平"。④ 毛泽东、洛甫等中共高级领导人亲自前往观看。一时之间，延安戏剧舞台上出现了大量中外古今的"大戏"。⑤

鲁艺戏剧系响应周扬提出的"专门化"号召，将排演外国古典名剧列入戏剧系的教学内容，明确提出是配合学习任务。1940年始，先后演出了一批以苏联为主的著名话剧。在戏剧理论方面，戏剧系主要讲授苏联戏剧家斯坦尼斯拉夫斯基体系，从俄文译出了《论演员》的文章作为教材。柯蓝和曹葆华从美国新戏剧联盟的机关刊物《戏剧工厂》上，分别译出介绍斯坦尼斯拉夫斯基体系的《演员论》和《导演论》。鲁艺演出的外国剧作有果戈理的《婚事》《钦差大臣》、契诃夫的《求婚》《蠢货》《纪念日》，并于1941年底演出了苏联多幕剧《带枪的人》。从此，延安的戏剧舞台上就呈现出丰富多彩的剧目来。伊凡诺夫的《铁甲列车》、莫里哀的《伪君子》《悭吝人》、夏衍的《上海屋檐下》《法西斯细菌》、陈白尘的《太平天国》……这一系列的演出实践和理论学习，对于提高学员的综合素质是卓有成效的。人们开始较为全面地了解和认识话剧这一戏剧形式。延安的戏剧工作者从这些演出中吸取了丰富的养料，增强了从编剧、导演到表演、舞美的技巧。这样一大批中外名剧的演出，不仅打开了干部群众的视野，而且也使延安的演剧水平大幅度地上升了。

一时间，演大戏，读外国名著，奏西洋名曲，在延安文艺界成为一种风气。这些名剧名作的上演，引出了一场风潮。尽管演出的名剧中"有的是反映十月革命的，有的是反法西斯的，而且表演的水平也比较高，延安的干部对这些都蛮感兴趣。但是他们也有不满：中国的抗战这样轰轰烈烈，敌后的事迹那样多，你们为什么就不

① 王震之：《鲁艺实验剧团的使命和工作》《延安文艺丛书·文艺史料卷》，河南文艺出版社1987年版，第517页。
② 王震之：《鲁艺实验剧团的使命和工作》《延安文艺丛书·文艺史料卷》，河南文艺出版社1987年版，第529~530页。
③ 王震之：《鲁艺实验剧团的使命和工作》《延安文艺丛书·文艺史料卷》，河南文艺出版社1987年版，第63页。
④ 于敏：《评〈日出〉公演》《新中华报》1940年1月24日。
⑤ 钟敬之：《延安十年戏剧图集（1937~1947）》，上海文艺出版社1982年版，第2页。

演个把出来呢？”[①] 鲁艺的新校址桥儿沟紧邻农民的场院，但不少教师却关在自己的窑洞里，不与农民往来。前方的文艺干部对鲁艺提出了这样的批评：“堡垒里的作家为什么躲在窑洞里，连洞门都不愿意打开去看看外面的世界？”“提高是否就是不叫人看懂或‘解不下’？”前方缺乏剧本、歌曲，但鲁艺提供出来的却是大、洋、古的东西。[②] 这是很尖锐的批评。这些批评主要集中在：一、漠视普通群众；二、表现的是艺术资产阶级的自我欣赏和艺术至上主义。

1942 年 5 月 2 日，中共在杨家岭召开延安文艺座谈会。与会代表围绕着文艺与政党意识形态的关系等诸多事关文艺生存、发展的基本问题，展开激烈的辩论和争吵。柯仲平发言说：民众剧团下乡演出深受农民群众欢迎。每当他们演出结束离开村子的时候，农民群众经常恋恋不舍地送出很远，还赠给他们大量慰问品。针对鲁艺轻视通俗文艺的精英主义倾向，他理直气壮地说：“我们就是演《小放牛》，你们瞧不起《小放牛》吗？老百姓都很喜欢。你们要在那些地区找我们剧团，怎么找呢？你们只要顺着鸡蛋壳、花生壳、水果皮、红枣核多的道路走，就可以找到。”毛泽东听完，风趣地插话说：“你们如果老是演《小放牛》，就没有鸡蛋吃了。”[③] 毛泽东的态度表明，尽管他坚决反对鲁艺的精英化倾向，但对柯仲平一味强调通俗化的文艺主张也是有所保留的。鲁艺戏剧系主任张庚在发言中直言不讳地说：“我也不赞成主席的有些意见，提高是非常必要的。我们共产党的文化运动搞了那么多年，难道不要提高吗？因此，他主张普及与提高来个分工，像文工团、演出队，去做普及工作；像鲁艺这样的学府，能不能主要去做提高的工作呢？”[④] 张庚的提法是与张闻天的看法是一致的。张闻天认为：“一般说来，新文化各部门的提高工作要由有相当文化素养的（如在自然科学方面、社会科学方面或文艺方面）文化人来担任与完成；而通俗化的工作，则要由广大的青年知识分子来负责。这种相当的分工，在现在的条件下是不可避免的，而且也是必要的。”[⑤]

1942 年 5 月 13 日，陕甘宁边区政府文化工作委员会戏剧委员会在延安文化俱乐部召开戏剧界座谈会，包括鲁艺在内的延安各剧团负责人、剧作家、导演、演员共四十多人出席会议，就延安演出大戏、洋戏问题展开了激烈的讨论。会上存在两种意见：一种意见认为，把艺术作为教育大众的工作来看，目前偏重于普及；另一种意见认为，文艺运动上应该有普及和提高之分。客观现实存在着高低的区别，按照自己所适合的一方面去做专门化的研究，不能说是脱离现实。会议一致认为，自从上演《日出》后，延安“演大戏”热是一种错误的倾向。把延安既演大戏、外国戏

---

① 张庚：《回忆延安鲁艺的戏剧活动》《中国话剧运动五十年史料集（第 3 辑）》，中国戏剧出版社 1963 年版，第 6 页。

② 《鲁艺戏剧部整风学习快报（第 3 号）》，中央档案馆存。

③ 艾克恩（编）：《延安文艺运动纪盛》，文化艺术出版社 1987 年版，第 356 页。

④ 朱鸿召：《延安日常生活中的历史》，广西师范大学出版社 2007 年版，第 113 页。

⑤ 张闻天：《抗战以来中华民族的新文化运动与今后的任务》《延安文艺丛书·文艺理论卷》，湖南人民出版社 1984 年版，第 131 页。

又演反映现实生活的剧目的演出批评为只演大戏、外国剧，一起受到了批判。

1942年9月11日，张庚的长篇理论文章《论边区剧运和戏剧的技术教育》在《解放日报》发表了。这是鲁艺自周扬总结检讨完之后的又一篇自我检查。张庚从七个方面对《讲话》前鲁艺戏剧工作进行了反思和批评，承认脱离大众来提高技术的方法是错误的。不难看出，当时因外界对“演大戏”的批评给他心理所造成的巨大压力。

石隐在10月1日的《解放日报》发表了《读〈论边区剧运和戏剧的技术教育〉》，就张庚的某些看法提出了异议。

一、延安剧运的偏向出在哪里？张庚说：“我们从事戏剧工作的人，忘了在剧本上积极地想办法来提高水平，鼓励创作，而一味演出‘大戏’。这不能不说在剧运上形成了一种严重的偏向，造成了下面一些不合理的现象：专门讲究技术，脱离现实内容，脱离实际政治任务来谈技术的倾向，对于活泼生动的边区现实生活不发生表现的兴趣，失去了政治上的责任感……”石隐认为：剧运的偏向不是出在演出戏的“大”“小”上。他指出，“演大戏”的着眼点也并不是“专门讲究技术”：业余剧团配合反法西斯大会演出的反法西斯剧本《新木马计》，西北文工团前身——陕公文工团演出的反映抗战中国的《蜕变》《雾重庆》，鲁艺实验剧团演出的《佃户》，都称他们的着眼点不是内容而是技术，这恐怕是不恰当的。

二、如何处理艺术服从政治问题？对于创作中间的许多问题，张庚说：“比方以具体政治任务为戏剧主题的问题，为突击工作而创造的问题，等等，过去，我们是用消极态度去对待这些问题的。我们认为这些要求不合乎艺术创造的原则，……却没有能够看清这些问题乃是在戏剧范围之内的艺术服从政治这个问题的具体化，乃是新戏剧创造精神之所在。”石隐指出，张庚所说的艺术服务于“突击工作是艺术服从政治的具体化”的说法是不妥当的。事实是，“在一定的时期，有一个总的口号，艺术和政治、军事、经济等其他部门一样，要服从这个口号。我想这就是我们说的艺术服从政治”。

石隐没有片面理解延安的“演大戏”，肯定了它有反映现实的剧目。尤其是提出了艺术服务于政治阶段论的观点。他坚持用理性的客观发展的眼光来看待这个敏感的政治问题，而不是一味的贬低和否认前期的戏剧工作的实绩。

事隔多年，刘炽回忆道：“开始几年强调普及人才的培养、输送，那是急需、‘血中送炭’；而抗战进入相持阶段，对‘提高的’专业人才的培养，应该提到议事日程上来了。鲁艺是十四个解放区（一亿多人口）的文学艺术最高学府，应当把重点移向专门人才的着力培养。”[①] 于敏也说：“在抗日战争这么紧张、这么严酷的时候，文艺工作怎么帮助战争？帮助老百姓更加坚定抗日战争必胜这个信念呢？这是第一位的工作。鲁艺搞的排大戏，和第一位的工作是不相适应的。关门提高不能全部否定它，不能说它一点好处没有，的确还是提高了一些，没有这个提高排不出大

---

① 刘炽：《“鲁艺家”的秧歌》《延安鲁艺回忆录》，光明日报出版社1992年版，第327页。

戏来。但是把年轻人的眼光从抗日战争严酷的现实引到大的、洋的、古的这方面来，是与当时的形势不相适应的。”①

毛泽东在《讲话》中重点论及了文学工作的“普及”与“提高”的关系问题，并站在革命功利主义立场上用两个著名的比喻来说，即“雪中送炭”比“锦上添花”更重要。也就是提出了“普及基础上的提高”“提高指导下的普及”“普及工作的任务更为迫切”“专门家和普及工作者相结合”等一系列艺术教育方针和措施。毛泽东的新民主主义文化理论规定了新民主主义艺术教育的性质是民族的、科学的、大众的；而普及和提高的思想又指明了艺术教育在实践中的方式、方法问题。

三、“歌颂光明”与“暴露黑暗”的争论

关于“歌颂光明”与“暴露黑暗”的问题，是延安文艺界最为敏感的问题。归结起来，就是文艺创作如何反映解放区的现实生活，是“写光明呢，还是写黑暗呢”的问题。在延安，“文抗”鲁艺边区“文协”这几个机构都聚集了一批作家、艺术家，各有一摊人马，构成了三足鼎立式的“文化山头”的局面。特别是“文抗”与鲁艺的对峙状态，日趋明显。

周扬在 1939 年成为鲁艺的副院长，实际上主持鲁艺的日常工作。他是一个既有很强的行政能力又有极高的艺术理论修养的人，试图通过在鲁艺办学实现他的政治抱负。在周扬身边逐渐聚集了何其芳、周立波、陈荒煤、沙可夫、沙汀、刘白羽、林默涵、贺敬之等一批文化人。“文抗”以丁玲为副主任，以创作为本位，聚集了延安最有影响力的一批专业作家：丁玲、萧军、舒群、艾青、白朗、罗烽、刘白羽等人，而这些人都是上海“左联”时期与鲁迅关系比较密切的。周扬来延安不久，就洗脱了因在上海对鲁迅不恭招致的“左翼”文艺界人士的不满的负面影响，取得了毛泽东完全的信任。但是鲁迅对周扬的认识、评判、情感态度以及言行方式，直接影响到了热烈拥戴鲁迅的“鲁迅派”文人冯雪峰、胡风、丁玲、艾青、萧军等人对周扬的认识。

鲁艺的核心文人政治成分相对单纯，几乎是清一色的党员。“文抗”文人的特点则首先体现于他们政治成分上的差异性。“文抗”以党外文人，如萧军、艾青、高长虹、陈学昭等聚集而闻名一时，同时也不乏像丁玲这样的资深党员作家。以此而论，“文抗”或许是延安最能体现统一战线性质的文艺单位。由于这个缘故，“文抗”文人的思想状况远较鲁艺文人复杂：既有“普罗式”的革命先锋意识，又有“鲁迅式”的现实战斗精神；既有无政府主义的乌托邦冲动，又有个人主义、自由主义的思想习气。不过驳杂的精神面貌并没有影响“文抗”作家内部的稳定和谐，抗战初期“求大同存小异”的宽容作风在他们中间得到了较好的发扬。所谓“大同”并非笼统空泛的“民族立场”，而是思想上的某种自然契合性，即为大多数“文抗”文人所认同的进取型浪漫气质和强烈的主体肯定意识。他们思想中本能地保持着与政党组织

① 王海平、张军峰：《回想延安 · 1942》，江苏文艺出版社 2002 年版，第 154 页。

的“距离”，这一特征在1941年至1942年间的“暴露黑暗”热潮中得到了最为集中的展现。

“暴露与歌颂”主要是通过发表在由隶属“文抗”的文人群所主持的《谷雨》《文艺月报》和《解放日报》等刊物上的杂文和小说进行的。鲁艺文学系编辑的《草叶》和“文抗”会刊《谷雨》各自占领一块阵地，“打笔墨官司”。

鲁艺文人何其芳刚到延安时还要求保留批评的自由，很快就写出了《我歌唱延安》《生活是多么广阔》《黎明》《我为少男少女们歌唱》等为延安生活唱赞歌的作品，从而被不容置疑地归入了“歌颂派”。他所歌颂的恰恰是延安能够充分保障他作为知识分子的包括批评在内的各种自由：“自由的空气。/宽大的空气。/快活的空气。/我走进这个城后首先就嗅着，/呼吸着而且满意着这种空气。”在延安，他“像一个小齿轮在一个巨大的机器里和其他无数的齿轮一样快活地规律地旋转着”。① 而周立波也写了抒情诗《一个早晨的歌者的希望》：“我要大声地反复我的歌，/因为我相信我的歌是歌唱美丽的，/……我希望早风/把我的歌带走，/带给远方和远方的人们，/让他们相信，让大家相信，/生活里有很多美丽的东西。”② 陈荒煤在事隔多年后还在散文《梦之歌》中表达他初到延安时心情：“我从来没有见过像陕北高原上那么蔚蓝的天空，那遍地飘扬着鲜艳的红旗，整天响彻云霄的豪迈快乐的歌声，到处都这么响亮地、公开地呼喊着‘同志’这个称号——是这么亲切、真诚、自然而骄傲，往往使我感到一阵阵沉醉和心酸，热泪迸流。”③ 这种对新生活和理想世界的共同感受，表达了初到延安时文人们的喜悦心情。

“文抗”的丁玲、萧军等人以鲁迅精神的捍卫者自居。1941年至1942年初，整风前，延安出现了以发扬“鲁迅杂文精神”为旗号的杂文风潮和暴露文学的潮流。丁玲认为，根据地尽管“有了初步的民主，然而这里更需要督促、监视，中国所有几千年来的根深蒂固的封建恶习是不容易铲除的”，作家仍需要学习鲁迅“为真理而敢说，不怕一切”的精神。④ 在丁玲的倡导下，罗烽和萧军分别写了《还是杂文时代》和《杂文还废不得说》两篇文章响应，掀起了延安文艺界的杂文运动。

论争最激烈发生在1941年7月，周扬在《解放日报》上发表《文学与生活漫谈》一文。谈及作家和创作的问题时，他指出：“太阳中也有黑点，新的生活中不是没有缺陷，有时甚至很多，但它到底是在前进，飞快地前进。”针对周扬文中的“太阳中的黑点论”和其他一些观点，萧军等人联名写了《〈文艺与生活漫谈〉读后漫谈集录并商榷于周扬同志》一文，与周扬展开讨论。关于周扬所提到的“太阳中的黑点”的问题，双方分歧很大，实际上就是是否允许对现实的缺陷进行批判的争论。萧军等人认为：“如今我们该不是讨论这黑点有没有的问题，而应是怎样——更有

---

① 何其芳：《一个平常的故事》《何其芳文集（第2卷）》，人民文学出版社1983年版，第223页。

② 周立波：《一个早晨的歌者的希望》《解放日报》1941年10月28日。

③ 陈荒煤：《同志，唱国际歌》，程远（编）：《延安文人》，陕西人民教育出版社1992年版，第357页。

④ 丁玲：《我们需要杂文》《解放日报》1941年10月23日。

效，更快些——处置这些黑点的问题。”① 萧军等人旗帜鲜明地表明了他们不允许“黑点”继续存在的决心和勇气。其实，周扬对文学与生活的关系，对文艺创作作为一种精神劳作的特殊性的理解还是很辩证的。他提出，作家“用血肉和生活搏战过来，辨识了生活的每根纤维，直探了它的心脏”；要了解“真正的民众”“不是民众的抽象概念，而是具体的有血有肉的个人”；文学“必须写人，写性格，写个性”。周扬对现实政治和文学创作题材的要求保持着警醒的态度：“一定要选取反映边区八路军或至少有关抗战的题材。这虽是一种可尊重的责任感觉，却可以反转成一种对于创作的限制。在题材、样式、手法等上必须允许最广泛的范围。在延安，创作自由的口号应当变成一种实际。”② 这些建议也比较符合当时的抗战现实。

矛盾焦点在于周扬指责延安一些作家“写不出东西却把原因归之为没有肉吃”，萧军等人反驳周扬“有自己的小厨房可以经常吃到肉”“一方面是出于作家的自卫、自我辩护、自我鼓励；另一方面也是对于周扬自视甚高、对作家指手画脚、颐指气使的‘霸道作风’表达不满。随后，罗烽又另写了一篇《漫谈批评》，继续表达“作家对批评家普遍的责难与藐视”。文章说：“假如能熟知批判家在艺术作品上所施予的批评的特色，以及他在作家面前的搬弄权威”，就能“真切”地了解作家对于批评家的“责难和藐视”。在罗烽看来，批评家的批评是“个人的防御和进攻的武器”“为使自己的力量雄厚，他用‘捧’的手段，眩惑那些无能的艺术家们的心，继之就趁他昏昏然的时候把他拉入自己的阵营，同时施以猛力推倒异己者，于是这太平的艺术的王国的皇冠便落在批评家的头上”。罗烽又说：“尽管说批评家是作家的引路者，而在文学史上业已定型的伟大的文学家或诗人，都是超越批评家的藩篱，倚自己的强而有力的艺术的单纯，表现出他的艺术才能的。”③

以文艺理论家自居的周扬曾在《文艺战线》创刊号上表明：“批评家在修养上应当比一个作家更高。因为批评家不但要能够虚心地向作家学习，同时还要做某种意义上的作家的教师。”④ 他站在批评家的立场对于延安的作家“写不出东西的苦闷”进行了分析，主张作家要上前线去，要到农村去。他认为：“作家走着他特有的艺术知识分子的步伐，和那生活的步调就不一定合得很齐。”他号召“不要让生活迁就我，让我来迁就生活”。⑤ 周扬的这种对作家发号施令的做派，引起了作家们意识深处的强烈反感。实际上，周扬的这些建议在当时抗战环境下为充分发挥文艺服务于抗战的功能不无道理。周扬在《我们的态度》中，曾经表达过他对文艺工作中不同意见的态度：

传统的“文人相轻”，文坛上的捧与骂，文艺的独断、宗派，这些都曾妨碍了文

---

① 萧军等：《〈文学与生活漫谈〉文学与生活漫谈读后漫谈集录并商榷于周扬同志》《文艺月报》第8期。
② 周扬：《文艺与生活漫谈》《周扬文集（第1卷）》，人民文学出版社1984年版，第337页。
③ 罗烽：《漫谈批评》《解放日报》1941年8月19日。
④ 周扬：《我们的态度》《周扬文集（第1卷）》，人民文学出版社1984年版，第265页。
⑤ 周扬：《文艺与生活漫谈》《周扬文集（第1卷），人民文学出版社1984年版，第331页。

艺的正常发展。以后作家需要完全新的关系，彼此养成一种尊重、互相切磋的精神。……以摩拳擦掌来对付不同意见，是极愚劣的办法。……我们今天所急需反省与改正的是在论战中所表现的那种仿佛不容人商讨的非民主的态度，与唯有自己正确的那种高慢的宗派观点。这些曾在一部分作家的心目中造成了横暴的幻影，这个幻影的最后一丝都必须消除。①

对于这场争论，丁玲没有就事论事，而是客观地分析这个问题："有人说边区只有光明没有黑暗，所以只应写光明；有人说边区是光明的，但太阳中有黑点，太阳应该歌颂，黑点也不必讳言；有人说这问题提法就不合适，不应把黑暗与光明并列，只能说批评缺点。我以为这个表面上属于取材的问题，但实际是立场与方法的问题。所谓缺点或黑暗也不过辞句之争。假如我们有坚定而明确的立场，和马列主义的方法，即使我们说是写黑暗也不会成问题的。因为这黑暗一定有其来因去果，不特无损于光明，且光明因此而更彰。"② 丁玲又说，"对于住在'文抗'或住在鲁艺的知名作家，我们都一视同仁，平等对待，不存在门户之见。"她解释道，"这篇《漫谈集录》对周扬文中所提的作家要到生活中去并无异议，只是对周扬在漫谈中的态度和对作家写不出作品的原因的几条假设不同意。……我们无意去组织文章，展开争论。当时《文艺月报》发行量很少，读到这篇文章的人并不广泛。这件事很快就过去了"。③ 这里所说的周扬的"态度"，想必是指周扬身上的那种盛气凌人的官僚气惹怒了萧军等人。

周扬又指出，"我所谓写光明，就是主张写现实的积极的方面、成长的方面、有将来的方面……不错，我们也是主张歌功颂德的，但这是歌群众之功，颂群众之德，而这种歌颂，是完全正当的、必需的。"④ 之所以"必须""歌颂光明"，除了上面所讲的立场、态度之外，还有历史、时代等外在的社会原因和革命现实主义本身所具有的内在原因。在周扬看来，"在光明与黑暗搏斗的世界舞台上，整个中国是属于光明的一边"。全国的力量对比正在发生戏剧性的变化。虽然在"中国内部还存在着黑暗和光明的互相对峙"，但是在抗日民主根据地无疑是光明的。因此，歌颂光明是这光明的历史时代和光明的根据地赋予每个作家的历史使命。

鲁艺与"文抗"之间的矛盾冲突日益明显："文抗"的文艺月会上萧军等人对周立波短篇小说《牛》的批评；对于何其芳的政治抒情诗《革命，向旧世界进军》的批评；《文艺月报》上陈企霞等人对于何其芳"随便地拿政治口号概括诗的主题"做法的批评等。在鲁艺文学系任教的严文井说，鲁艺和"文抗"的矛盾，在延安文艺座谈会前已不是什么秘密，"两个刊物的名称都很平常，可两边作家的心里面都很不和平。两个刊物像两个堡垒，虽没有经常激烈地开炮，但彼此也都戒备着，人员也

① 周扬：《周扬文集（第1卷）》，人民文学出版社1984年版，第259页。

② 丁玲：《延安文艺座谈会的前前后后》《新文学史料》1982年第2期。

③ 丁玲：《还是杂文时代》《解放日报》1942年3月12日。

④ 周扬：《王实味的文艺观和我们的文艺观》《中国新文学大系1937~1949·文学理论卷2》，上海文艺出版社1990年版，第428页。

互不往来”,[①] 在文艺创作和理论问题上，都自以为是，各不服气。萧军后来说，因为延安文艺界“各有各的路数，各有各的观点，难免发生分歧，发生矛盾”。[②] 何其芳曾发牢骚说：“你反对他们（指文抗一派）‘暴露黑暗’，他们就说你有‘宗派主义’，而这些反对者又想不通为什么反对他们‘暴露黑暗’就是宗派主义……”[③] 鲁艺文学系的学生陆地写了一个短篇小说《落伍者》，没有给《草叶》，而是发表在“文抗”1942 年第 4 期《谷雨》上，与名作家并列。想不到的麻烦竟接踵而来，有人就说：“你本是鲁艺培养出来的人，有作品为何不给《草叶》?”鲁艺的人以为我另投山门，成了异己分子。[④] 陆地的做法被认为“简直是对鲁艺的背叛，向‘文抗’的投降”。[⑤]

1942 年 3 月，吴奚如在《解放日报》文艺栏一百期特刊上发表《一点意见》。他说：“延安文艺界表面上似乎是天下太平的，但彼此在背地里、朋友间，却常常像村姑似的互相诽谤，互相攻击；各以为是，刻骨相轻。显然的，这里存在着许多待以解决的问题，如对文学理论的理解、作品的看法以及作家之间正常的关系，等等。为什么大家不能很明显地、正当地提出来论战，面向广大的读者一决雌雄呢？这显然是一种虚伪而诡诈的病症。”[⑥] 这种“互相诽谤，互相攻击；各以为是，刻骨相轻”也由来已久。左联时期延续下来的宗派关系及其相关联的情感、态度，随着延安文艺界的各项活动开展，原来隐伏的不满和矛盾都逐渐暴露出来。正如鲁迅所说：“我觉得文人的杂质是颇不好的，因为他智识思想都较为复杂。”[⑦]

那么，是否可以认为，关于暴露与歌颂的问题，延安鲁艺的认识就毫无分歧并前后一致于“写光明”呢？鲁艺文人中其实不乏在延续至 1942 年春的自由批判风气的鼓动下写出表达对现实不满的作品的。从中央军委直属队政治部文艺室调入延安鲁艺文学部工作的公木，就曾在自办的一期名为《蒺藜》的墙报上发表了一首诗——《大围墙·小围墙》。诗中写道：“革命首长和人民同呼吸共命运/他是通向未来驶向光明的领航/他是人民的火炬、人民的胆、人民的心/又为什么用这几段低低的围墙//低低的围墙投射出窄窄的阴影/像弯弯曲曲的一条黑线/还是这外面阳光更好风更清/来吧，把阴影踏碎，把黑线踢断。”[⑧] 其讽刺锋芒所指与王实味的《野百合花》相似，都是批判延安所存在的首长特权及等级制度。整风运动开展以后，延安鲁艺文学部对这首诗进行了讨论，指斥其表现了极端民主化的情绪，甚至认为作者

---

① 严文井：《延安文艺座谈会前后》，戴淑娟（编）：《文艺启示录》，中国戏剧出版社 1992 年版，第 101 页。
② 萧军：《难忘的延安岁月》，程远（编）：《延安作家》，陕西人民教育出版社 1992 年版，第 388 页。
③ 何其芳：《毛泽东之歌》《何其芳全集（第 7 卷）》，河北人民出版社 2000 年版，第 396 页。
④ 陆地：《七十年回首话当年》《新文学史料》1989 年第 4 期。
⑤ 陆地：《延安“部艺”生活点滴》《新文学史料》1995 年第 2 期。
⑥ 吴奚如：《一点意见》《解放日报》1942 年 3 月 12 日。
⑦ 鲁迅：《致萧军、萧红信》《鲁迅论文学与艺术》，人民文学出版社 1980 年版，第 776 页。
⑧ 张菱：《我的祖父：诗人公木的风雨年轮》，转引自《文汇报》2005 年 2 月 27 日。

“思想反动”,[①] 所幸公木所受到的批判只控制在延安鲁艺内部，没有成为第二个王实味。院部编译处天蓝主编的墙报《批评》也经常发表延安鲁艺学生的文艺批评或现实批评的文字。另外，延安鲁艺文学系的文学刊物《草叶》尽管没有发表过争议很大的批评型的作品，仍被认为是“歌颂光明不够深刻”“接触黑暗又没有抓住其中真正黑暗的东西”。[②]

实际上，周扬曾多次强调描写“黑暗”的意义。“批评家没有理由反对作家描写社会中的黑暗的消极的现象，他所要检阅的只是被描写的对象反映了现实的那些侧面，反映得真实到什么程度。如果还不够真实，那就要指出是怎样主要的偏见妨碍了作者——这才是批评的主要任务。”[③] 1941 年周扬拟订的《鲁艺订艺术工作公约》里有一条：“不对黑暗宽容；对于新社会的弱点，须加积极的批评与匡正。”

周扬说：“生活是第一义。没有生活的深切的实践，不会有伟大的艺术产生。”在这意义上，他极力反对当时“哪里有生活，哪里就有文学”的说法[④]，这其实也是他在鲁艺曾倡导进行艺术专门化教学的主要理论依据之一。

在延安文人中形成如此鲜明的两派，不可能不引起密切关注文艺问题的毛泽东的注意。毛泽东在文艺座谈会召开前征集文艺界意见时，曾通过周扬召集鲁艺教员何其芳、严文井、周立波、曹葆华和戏剧系教员姚时晓五人谈话，在见面后的第一句话就问他们：“你们是主张歌颂光明的吧？”又说，“听说你们有委屈情绪。”[⑤] 言语之间既是为“歌颂派”打气，也是一种特别的信任和偏爱。后来，鲁艺的文人们在整风运动中不管内心多么矛盾，总能把政治的需要放在第一位。这也许就是他们更得中共赏识的原因吧！

毛泽东在《讲话》中用了很长的一段文字来谈“暴露”和“歌颂”问题。他说：“对于人民，这个人类世界历史的创造者，为什么不应该歌颂呢？无产阶级，共产党，新民主主义，社会主义，为什么不应该歌颂呢？”“对于人民的缺陷是需要批评的……但必须是真正站在人民的立场上，用保护人民、教育人民的满腔热情来说话”。他强调文艺作品对新社会的“歌颂”功能，反对文艺家对解放区和中共内部的缺陷的“暴露”和批判：“对于革命的文艺家，暴露的对象。只能是侵略者、剥削者、压迫者及其在人民中所遗留的恶劣影响，而不能是人民大众。”而衡量的标准是：“我们判断一个党、一个医生，要看实践，要看效果；判断一个作家，也是这样。”最后他总结道，“只有真正革命的文艺家才能正确地解决歌颂和暴露的问题。一切危害人民群众的黑暗势力必须暴露之，一切人民群众的革命斗争必须歌颂之。

---

① 王培元：《延安鲁艺风云录》，广西师范大学出版社 2004 年版，第 284 页。

② 严文井：《评过去四期〈草叶〉上的创作》《延安文艺丛书・文艺史料卷》，湖南文艺出版社 1987 年版，第 737 页。

③ 周扬：《论〈雷雨〉和〈日出〉》《周扬文集（第 1 卷）》，人民文学出版社 1984 年版，第 200 页。

④ 周扬：《文学和生活漫谈》《周扬文集（第 1 卷）》，人民文学出版社 1984 年版，第 325 页。

⑤ 何其芳：《毛泽东之歌》《何其芳诗文掇英》，东方出版社 2004 年版，第 131 页。

这就是革命文艺家的基本任务。"[①] 这无异于是说：人民大众只能歌颂，不能暴露，人民大众的缺陷只能通过"人民内部的批评和自我批评来克服"，用不着作家艺术家来暴露。人民群众是文艺服务的对象，只有一切为着人民群众利益的文艺活动才是有价值的。《讲话》同时规定了"以政治标准放在第一位，以艺术标准放在第二位"，要求文艺必须为政治服务。这也就是规定了文艺无论歌颂什么，无论如何歌颂，最终都要体现为对政治的歌颂。这无疑就将知识分子的创作纳入到政治家的视野，同时也给予这场争论一个说法。

萧军等人讨论周扬的《文学与生活漫谈》时丁玲原本在场，但她最终没有签字。周扬在编辑《解放区短篇创作选》《民间艺术和艺人》等书时，都选入了丁玲的作品。后来，丁玲要出版《太阳照在桑干河上》时，周扬表现出"不置一词"的态度，给双方留下了嫌隙。"文革"结束后，周扬在接受美国记者赵浩生采访时说："当时延安有两派：一派是以'鲁艺'为代表，包括何其芳，主张歌颂光明；另一派以'文抗'为代表，以丁玲为首，主张暴露黑暗。他们尽管有争论，但在跟工农兵的关系这个问题上都没有解决。"[②] 1979 年 11 月 8 日，丁玲却在中国作家协会第三次会员代表大会上说：赵浩生的访问报告说延安就有宗派，有两派，一派是鲁艺，为首的是谁谁，另有一派是"文抗"，以丁玲为头子，……实际上我们没有什么派。[③]。

事实上"歌颂"或者"暴露"所反映的绝不仅仅只是题材的选择、创作观念的根本性分歧，实际上也反映出从 30 年代到 40 年代文艺界的宗派主义的问题。从文化"围剿"中的国民党统治区到共产党领导的根据地，革命文学内部始终存在两派（本来是文艺思想上的流派，由于种种原因，又与组织上的宗派纠缠在一起）：一派念念不忘在中国这样一个半殖民地半封建的国家里文艺的启蒙的任务；另一派念念不忘在革命的中国实行文艺的政治功利主义——更为直接的政治功利主义。所谓"暴露黑暗"，无非是要暴露中国几千年"沉默的国民的魂灵"；所谓"歌颂光明"，就是通过歌颂革命，来实行这种政治功利主义。

实际上，艾青与鲁艺文学系学生有着友好的交往，陈荒煤、严文井虽然一直在鲁艺文学系，却与"文抗"很多作家是和睦相处的，"文抗"与鲁艺文学系成员双方在蓝家坪和桥儿沟都有自己的朋友。争论只不过是作家们在文艺问题上的不同见解而已。这些争论之所以存在，是因为它们比较集中地反映了中国新文艺运动长期存在而又始终没有解决的根本问题。它反映出来的矛盾性和复杂性也具有当时整个延安文艺界的普遍性。延安文人执著于启蒙的思想与政治家对他们的政治诉求出现了断裂，于是，毛泽东开始了针对延安文艺界的轰轰烈烈的整风运动。

---

① 毛泽东：《延安文艺座谈会上的讲话》《延安文艺丛书·文艺理论卷》，湖南文艺出版社 1987 年版，第 22 页。

② 周扬：《与赵浩生笑谈历史功过》，朱鸿召（编）：《众说纷纭话延安》，广东人民出版社 2001 年版，第 241 页。

③ 丁玲：《讲一点心里话》《丁玲文集（第 4 卷）》，湖南人民出版社 1983 年版，第 358 页。

第二节 鲁艺与“整风”

1942年，延安在全党范围内开展了轰轰烈烈的整风运动：反对主观主义以整顿学风，反对宗派主义以整顿党风，反对党八股以整顿文风。延安整风目的是肃清教条主义的影响，以及小资产阶级自由主义习气，把全党的思想，主要是领导干部的思想纳入到毛泽东思想的轨道上来。鲁艺在延安和整个解放区文艺界的影响很大，整风运动开始得早，搞得又比较好。6月到7月，鲁迅艺术学院根据《讲话》精神和本院的实际情况进行深入的整风学习，成为“延安文艺界整风的一个有典型意义的代表”①。从鲁艺整风看延安，可以得知整风运动的过程、成就和问题。

1942年4月3日，中共中央宣传部发布《关于在延安讨论中央决定及毛泽东同志整顿三风报告的决定》，宣告整风运动开始。4月10日，在鲁艺成立四周年纪念会上，由周扬、宋侃夫领导的鲁艺整风委员会宣告成立。文学、戏剧、音乐、美术各部门设立领导组织，布置整顿三风和检查工作。鲁艺学习时间“规定为九个礼拜，每个礼拜以十二个钟点来阅读、质疑、讨论”②。周扬在整风动员报告中指出：院内有些同志想在三年内成为一个作家或诗人，天下不会有那样容易的事。目前鲁艺的同志和各根据地军队、民众有脱节的现象，好像坐“碉堡”里空想培养，实际陷于空虚，知识分子应是生活知识和科学知识的结合。他号召大家不要轻视工农分子，要虚心主动地向他们学习，积极投入整风，成为真正的艺术干部。

4月22日，鲁艺全体人员研究中宣部规定的二十二个整风文件的学习问题，所有党外艺术家欣然参加。按文件，分为四类学习：整顿学风（三星期）、整顿党风（两星期）、整顿文风（三星期），最后一周精读所有文件并作总结性研究。研究问题之前，先召开座谈会，在理论上和方法上进行指导。问题讨论结束后，学院举行小考一次。艺术上有修养的教员，成立特别研究会，研究艺术运动、艺术教学等问题，研究结果向学员作报告。院里还成立整风材料陈列室，除陈列整风学习文件外，还包括各个时期的教育计划，各届党员大会的文件，党和非党人员关系的材料，各系教材、教学方法、教学进度，各部代表作选集，创作目录统计等资料，以供大家研究参考。鲁艺总学委下设秘书组、研究组、材料组和墙报组具体执行各项分工。到6月份，整风学习告一段落，总学委编印出《复习学风文件参考大纲》，供师生讨论、反省。

大纲提出如下问题：（一）从反客观主义方面提出：看历史根据，看现状根据，从艺术方面看其意义何在？（“左翼”十年中的新教条、艺术上的资产阶级倾向及封建主义的旧教条，曾产生过何种有害的作用）（二）从反主观主义方面提出：主观主义在鲁艺具体表现在哪里？所学与所用是否脱节？提高与普及联系怎样？艺术性与

---

① 高新民、张树军：《延安整风实录》，浙江人民出版社2000年版，第254页。

② 《鲁艺研究二十二个文件，党外艺术家欣然参加》《解放日报》1942年4月22日。

革命性是否兼顾等？（三）如何克服主观主义？如何从实际出发？在艺术工作上如何实践？如何做调查研究？在艺术上如何具体化？如何进行阶级分析？如何对群众采取正确态度？改造鲁艺的中心问题在哪里？如何着手？

从这份复习材料可以看出，鲁艺的整风已发展到实事求是地剖析自己的工作、自己的缺点的程度，也说明文艺座谈会鲁艺产生了影响。

为了学习其他单位的整风经验，鲁迅艺术学院整风学习委员会组织了整风参观团，曾前往中央党校参观了两天。在参观中，发现党校的同学都是斗争经验丰富的干部，无论在讨论会中还是笔记中，都能以高度的自我批评精神，根据文件的精神实质来反省自己的工作。党校的领导也能经常深入了解基层，研究情况，及时总结。参观团回学校后，根据本院的特点，参照其他单位的经验，提出改进本校整风学习的意见。院学习委员会接受了这些意见。为了便于大家在整风学习时联系本院的工作实际，决定印发周扬1941年的《全院工作检查总结报告》《本届教育计划》，让大家对照检查学院的工作。为了适应文艺工作的特点，除中央规定的文件外，鲁迅艺术学院还增补了几个文件，如列宁的《论党的组织与党的文学》、高尔基的《论青年的文学及其任务》、拉法格的《论作家与生活》、鲁迅《对左翼作家联盟的意见》等。王实味的《政治家、艺术家》《野百合花》也被编印出来，作为延安文艺界思想偏向的反面参考材料。

鲁艺整风委员会7月4日召开小组长会议，学习总会派胡乔木同志指导。会中各小组踊跃发言。大家认为，该委员会计划未免主观，工作效率较差，对下面检查不够切实。各部相互了解，相互学习，根本没有进行。墙报征稿范围不够广泛，某些文章尚欠切实，缺乏战斗性等。对于分会也有批评。最后，周扬对整风学习提出改进办法：一、加强各级领导机关的联系，密切各部门之间关系。二、强调学习以思想为本、技术为末，反对因技术学习妨碍文件学习；提倡争论……

经过三番五次的学习、争论，鲁迅艺术学院的整风学习终于取得很大收获。7月31日，延安《解放日报》报道了鲁迅艺术学院的学习成就。这篇报道说，一个月前，该校发动大家对学校的教育计划及实施方案进行讨论，周扬在一次大会上鼓励各种不同意见充分发表，并说不妨组织各种“派别”展开论争。辩论一开始，冲破了鲁艺的平静局面。争论双方态度是鲜明的，有人提出：“教育方针有无错误？”“所学与所用是否脱节？”是不是在我们心目中的所谓“提高”一开始就是错的？如果“方针是对的”，为什么某些同志讲授的艺术理论却跟当时的政治完全脱节？为什么许多同志听讲之后竟然“完全沉潜于西洋古典作品”，一心成名成家呢？还记得在“关门提高”甚嚣尘上的时候，反映现实的作品日益减少，一些创作人员感到高不成、低不就，因而情绪苦闷，形成了创作思想的混乱；而另一方面，当延安观众看了一些毫无革命内容的外国戏时，深为不满地提了意见。

那么，错误的指导思想究竟是什么呢？主要在于个别领导人片面地强调学院正规化和高标准；不顾时间、地点与条件，教条主义地硬搬外国的古典文艺，企求写

“伟大作品”；把提高与普及割裂开来，关门搞教学，甚至在一个时期内，鲁艺不接受从敌后回到延安来学习进修的剧团。这就把鲁艺进一步引向脱离抗战实际的错误道路。

学习委员会在讨论前指出应注意的问题是：“鲁艺学风学习总结安排的节目是全院围绕教学、创作和教育的总方针展开大辩论。辩论的中心论题：“‘鲁艺’的教育方针与实施方案是在路线上有错误呢？还是执行中有错误呢？或两者都没有什么错误呢？”争论的结论是：鲁艺的教学活动和实际脱节，和运动脱节。教育计划和实施方案缺乏研究现状的精神，从此发生了“关门提高”的错误。在课程设置上以西洋和古典为主，忽视了大众的要求。艺术作风上从个人出发，不注重普及和对普及的指导，个个都想做专家。教学方案写着“本院以理论与实践的统一为教学的最高原则”，但实际上教育方针没有对战时根据地环境有足够的认识，没有从此出发解决问题。提高离开了现实，变成了空架子。在辩论的同时又由总学委组织学风学习考试，试题为：“你参加这次大讨论会以前，对中心问题的认识如何？在听了争论以后，有无改变？改变在什么地方？”具体有三题：①为完成某一政治任务，参加某项艺术活动，你的生活经验和创作作风感觉不合适，你将采取什么态度？②“群众是真正的英雄，而我们自己则是往往幼稚可笑的。”这话如何理解？并以亲身经历说明。③试以新的观点去分析一篇你最近看到的论文或作品。

1942 年 7 月，整风运动进入高潮，鲁艺在 28 日到 31 日进行了四天的讨论会。在美术部的会场，师生们能听到有人检讨自己：“对新的生活和新的描写对象是隔离着的。”“我们有时还会把贫血的、颓废的知识分子的姿态在画上赠给我们的劳动人民。”华君武检讨说：“我曾经轻视普及。我长久住在都市里，受到了坏的影响。所以，我到现在还不能说不再眷恋马蒂斯所给我们的情调：一群金鱼，一扇百叶窗，一条人行道和自来水管子。到底是这些我要欢喜些；心理上长久地存留对农村生活的厌恶。”①

黄钢在 8 月 4 日《解放日报》发表鲁艺大辩论的特写——《平静早已过去了》，说鲁艺很不平静。几天前，这里墙上贴出了各个不同态度派别的“纲领”。出于某种方便，人们用“急进派”“温和派”和“保守派”来称呼自己。“急进派”认为，学校的教育方针和实施方案都有错误，是带着浓厚的主观主义和教条色彩的，对战争环境的认识不足。“温和派”和“保守派”认为，教育路线还不是方针上的毛病，只能算学校教育实施方案和执行中有错误而已，或者连这严重的缺点也没有。就这样，开始了争论。

8 月 20 日，鲁艺学委会按照中共中央总学委的部署，要求所有人都必须进行个人全面反省，写出反省笔记。各部门进行学风总结，学委会做全院学风总结报告。

从鲁艺整风的实际情况来看，辩论、考试、反省、记笔记是其主要方式。相反，开会，尤其是开大会的次数明显减少。究其原因，大致是因为：一、开会尽管能体

① 转引自吕澎：《20 世纪中国艺术史》，北京大学出版社 2007 年版，第 354 页。

现强势话语对弱势话语的入侵和覆盖，但是无法深入每一个受众的内心。而且开会有较强的时效性，其作用机理很像一个喷雾器对着很多植物喷射，喷射的过程中甚至可能有意遗漏有些植物；二、辩论、考试、记笔记形式不同，它通过一个“场”来激活你的思维，让你在与对手的论辩中自我启发；或者在一个相对私密的空间提取人的记忆，在自我倾吐和反刍中完成对自我的反省和改造。这是一种可以将一种思想连根拔除的同时种植另一种思想的方式。何其芳撰文列举鲁艺学习文件中有五种记笔记的方法：把全篇抄一遍、做摘要、摘录、摘录二附记自己的感想、自己提出问题而又自己回答。他说：“这次我们研究文件是为了改变我们的思想、思想方法和工作作风”“这样来改造我们自己，改变别人，改进工作，就是我们研究文件的目的。我们做笔记应该服从于这个目的。”①

通过学习文件、小组讨论、大会辩论、命题考试、个人反省等多种手段，鲁艺的整风取得了这样一些效果：第一、在办学思想上，彻底扭转了以前确立的专业化、正规化办学方向，在为政治服务的主题下，强化政治功利的色彩；第二、在创作选择上，彻底放弃了所谓“关门提高”的精英文化路向，认同工农兵大众的文化诉求和价值取向；第三、在身份认同上，丧失了知识者的优越感和自信心，并出现了逃避知识分子身份的倾向。

在鲁艺整顿学风的学习结束时，周扬于 8 月间作了一个重要的总结报告，对辩论提出的一些主要问题做了简要回答，并从理论上加以说明，对鲁艺今后的工作如何改进也提出了一些意见。这份总结报告充分体现了对鲁艺教育工作的检讨和自我批评精神。该报告后来发表在 9 月 9 日《解放日报》上，题目为《艺术教育的改造问题——鲁艺学风总结报告之理论部分：对鲁艺教育的一个检讨和自我批评》。它针对鲁艺注重专业训练的教育方针和上级批评“关门提高”进行全面检讨，并宣布鲁艺改变作风的八条具体措施，终止了正规化改革。全文共分三部分：①怎样才叫“从客观实际出发”？②我们的“糊涂观念”及其所造成的偏向。③今后改进的方案。文章说：“鲁艺的教育和实际脱节的现象是很严重的。这现象并不是个别的、偶然的，而是贯串于从教育方针到每一具体实施的全部教学过程中。这是根本方针上的错误。‘关门提高’四个字出色地概括了方针错误的全部内容。我是同意大家的这个结论的。”周扬进一步指出：“没有‘从客观实际出发’，鲁艺的教育，从方针到实施，贯串了主观主义和教条主义。理论与实际、所学与所用的脱节，在这里主要表现在提高与普及、艺术性与革命性的分离上。鲁艺是一个培养专门人才的学校，要提高是对的，但我们却把提高和普及机械地分裂开来，成了提高普及二元论，造出了关门提高的错误。鲁艺是一个艺术专门学校，注重技术学习是对的，但鲁艺是一个革命的艺术专门党校，艺术性与革命性紧紧结合。艺术性和革命性的结合必须通过现实主义的创作方法。我们标榜现实主义是对的，但我们对于现实主义的理解却多少是一种非历史主义的、片面的、因而不正确的理解，由此招致了技术学习上的

① 何其芳：《研究文件的时候怎样作笔记》《解放日报》1942 年 5 月 21 日。

偏向。这些便是方针错误的理论根源。我应当负主要责任的。”

关于提倡“专门化”与“正规化”，周扬说：“我们提倡‘专门化’与‘正规化’就是为了执行这个错误的提高方针。教学制度的正规化，结束了早期鲁艺教育行政和教学程序总是被不断举行的晚会所支配所紊乱的那种不正常的状态一点上，应当算是一个进步吧。”但是，“为克服抗战初期延安学校的游击作风，我们不知不觉地反而把那个时期由于受战争风暴的第一阵冲击，理论与实际密切结合的精神也给克服掉了”。这时，周扬完全推翻了原有的“学术自由”方针：“我们必须反对对遗产的无批评地接受的态度……既然是站在批判的立场，那就必然会要甄别哪些遗产是我们不应当，至少今天不应当接受的，又哪些是我们所必须接受的，而不是什么都可以拿来的了。就是对待我们应当接受的遗产，也不能教条式的搬运，还必须甄别其中哪些部分是我们用得着的，哪些是用不着的。”① 这份检讨标志着中国共产党创办的最高专门艺术学府鲁艺的办学模式，将由此进入一个彻底的转型期。鲁艺改造的方向，也成为一种方向性事件。它形成的艺术学院办学思路和模式，将对以后艺术教育的发展产生深远的影响。

鲁艺学习整风文件结束后，1942 年 11 月 9 日召开全体大会。周扬在大会上作总结报告：“由于主观主义‘关门提高’的教育方针，产生了不健全的组织领导。领导作风上，既有官僚主义的倾向，又有过于强调民主、忽视集中的现象。干部政策上，忽视思想意识的毛病，‘个人第一，艺术第一’‘人性论’‘天才论’‘温情主义’等自由主义思想没有及时批评纠正。艺术干部过于强调艺术的特殊性，忽视组织原则，在延安文艺界有宗派主义倾向。”对此，周扬做了深刻的自我反省与批评。

11 月中下旬转入第二阶段集中讨论，他要求“展开自由民主的论战，以达到政治上、艺术上、组织上来掌握马列主义的思想和政策”。为此：（一）应该有争论而且要比学会、大讨论会还要激烈紧张；（二）应有深刻的反省和锐利的批评；（三）要有批评的目标，找寻典型的对象，引起问题的分析和争论，全面而历史地看问题，应把问题提到原则的高度，但反对在批评中随便加帽子；（四）选定讨论目标，不是使目标孤立，而是要环绕着它来进行批评，展开争论，但必须防止“强迫反省”的现象；（五）被批评者应深刻地反省自己，同时对别人不正确的意思亦应加以反驳，反对一切都解释、一切都承认的不良倾向；（六）反对消极、旁观、敷衍、塞责、模棱两可、调和妥协等态度。

12 月间，鲁艺着重进行了文风的整顿。重点学习了毛泽东的《反对党八股》，使大家对党八股产生的原因、表现形式及其危害性有了明确的认识，然后通过讨论和自我教育的形式，使大家自觉地清除党八股对自己的侵蚀。

鲁艺的整风运动自 4 月 3 日至 12 月底结束，整整用了九个月的时间。在这九个月里，全院召开的大小会议总计达千余次。很快，艺术家开始体会到政治斗争的严

---

① 周扬：《艺术教育的改造问题——鲁艺学风总结报告之理论部分：对鲁艺教育的一个检讨和自我批评》《解放日报》1942 年 9 月 9 日。

酷性，开始养成一切按照党指引的方向工作的习惯和政治态度。

现存陕西档案馆的1945年10月1日油印的《延大鲁艺三年来审干运动总结》，记载了鲁艺对这次运动的认识：过去我们有个糊涂观念，把特务及特务活动看得简单神秘，认为打冷枪、偷文件才是特务。因此，我们根本没有想到敌人会钻到文艺界来，以文艺思想为武器来瓦解我们党。王实味那样的事件发生后，我们知道了，我们便接受了这一经验，认识到像王实味反动性的文章在鲁艺文艺知识分子中亦是严重存在着。①

为此鲁艺挖出了一连串特嫌分子、特嫌活动和特务组织。其中有文学部晋驼、方杰、公木等人利用《部队文艺》从事破坏活动的事件，认定“晋驼是叛徒，并有特务嫌疑，方杰是复兴社，并作了特务结论”。后来又有文学部的章煌、毛勇等，美术系的石泊夫、东方等，戏剧系的迪之、田民等，音乐系的肖松、杜矢甲等，院部机关的朱棠、蔡光华等，被立为重点审查对象。运动高潮期，鲁艺在校师生员工约三百余人，被打成“特务”者达二百六十七人；遭审查者更多，达百分之九十。两年后“甄别”的结果是：“被甄别的二百零八人中，属于政治问题的占百分之五十八，党内问题的占百分之八点二，无问题的占百分之十九点四，完全搞对的占百分之十四点七，部分对部分错的占百分之六十五点九。”②

延安整风审干运动是在没有经验的情况下进行的，不可避免地出现了简单化的现象，对一些文艺观点的批判也并非都妥当，有些审查并不符合解放区文艺发展的实际，这些后来都产生了不同程度的消极影响。

但是，无论这个时期的政治性质或历史性质在以后的人们那里被如何看待，都无法替代延安给予他们的难忘记忆。每个人对苦难与命运的理解不一样，经历者宁可将所有的问题看成自己的人生财富而不愿说成历史的错误。此外，在那些曾经将艺术作为动员群众、实现政治目的的工具的延安艺术家看来，即使在今天也是必要的与有意义的，因为他们在那里度过了自己人生最重要和最难忘的时期。

第三节 鲁艺与《讲话》

延安文艺座谈会召开前，毛泽东曾邀集鲁艺文学系和戏剧系的几位党员教师周扬、何其芳、严文井、周立波、曹葆华、姚时晓等人到杨家岭交换意见。这件事虽说是在延安文艺座谈会召开前的一个小插曲，也说明延安鲁艺在毛泽东心目中的分量。1942年5月2日，中共中央宣传部在杨家岭召集延安文艺工作者一百多人举行座谈会。有资料表明：参加延安文艺座谈会的文化人有九十七人，其中，鲁艺有四十人左右，说明鲁艺在延安文化界的地位之高、分量之重。

---

① 《延大鲁艺三年来审干运动总结》（油印本），1945年10月1日存陕西档案馆，转引自朱鸿召：《秧歌是这样开发的》《上海文学》2002年第10期。

② 同上。

在延安整风进行了一年多，文艺界认真学习《讲话》之后，1943 年 10 月 19 日，毛泽东的《讲话》在《解放日报》首次公开发表。编者按语指出："今天是鲁迅先生逝世七周年纪念。我们特发表毛泽东同志 1942 年 5 月在延安文艺座谈会上的讲话，以纪念这位中国文艺革命的最伟大与最英勇的旗手。"第二天，中央学委发出通知："这篇《讲话》是中国共产党在思想建设、理论建设上最重要的文献之一，是毛泽东同志用最通俗的语言所写的马列主义中国化的教科书。"它的价值"绝不是单纯的理论问题"，要求"各地党组织收到这一文章后，必须当作整风必读的文件，在干部和党员中进行深刻的学习和研究"。[①] 11 月 7 日，中共中央宣传部发出《关于执行党的文艺政策的决定》，强调："《讲话》精神适用于文化部门和党的工作部门，不仅是解决文艺观、文化观的材料，也是解决人生观、方法论的重要材料，要普遍宣传。"[②]《讲话》从此被确立为"新中国文艺运动的战斗的共同纲领"，它制订、规定了未来中国的文学艺术的秩序、标准和原则。

一、《讲话》对鲁艺的影响

《讲话》是一部划时代意义的马克思主义经典文献，在中国文艺发展史上第一次系统而深刻地阐述了文艺与时代、文艺与人民、文艺与生活、普及与提高一系列重大问题，创建了一整套具有完整系统性、严密科学性、强烈战斗性的文艺理论体系。

延安文艺座谈会对鲁艺的影响是很巨大的。在这之前，包括周扬在内的鲁艺文人丝毫没有觉出鲁艺前期的办学方向是"错误"的。毛泽东在《讲话》中将"普及与提高"定位于为工农兵服务，否定了鲁艺前期的"关门提高"倾向，《讲话》给了鲁艺人很沉重的打击。《讲话》后，鲁艺师生响应主席号召走出"小鲁艺"，到广阔的"大鲁艺"去。鲁艺在《讲话》前后的调整与变化，反映了鲁艺文人对于文艺与时代、文艺与生活、文艺与人民关系的不同理解。

1. 文艺与时代的关系。在全民抗战的形势下，文艺为"抗战"这一时代的最大"政治"服务，强调文学的"工具性"，重视文学宣传、教育、鼓动以至组织功能。为了运用文艺对广大人民群众进行抗日宣传，文艺大众化成为抗战时期文艺界的迫切要求。

创办之初的延安鲁艺的确是把文艺服务于抗战，服务于唤醒、组织民众的实际需要作为出发点，来制定与安排教育方针和教学计划的。院长周扬认为："文艺是以自己的特殊姿态去服从政治的。它有特殊的一套：特殊的手段、特殊的方法、特殊的过程。这就是：形象的手段，一定的观察和描写生活的方法，组织经验的过程。而形象是最基本的东西，艺术家观察和描写生活，组织自己的经验，都依靠形象。因为这个形象的特点，所以，第一，艺术的语言不能同于政治的语言，因为表现的形式各有不同；第二，艺术也不是单纯地把政治原则形象化就行了，它必须直接描

---

① 艾克恩：《延安文艺运动纪盛》，文化艺术出版社 1987 年版，第 463 页。

② 《关于执行党文艺政策的决定》《解放日报》1943 年 11 月 8 日。

写生活，写自己的经验，政治倾向性必须从作品中所描写的活生生的事实本身表现出来。文艺服从政治的复杂性就在这里。”① 由此可见，周扬本人并不赞成文艺直接为政治服务，承认文艺有自己的特殊性。这一点是与《讲话》不同的。

2. 文艺与生活的关系。文艺同生活的关系问题也是马克思主义文艺理论的一个重要问题。毛泽东在《讲话》中指出：“作为观念形态的文艺作品，都是一定的社会生活在人类头脑中能动地反映的产物。革命的文艺，则是人民生活在革命作家头脑中的反映的产物。”正因为社会生活“是一切文学艺术的取之不尽、用之不竭的唯一源泉”，所以文艺工作者只有深入生活，“到唯一的最广大、最丰富的源泉中去，观察、体验、研究、分析一切人，一切阶级，一切群众，一切生动的生活形式和斗争形式，一切文学和艺术的原始材料，然后才有可能进入创作过程。”

延安当时非常缺乏反映民众生活的文艺作品，但鲁艺提供的都是一些浮夸、虚幻的“洋、大、古”的东西，没有真正地贴近人民的生活，不能被老百姓真正的理解和接受，无法真正的满足人们的精神需求，这对于当时中国共产党要求文艺界发挥宣传的作用是不利的，老百姓们非常不满。

延安鲁艺文人在如何为工农兵服务时，就因为不懂、不熟而“手足无措”。鲁艺美术系学生在画农村妇女剪羊毛的速写时，把大剪子画成小剪子，把本应躺倒的羊画成站着的羊，这显然是不熟悉生活所致。鲁艺木刻团在晋东南巡展时，满心欢喜地给老百姓看木刻展，当地老百姓却讽刺说这是“阴阳脸（西洋版画中的明暗表现法）”“长满胡须（阴刻线条表现调子变化的方法）”。他们后来在不断琢磨中，明白前方需求的文艺只能是形式灵活、短小精悍、群众所喜闻乐见的大众化文艺形式。

周立波回忆说：“我们和农民，可以说比邻而居，喝的是同一口井里的泉水，住的是同一格式的窑洞，但我们都‘老死不相往来’，整整的四年之久，我没有到农民的窑洞里去过一回。”② 作家严文井也回忆说：“我们每个人都以为是艺术家，农民当然不在我们眼下的……我们有的人坐在窑洞里，就写自己五年以前，或者十年以前的爱情。”③ 鲁艺学员孔厥回忆他们到延安乡下去“深入生活”的情境：“虽然同广大群众在一起生活，有时竟还感到寂寞！在那荒山野沟里，我们抽空找‘风景区’玩，或是到‘思索沟’思索创作问题。有时候实在闷得慌，我就跑到高高的山顶上，出一口憋在肚子里的闷气；眺望着遥远的南方，心里是怎样想念着故乡的平原啊！可见那时候的精神生活，离农民是多远！……时机一到，我就忙着回‘鲁艺’去了，仿佛那学院才是我的老家，下乡去不过是临时客串了一个什么角色似的。”④ 而且这样的文化下乡“在当时的延安，不单鲁艺好多，别的文艺团体也不在少数……”⑤ 鲁

① 周扬：《王实味的文艺观和我们的文艺观》《周扬文集（第1卷）》，人民文学出版社1984年版，第388页。

② 周立波：《谈思想感情的变化》《文艺报》1952年第11、12号。

③ 严文井：《心灵的星——忆延安》《人民日报》2002年5月23日。

④ 孔厥：《下乡和创作》《中国全国文学艺术代表大会纪念文集》，新华书店1950年版，第438页。

⑤ 周立波：《纪念、回顾和展望》《文艺报》1957年第7期。

艺前期知识分子们与农民生活实际上处于一种隔膜的状态，常常把自己当作外来人。

《讲话》后，鲁艺文人贺敬之从生活中产生灵感，写出了传之后世的《南泥湾》《翻身道情》，并与丁毅联合执笔，集体创作出民族新歌剧《白毛女》。作家沙汀深入部队采访，写出了《记贺龙》……

3. 关于文艺与人民的关系。毛泽东首先把文艺的服务对象确定为工农兵，因为他们是进行战争的最主要的力量。“我们的文学艺术都是为人民大众的，首先是为工农兵的，为工农兵而创作，为工农兵所利用的。”受“五四”思想影响的新式知识分子们价值观的核心内容是启蒙主义。他们觉得，知识分子的使命就是从民众中驱除愚昧，把自己放在精神拯救者位置上。他们一向觉得自己有资格在历史和意识形态上代表“大众”，而实际上并不觉得“大众”的文化是好的。《讲话》以前，没有哪个文艺家的创作实践能够真正做到大众化。

毛泽东在《讲话》中说：“我们的文艺，既然基本上为工农兵，那么所谓普及，也就是向工农兵普及，所谓提高，也就是从工农兵提高。”这里提出的“文艺的工农兵方向”，周扬在很大程度上是心悦诚服地信任和支持的。为了显示他的决心，他首先在7月28日和29日的《解放日报》发表了长篇论文——《王实味的文艺观与我们的文艺观》。他站在正方立场与反方的王实味展开针锋相对的论争，通过双方论争来全面阐释毛泽东《讲话》的基本精神与主要观点。

在阶级社会里，任何意识形态（包括艺术在内）都有一定的阶级性，和一定阶级的政治利害相依靠，这已是一条颠扑不破的规律。只是这个依靠关系常常是被掩盖的，不自觉的。马克思主义主张艺术服从政治，就是把这个被掩盖的、不自觉的无政府状态的关系变成公开的、自觉的、有计划性的关系，把艺术从剥削者、压迫者的支配影响下解放出来，以与被剥削者、被压迫者的利害相结合，以便有力地和剥削者、压迫者的艺术相对抗，要求艺术服从政治，就是要求艺术表现无产阶级的政治方向和利害，要求艺术表现党性。

周扬在论述艺术和大众的关系时，其表述和《讲话》也是有区别的。《讲话》强调作家无条件地到生活中向工农大众学习，做工农的小学生，而周扬认为：“艺术和大众的关系应当是这样：艺术从意识上去改造和提高大众，同时又在大众的方向和基础上来改造和提高自己。”他突出地强调：“‘五四’以来的新文艺，特别是‘左翼’十年中的革命文艺历史传统，我们必须继承它。离开它，我们便失掉了立脚点”。① 这表明周扬在阐释《讲话》时还是有所保留的。

周扬在《艺术教育的改造问题》等文中批判了“欧化”，但他对资产阶级文学与中国新文艺之间的关系仍有些切中肯綮的思考：“我们对于西洋技巧，几乎历来抱着教条主义的学习态度。这些技巧之于中国固有的旧的技巧，当然是更进步，更科学得多的。学习它们，是完全必要的。但是，借他们来表现我们今天中国人民的生活曾有些什么限制的地方，它们包含的思想有哪些地方对我们有益处，它们的表现形

---

① 周扬：《艺术教育的改造问题》《周扬文集（第1卷）》，人民文学出版社1984年版，第411页。

式哪些地方不适合我们。我们如何按着反映生活的需要来吸收它们中好的、适合的部分，抛弃其中不好的、不适合的部分，乃至进而创造自己新的技巧。”①

由此可见，周扬对于西洋技巧、对资产阶级古典文学有较多的肯定，这是他与毛泽东《讲话》思想有很大不同的一个地方。但周扬并不认为欧化的方向应该是中国新文艺的方向，恰恰相反，他的观点是：工农文艺才是中国新文艺的方向。在这个观点上，他与毛泽东的文艺路线是一致的。这是他1942年后赞同毛泽东《讲话》的一个重要支点。他说：“对于我们，除了为工农的艺术，除了向工农大众去普及这种艺术与根据这种普及的基础而加以提高的，还有什么第二个方向、第二个任务没有呢，再也没有了。”② 他曾有过这样的看法：“我们是处在这样一个充满了斗争和行动的时代，我们亲眼看见了人民中的各种英雄模范人物，他们是如此平凡，而又如此伟大，他们正在凭着自己的血和汗英勇地、勤恳地创造着历史的奇迹。对于他们，这世界历史的真正主人，我们除了以全副的热情去歌颂、去表扬之外，还能有什么别的表示呢？”③ 周扬和他的同志们在实际斗争生活中认识到了工农群众身上的可贵的积极力量，这是以往的知识分子们所忽略的部分。但是，他们受政治家的影响，又过高地估计了工农的价值。

1942年10月16日，何其芳在《解放日报》发表《论文学教育》一文，开宗明义地指出：“教育的目的必须明确而具体地服从政治的要求。”“学校对文艺家的培养是有限的，主要应让他们到工农兵中间去，一边做实际工作，一边写作品。”“要认识文学在革命中的作用，它是阶级斗争、民族斗争的武器之一。”更有意味的是，何其芳在论述培养理论人才时，明确地主张：“要彻底消灭不合乎毛泽东同志解释的观念。”④ 俨然一副毛泽东思想捍卫者的姿态。这是试图树立《讲话》权威性的延安文人的最早表述。

1944年7月，周扬主持编选的《马克思主义与文艺》一书由延安华北书店出版。《讲话》既是此书的编撰纲领，又是重要内容。此书重新编定马克思主义文艺观及其权威阐释者的谱系，由马克思、恩格斯、普列汉诺夫、列宁、斯大林、高尔基、鲁迅和毛泽东组成，正式把毛泽东加入这一谱系之中，并且赋予毛泽东文艺思想以中国马克思主义文艺观之中枢地位。周扬在为此书写的长篇序言里开宗明义：“毛泽东同志的《讲话》给革命文艺指示了新方向。这个讲话是中国革命文学史、思想史上的一个划时代的文献，是马克思主义文艺科学与文艺政策的最通俗化、具体化的一个概括，因此又是马克思主义文艺科学与文艺政策的最好的课本。”他还高度评价毛泽东文艺思想对马列文论的创造性的发展，指出：“从这本书中，我们可以看到毛泽东同志的这个讲话一方面很好地说明了马克思、恩格斯、列宁等人的文艺思想；另

---

① 周扬：《艺术教育的改造问题》《周扬文集（第1卷）》，人民文学出版社1984年版，第415~416页。

② 周扬：《艺术教育的改造问题》《周扬文集（第1卷）》，人民文学出版社1984年版，第413页。

③ 周扬：《新的人民文艺》《周扬文集（第1卷）》，人民文学出版社1984年版，第516页。

④ 何其芳：《论文学教育》《延安文艺丛书·文艺理论卷》，湖南文艺出版社1987年版，第845页。

一方面，他们的文艺思想又恰好证实了毛泽东同志的文艺理论的正确。”[①] 这些话无疑将毛泽东的《讲话》的“经典化”起了推波助澜的作用。而毛泽东在给周扬的回信中说：“你把文艺理论上几个主要问题作了简明的历史叙述，借以证实我们今天的方针是正确的，这一点很有益处。”[②] 此书全面解释了毛泽东文艺思想，积极倡导个性从属于党性，文艺要反映政策。因为工农兵文艺是文艺发展的唯一方向。毛泽东的称赞奠定了周扬在中共党内的毛泽东文艺思想的权威阐释人的地位。中华人民共和国成立后，毛泽东和中共许多重大的文艺方针与文艺政策是通过周扬在党内外传播并加以实施的。

《讲话》后，知识分子改造问题是作为“整风”运动中最主要甚至是唯一实质性内容而展开。周扬、何其芳等人不仅自己要“整风”，而且还要带领文艺界其他人一起“整风”。譬如周扬，1942 年 4 月 2 日，他主持了鲁艺院务会议，开始布置全院整风和检查工作。4 月 3 日，他向全院师生传达毛泽东关于整顿”三风”的报告，号召大家不要轻视知识分子，虚心向工农学习，成为真正的艺术家。4 月 8 日，他被推为整风和检查工作总委员会主任。7 月 8 日，延安文化俱乐部请他报告有关整风中文艺创作的问题。整风期间，他的《关于党的工作与艺术教育问题》一文被翻印。这样一个鲁艺的领导者，在权衡艺术家和政治文化管理之间的利弊之后，做出了他自己认为最革命的选择。

为了贯彻《讲话》精神，1944 年和 1945 年，何其芳以一个被改造好的知识分子的典型两次被派到重庆做自治区文艺界的统一战线工作。当他以一种具有权威的“钦差大臣”的身份出现在重庆文艺界时，他以政治家的角度对文艺进行评论，对重庆文艺界中违背《讲话》文艺精神的文艺理论进行批评，结合自己的改造经验向重庆的知识分子们传授自己的“心得”，由于他所进行的批评是完全出自对《讲话》文本的照搬，没有个人见解，他的现身说法并没有赢得重庆文艺界的理解。

“由于何其芳同志的自信态度和简单的理解，会后印象很不好。何其芳同志过去的印象还留在大家的印象里，但他的口气却使人感到他是证明他自己已经改造成了真正的无产阶级。会后就有人说：好快，他已经改造好了，就跑来改造我们！连冯雪峰同志后来都气愤地说，他妈的！我们革命的时候他在哪里?”[③] 周扬、何其芳等人用毛泽东思想简单取代了自己的独立思考，取代了自我对艺术创造的独立追求和探索，这是时代使然，也是他们自行选择的结果。

1942 年春季入学的美术系学员赵泮滨回忆：“谁知整风时间由原来规定的三个月又无限期延长了，学习文件又增多了。毛泽东同志又亲自召开了文艺座谈会，由一般到具体，由远及近，把文艺界翻了个底朝天。”“整风生产三年过去了，画室总是空闲着。磨起老茧的手很久不摸画笔了。但是延安文艺界，三年内发生了根本变化，

① 周扬：《〈马克思主义与文艺〉序言》《周扬文集》，人民文学出版社 1987 年版，第 454 页。

② 《毛泽东书信选集》，人民出版社 1983 年版，第 228 页。

③ 胡风：《再返重庆之二》，载《新文学史料》1989 年第 1 期。

空前活跃起来，作家、艺术家纷纷打起背包，下农村，去部队，深入生活改造思想。暂时不下去的，也活跃在街头，办墙报、出画刊。尤其是闹秧歌，更为深入人心”。①鲁艺的人都意识到整风后的鲁艺已不再是原来的鲁艺了。

经历了延安整风运动、延安文艺座谈会和王实味事件之后，延安知识分子的批判意识和独立立场受到了强力整合。在接受工农兵再教育的旗帜下，他们的批判意识被置换为对于“人民群众”和“党的领导”的歌颂。也就是说，自“五四”以来的中国知识分子与社会和国民对立的思维在受到整合之后，与当时的延安社会和人民取得了“和解”。这一做法扭转了延安文艺的方向，完成了对“有机知识分子”的改造。

二、延安文艺界关于文艺创作的论争

《讲话》之后，延安文艺界自觉地展开了对《讲话》之前文艺创作与文艺活动的反思与检讨，形成了多次文艺批判与文艺论争的高潮。其中有关鲁艺师生的文艺创作的讨论最为典型。主要有：围绕何其芳的抒情诗《叹息三章》和《诗三首》的争论；关于讽刺漫画展和墙报《轻琦队》的讨论；关于鲁艺的“关门提高”问题；对狄耕的短篇小说《腊月二十一》和陆地的小说《落伍者》讨论；对严文井的小说的《一个钉子》的讨论等。

（一）围绕何其芳的抒情诗《叹息三章》的争论

1942年6月19日，鲁艺戏剧系第四期学生吴时韵在《解放日报》上发表《〈叹息三章〉与〈诗三首〉读后》，针对何其芳1942年上半年在《解放日报》上发表的《叹息三章》（《给T. L. 同志》《给L. I. 同志》《给G. L. 同志》）及《诗三首》（《我想谈说种种纯洁的事情》《什么东西能够永存》《多少次啊！我离开了我们日常的生活》）等六首抒情诗加以指责。对于何其芳诗中所表达的作为知识分子在情感上所经历的苦恼和寂寞表示不解与蔑视，认为是小知识分子虚伪的滥调，和延安社会现实不协调。

吴时韵认为，何其芳在《给T. L. 同志》中写道：“在这十年中缠绕得我的灵魂最苦的/就是爱情。”“有了恋爱的人因为恋爱而苦恼。/没有恋爱的人因为没有恋爱而苦恼。/这真使人感到人生是多么可怜，/假若我们不是想到了/另外一个提高人生的名字，革命。”何其芳“感到世界只是一个‘地狱’，而人是‘地狱’中的‘囚徒’”。“好像现实多么残忍呵，它逼得诗人不得不唱如此悲凄得歌曲！”既然“感到人生是可怜的”，再提到“另外一个提高人生的名字，革命”就是很不协调的，而且显得虚伪和不真实。它表现了“何其芳同志和现实之间的不能协调及隔离”。他以政治标准来衡量抒情诗的意蕴，认为像何其芳这样自顾叹息的作品是“无益的歌

① 孙新元、尚德周：《延安岁月》，陕西人民美术出版社1985年版，第400页。

声”①，表达了对何其芳诗作中流露的伤感情绪的不以为然。

如果说吴时韵对何其芳的批评也许显得幼稚且权威不足，接着，金灿然在题为《间隔——何诗与吴评》一文中，对于吴时韵的评价作了具体分析：“吴评的基本缺点在于：他没有把自己结语中的意见，恰当地用来分析他的批评对象；尤其对于何其芳同志和现实之间的不协调及隔离的原因及具体表现，说得很不充分。有些地方，吴文是枝节的，断章取义的（如对于《我想谈说种种纯洁的事情》）对作者加以挑剔与攻击，恣意的建立自己的论据。……在批评的口吻上，吴同志却不免表现出了些意气之争，……吴同志所认为是虚伪的滥调的地方，正是作者的真挚的感情流露的表现。”②

金灿然认为文学修养的差异导致吴时韵与诗人之间产生了“间隔”，吴时韵的文章未能对何诗给予恰如其分的分析。何其芳的“痛苦”在于他不顾个人的幸福，抵制住那些东西对他的诱惑和拥抱，坚决要同工农在一起。这种舍己为群的精神是悲壮的，令人佩服的。然而，他又说“大概是作者背负的悲伤和忧虑太沉重了”，也指出何其芳“是一个在河边徘徊的诗人，是个留恋着‘种种纯洁的事情’，爱着‘地上有花，天上有星星’的歌手”“他与工农兵之间有着间隔，不能融成一片”。这表明金灿然和吴时韵一样对于何其芳的抒情个性缺乏了解，认为他笔下没有正面描写工农大众，而只是小知识分子的孤芳自赏。

随后，鲁艺文学系的贾芝也在《解放日报》撰写评论《略谈何其芳同志的六首诗——由吴时韵同志的批评谈起》，为何其芳辩护。他认为“吴时韵同志的批评是断章取义的片面的批评”，进而肯定了何诗的进步精神和革命基调：“他的诗里所表现的一贯的要求突破自己和不断进步的精神，是对于新的人生——革命的人生底发现和肯定，是他朝着工农大众的队伍走。”他看到了何其芳努力克服知识分子思想上缺点的勇气和毅力，但不可否认何诗的缺陷在于“字里行间的小资产阶级知识分子的幻想、情感和激动底流露”。针对《给 T. L 同志》一诗，贾芝说，何其芳这首诗“多了点小资产阶级知识分子的生活随时要求美满的心情”和“这种特别的感情”。他代表大众向何其芳提出要求：“对于像何其芳这样的作者，读者大众我想可以要求他写他自身以外的大众所熟悉的题材。”③ 他提醒何其芳应多书写人民大众，而不是只书写自己。

综合这些评论文字可以发现，这三个人的批评文章都一致认为何其芳不应该表现知识分子的思想、生活、情绪和幻想，即使诗的中心意向是诗人对自己思想转变过程中所产生的精神苦闷的自我解剖。他们认为何其芳唯一正确的选择是表现工农大众，而且是表现“大众中间的斗争的健康的方面”，④ 而不能表现大众身上落后性

① 吴时韵：《〈叹息三章〉与〈诗三首〉读后》《解放日报》1942 年 6 月 19 日。
② 金灿然：《间隔——何诗与吴评》《解放日报》1942 年 7 月 2 日。
③ 贾芝：《略谈何其芳同志的六首诗——由吴时韵同志的批评谈起》《解放日报》1942 年 7 月 18 日。
④ 贾芝：《略谈何其芳同志的六首诗——由吴时韵同志的批评谈起》《解放日报》1942 年 7 月 18 日。

因素。这场争论的意义绝不仅仅是评论这几首诗的得失，而是延安意识形态对于文艺创作的合乎规范化的强制整合。何其芳的烦恼、困惑和矛盾是他对自我与革命关系的真实描述，表明知识分子对探索革命道路的严肃、审慎的态度，却遭到简单的排斥。何其芳那时的唯一选择，就是必须放弃知识分子的自我低吟转向歌颂更广阔的工农大众。“1942 年春天以后，我就没有再写诗了。”“许多比写诗更重要的事情要做。而其中最主要的是从一些具体问题与具体工作去学习理论，检讨与改造自己。”① 此后，诗人放弃了自己最擅长的抒情诗创作，开始在杂文写作和文艺理论研究方面投入了全部精力。何其芳是比较典型的试图突破自我进行艺术实践转型的作家。这是他主动选择的结果也是革命文艺创作的需要。

（二）对《腊月二十一》的批评

1942 年 8 月 4 日，《解放日报》发表了鲁艺文学系学生张棣庚（笔名狄耕）的短篇小说《腊月二十一》。作者以简洁的笔触，刻画了游击区一位村长纪有康的艺术形象。作品对特殊环境下人物心理的细腻真实的刻画，是同类纪实题材作品中比较突出的一篇。自发表之日起，鲁艺师生就对《腊月二十一》进行了激烈的讨论。在整风运动中，张棣庚的同学对他的作品表示不理解，认为这部作品是文艺创作中歪风之一例，鲁艺学生归纳此文在四个方面存在问题：（一）没有立场，模糊了敌人和中国人的不同；（二）敌占区不应有那样盛大的集市，有意强调了敌占区的繁荣，起了反宣传的作用；（三）不应把年轻的牺盟会员写得过于幼稚；（四）纯客观事件的反映，是卑俗的自然主义。故批评的中心归纳为此作品敌友混淆，丧失了应有的立场。对此，作者张棣庚表示感到“骇然”，专门就此事给院长周扬写信，认为这是“小题大做”，并逐条作了反驳。他指出：“敌人的杀人放火，……是世界周知的事，我想实在也用不到在这篇小文章里多说什么，……我以为大骂一顿日本人的祖宗，那倒是最蠢的表现法。”关于作品的主题，张棣庚介绍说：作品的主题有二：“A. 在游击区里，虽然有些工作人员十分幼稚（如那个青年），有些旧军上的人凶得可怕（如刘副官），然而在敌人面前他们还要团结一致的。B. 在游击区的区长，虽然困难重重，虽然常被刘副官之流责难，但他们终于忘不了‘我是中国人，我知道国家的难处……’他们并没有丧失国家意识。”对于鲁艺师生批评作品描写敌占区的繁荣问题，作者回答说：“上边声明过，我写的不是敌占区，而是游击区。游击区的繁荣是环境促成的。大城市丧失了，就是大的镇店也大半沦陷，于是游击区便成了这空前的繁荣。而况上山村是沿山的一个村落，它是敌占区和山里人的集会地，而更何况是腊月二十一——傍年的一个集会。……这有什么反宣传的作用呢？”作者最后说：“《腊月二十一》诚然是一篇很坏的东西，但它的坏处是不明确，却不是什么自然主义，反宣传，没有立场。”②

---

① 何其芳：《〈夜歌和白天的歌〉初版后记》《何其芳文集（第 2 卷）》人民文学出版社 1982 年版，第 255 页。

② 艾克恩：《延安文艺运动纪盛》，文化艺术出版社 1987 年版，第 404 页。

周扬对于学生张棣庚的来信，在《解放日报》公开了；同时以《〈腊月二十一〉的立场问题》刊发了他给予作者的公开答复。首先，周扬全盘否定了这篇小说的价值：这“的确是一篇很坏的作品”“你所听到的加于你的作品的四条‘罪状’，我并不清楚知道是否真是这四条。但就这四条而论，我认为也是不但不算过分，而且实在还是很轻，很客气的。”周扬说，中国政府在“抗日”一点上是“革命”的，无论如何不能和敌人相提并论，“相提并论就是错误的”。把抗日工作人员“淋漓尽致”地写得“凶得可怕”和“十分幼稚”，对敌人的残暴轻描淡写，对于应该肯定的人物却丑化了，正说明作品“没有立场”。“说你没有立场，这是一点也没有冤枉你。你是没有站在人民的、民族的立场上。至少在这篇小说中所表现出来的是如此。”周扬还特别做了如下的判断：“你的全部同情是在村长身上；你也许觉得日本人还可原谅；你最厌恶的是中国官吏，即使他们是抗日的，而地位又很低微；而你最看不起的是进步的力量，这就是你在这篇作品中所表示的态度。”“你既然那样相信你作品的真实性，我希望你对真实性有个正确的理解。艺术真实并不等于个别事实，也不等于好些现实加在一起，而是把事实加以分析的综合，从中找出典型的本质的东西。在政治上的错误的作品，决不能在艺术上真实。”最后，周扬提出希望：“我恳切地希望你对这篇作品和过去全部的言行，有一个诚心诚意的深刻的反省。”① 小说的作者显然没有“站在人民的、民族的立场上”。《解放日报》为此还特别加了按语：“《腊月二十一》发表在四月八日本版，内容错误颇多、敌友混淆，殊失应有之立场。”

就作品内容进行探讨本来是很正常的学术研究，完全可以心平气和地就作品的得失进行讨论。此时的周扬不仅没有给予学生以鼓励和客观的评价，却武断地给习作者扣上犯有立场错误的帽子。用政治立场来衡量一部作品的艺术价值，把艺术问题归结为政治问题，暴露出文艺领导的简单和粗暴的工作作风，丝毫没有顾虑到文学艺术反映现实生活的特殊性和复杂性，严重挫伤了解放区文艺界自由创作的积极性。实际上在具体描写上，虽说该小说是有缺点的，艺术上也不够成熟，如由于题材限制，作品对于侵略者的暴行揭露不够充分，但从小说塑造的人物、描写的环境，对题材的拓展看，《腊月二十一》都不能不说是一篇具有生活实感和艺术价值的优秀小说。张棣庚后来不再写小说或报告文学，转写了关于宋明历史题材的秦腔《投闯王》《红娘子》等。周扬对于《腊月二十一》的粗暴批评造成延安文艺创作在题材拓展方面的尝试未能深入，给以后几十年文艺批评造成了不可忽视的负面影响。

（三）对《落伍者》的批评

6月25日《解放日报》发表了程钧昌的《评〈落伍者〉》，认为鲁艺学员陆地登载在《谷雨》第四期的小说《落伍者》是一篇不真实的作品。小说里的八路军伙夫是一个“怪人”，多疑、伤感、凄凉，又傲慢、固执，在百团大战中掉队了。这和

---

① 周扬：《〈腊月二十一〉的立场问题》《解放日报》1942年11月8日。

旧式军队没有区别。然而，作者却对这样的落后分子寄予了不该有的同情。

陆地在7月15日的《解放日报》撰文为自己辩护。陆地承认自己的小说中的缺点：一、作者的态度表现了两重性。一方面，理智的意图是要否认这样顽固、极端个人主义的“落伍者”；另一方面却由于知识分子脆弱的感情过分的泛滥，对于要否定的坏东西又给予太多的同情、怜悯和留恋。二、为了避免在作品中张开嘴来说教，所以对持有这样落后意见的伙夫没有明确的、正面的指责。三、由于批评者认错了主题的“所在”，不同的意见就发生了：有人认为看了《落伍者》，不禁想这不是一篇真实的作品。“作者抹杀了八路军对于人的教育和感化力量。”这是没有根据的。《落伍者》的主人公是什么人呢，不过是代表一部分落后的伙夫、马夫，并不等于一切的人。

类似的关于文艺创作的批评还很多。由此可见，延安文艺座谈会后，以《讲话》为权威，审美、价值标准都发生了整体性转变。批评者反问，作者为什么不能使落后的小人物“在熔炉的锻炼中得到转变而成为先进的战士呢”？

《讲话》为解放区的文艺发展制定了基本的模式，不符合《讲话》精神的作品被大肆批评，文艺问题上升为政治问题，严重干涉了作家、艺术家的创作。《讲话》在方式、模式以及许多具体细节上，形成了一套解决思想问题、文艺问题的办法和套路，对后来中国文艺的管理与形态有着示范规约的作用。很快，解放区的艺术工作者都迅速自觉地进行“革命文艺”的创作，并以此作为拥护新生政权的实际行动。

从1942年5月到1943年10月，解放区在文艺创作上除了艾青在诗歌、孔厥在小说方面有了个别体现《讲话》精神的创作成果外，就是鲁艺的秧歌所引发的秧歌运动全面地、精到地实践了《讲话》精神，使得《讲话》理论在最广泛的群众性接受层面上确立了自身的权威性。

三、对于《讲话》的评价

马克思和恩格斯曾经说过：“一切划时代的体系的真正的内容都是由于产生这些体系的那个时期的需要而形成起来的。所有这些体系都是以本国过去的整个发展为基础的，是以阶级关系的历史形式及其政治的、道德的、哲学的以及其他的后果为基础的。”① 这表明任何政党都必须建构与它相匹配的国家机器和社会意识形态。

1942年5月23日，毛泽东《在延安文艺座谈会上的讲话》的发表，在中国现代文学史上具有极其重大的历史意义。它是毛泽东将马克思主义的阶级斗争的学说与中国革命的具体实践相结合的产物。它的内容丰富，最能体现毛泽东文艺思想本质的特征，其基本精神不但在文学史上起了重大的作用，而且指导了抗日战争后期解放区的文艺创作和中华人民共和国成立以后文艺事业的发展，奠定了解放区以及中华人民共和国文学创作的精神实质，以及革命理想主义和革命浪漫主义的美学追求。《讲话》开辟了一个崭新的文艺时代，成为中共文化和文艺政策的重要基石。

---

① 《马克思恩格斯全集（第3卷）》，人民出版社1995年版，第544页。

《讲话》最有价值的两个部分：一是文艺与政治的关系，二是文艺与人民的关系。这两个基本点是《讲话》的根本精神所在，这个原则在任何时候都是不可动摇的。

客观地说，毛泽东《讲话》中的一些观点正是适应了中国革命和新文艺发展的特点，才在当时起到了推动革命文艺前进的作用。《讲话》从生活、思想、艺术三个方面论述了创造人民文艺必需的途径。这一完整的思想，是对"五四"以来新文学运动经验的深刻总结，是马克思主义文艺理论的发展，从理论上解决了新文学发展的关键问题，对新文学具有重大深远的指导意义。同时，它开辟了中国现代文艺发展的新阶段，标志着中国革命文艺和中国现代文艺进入了一个新的时期，是对马克思主义文艺理论的有益补充。

胡乔木说："《讲话》也是一定历史条件的产物，也必然带有其历史局限的一面。对此，应该采取科学分析的态度。"① 《讲话》也有不确切的地方。它毕竟是在中国历史上一个非常时期产生的，有明显的缺点和前后矛盾的地方。例如：文艺从属于政治的观点；关于把文艺作品的思想内容简单地归结为作品的政治观点、政治倾向性；把政治标准作为衡量文艺作品的第一标准，以及对小资产阶级知识分子的评价，等等。把它作为中共长时期以来的文艺政策和方针，在执行过程中出于种种原因而发生的偏差，也都对新文学的发展产生了一些消极的影响。在这里，毛泽东虽然没有把文艺与政治的关系推演到文艺奴从政治的地步，但他更为重视文艺的政治倾向性和武器功能。他把文艺与社会、文艺与人生的关系定格为文艺与政治的一种关系；把文艺与政治的相互影响的关系定格为文艺对政治单一的、单向的"服从"关系；把文艺界的思想分歧、艺术之争定格为政治斗争的延伸。文艺创作的自身规律、作品的艺术性便被忽视。为工农兵服务被理解成主要甚至只能写工农兵题材，而且主要是歌颂他们的英雄业绩。由于这些原因造成革命根据地的工农兵文艺在反映生活的深度、广度及其全部复杂性上就显得视野局促，在艺术风格的追求上也就显得过分单一，无法用纯文学的标准来衡量延安文艺的成就。

在《讲话》的影响下，大量的文艺工作者对于无产阶级文艺的使命有了清醒的认识，明确地接受了为工农兵服务的客观事实，自觉地选择大众化和民族化的表现形式，创作了大量优秀的现实主义风格的作品，团结了广大军民，真正起到了宣传与鼓舞群众的作用，解放区掀起了一场深入学习《讲话》和贯彻《讲话》的热潮。

所谓文艺为工农兵服务，并不是说工农兵喜欢什么就给他们创作什么，而是他们应该接受什么，能够接受什么，并且是在什么样的水平上接受。这才是《讲话》以及其他当代文艺理论家所探讨的问题。至于给工农兵什么样内容的作品，这不是由读者决定，也不完全由作家决定，而是在读者与作家之间存在着一种"合力"，即时代的要求。② 受当时"共性"意识的制约，解放区作家将全身心投入到了对于人的

---

① 胡乔木：《胡乔木回忆毛泽东》，人民出版社 1994 年版，第 269 页。

② 陈思和：《陈思和自选集》，广西师范大学出版社 1997 年版，第 191 页。

现实生存状态的关注上，而将人的精神世界最丰富的情感因素都视为可有可无物，并营造了用政治话语直接去诠释社会生活的艺术审美特征。

知识分子问题也是毛泽东《讲话》所关注的另一个根本问题。它解决了自“革命文学”倡导以来“左翼”文学界一直存在的如何看待知识分子和大众之间关系的问题。毛泽东认为：“小资产阶级出身的人们总是经过种种方法，也经过文学艺术的方法，顽强地表现他们自己，宣传他们的主张，要求人们按照小资产阶级知识分子的面貌来改造党，改造世界。在这种情形下，我们的工作，就是要向他们大喝一声，说：‘同志’们，你们那一套是不行的。无产阶级是不能迁就你们的。依了你们，实际上就是依了大地主、大资产阶级，就有亡党亡国的危险。”①

在这里，毛泽东实际上否定了知识分子在文学艺术创作中“表现自己”的行为，表达了对解放区作家思想意识政治理想化的诉求。而按照革命导师鲁迅先生的理解，文学作品“大抵是作者借别人以叙自己，或以自己推测别人的东西”②，在文艺创作中不去“表现自己”，无疑就是否定文艺创作的个性。单一的艺术追求使某些作家丢掉了自己的艺术个性。没有了个性，文艺家们就不知道如何去进行创作。这也表明中共对知识分子的一种政治焦虑和恐惧。同时，这里将那些为追求革命冲破重重阻力来到解放区的作家、艺术家和大地主、大资产阶级相提并论，无疑是将知识分子作为人民的对立面看待，使他们产生一种道德上的羞耻感，从而全力将艺术审美的独立品性转向政治功利的实用追求中。

毛泽东承认知识分子在当时革命中的重要作用，主张同资产阶级政党争夺知识分子，争夺无产阶级在文化上的领导权，但是无产阶级对于知识分子的态度是有所保留的：“……知识分子在其未和群众的革命斗争打成一片，在其未下决心为群众利益服务并与群众相结合的时候，往往带有主观主义和个人主义的倾向，他们的思想往往是空虚的，他们的行动往往是动摇的。因此，中国的广大的革命知识分子虽然有先锋的和桥梁的作用，但不是所有这些知识分子都能革命到底的。其中一部分，到了革命的紧急关头，就会脱离革命队伍，采取消极态度；其中少数人，就会变成革命的敌人。知识分子的这种缺点，只有在长期的群众斗争中才能克服。”③ 毛泽东凭借他敏感的政治觉悟，发现了当时延安知识分子脆弱的个性意识以及普遍存在的思想倾向问题。这对于无产阶级革命事业来说，是很致命的危险。所以，他在《讲话》中明确地阐明了自己的观点。《讲话》强调了知识分子的“大众化”，批判了知识分子的“化大众”；和工农大众相结合的道路也成为知识分子唯一正确的方向，知识分子的个性意识注定被无产阶级集体主义精神定义的民族群体意识所取代。

中华人民共和国成立后把《讲话》作为一个长期指导我国文艺的纲领性文献时，局限性便显露出来了：“长期的实践证明，《讲话》中关于文艺从属于政治的提法，

① 毛泽东：《中国革命和中国共产党》《毛泽东选集（第2卷）》，人民出版社1966年版，第604~605页。

② 鲁迅：《怎么写——夜记之一》《鲁迅论文学与艺术》，人民文学出版社1980年版，第274页。

③ 毛泽东：《中国革命与中国共产党》《毛泽东选集（第2卷）》，人民出版社1966年版，第604~605页。

关于把文艺作品的思想内容简单地归结为作品的政治观点、政治倾向性，并把政治标准作为衡量文艺作品的第一标准的提法，关于把具有社会性的人性完全归结为人的阶级性的提法（这同他给雷经天同志的信中的提法直接矛盾），关于把反对国民党统治而来延安的、还带有许多小资产阶级习气的作家同国民党相比较，同大地主、大资产阶级相提并论的提法，这些互相关联的提法，虽然有它们产生的一定的历史原因，但究竟是不确切的，并且对于中华人民共和国成立以来的文艺的发展产生了不利的影响。”对于第二个提法，胡乔木还加了一条长注：“对于一部作品，应该从思想内容和艺术形式两个方面去评价。从总体上来说，文艺作品的思想内容涉及的方面较多，包括政治观点、社会观点、哲学观点、历史观点、道德观点、艺术观点，等等，而且这些观点在文艺作品中都不是抽象的，而是同艺术的形象、题材、构思、艺术所反映的生活真实相结合的。这就要求我们在衡量、评价一部作品的思想内容时，除了分析它所包括的政治观点、政治倾向性以外，还必须分析它所包含的其他方面的思想内容，它对生活的认识价值，这样才能全面地评价作品的思想意义。否则，就不可能做到这一点，而且势必硬把作品变成某种政治观点的图解物。即使是政治倾向十分强烈的文艺作品，它的思想内容也不可能只限于政治倾向，除非它不具备一般文艺作品的特征。因此，不能把文艺作品的思想内容仅仅归结为政治观点、政治倾向性（毫无疑问，革命的政治观点、政治倾向性对革命作家是绝对重要的和绝对必要的），不能孤立地把政治标准作为衡量文艺作品的第一标准，硬要那样做，就必然导致实践上的简单粗暴，妨碍文艺创作、文艺批评的健康发展。”①

胡乔木用发展的眼光来评价这个历史的存在物，采用尽量客观的态度来分析和对待它，对于我们是很有启发的。《讲话》的某些观点今天看来虽然已经不适用了，但毛泽东文艺思想的内涵却是博大精深的。我们在继承他文艺思想精髓的同时，努力挖掘它的科学进步的含义是十分有必要的。

第四节　鲁艺的变化

一、教学方针衍变——从“关门”到“开门”

从创建之初到实行“正规化”教育，鲁艺的教育方针先后发生了三次大的转变：由培养抗战文艺干部，到实现中共文艺政策并执行中共在文艺运动中的统一战线政策的堡垒与核心，再到艺术教育直接为现实政治服务。也可以说，鲁艺的教学方式也经历了从“开门—关门—开门”这样一个过程。

1938 年 4 月，鲁艺成立之初，在抗日民族统一战线的旗帜下，培养抗战文艺干部是鲁艺教育方针的主要内容。当时公布的《鲁迅艺术学院创立缘起》和《鲁迅艺术学院成立宣言》宣称：艺术——戏剧、音乐、美术、文学是宣传鼓动与组织群众

① 《党和国家领导人论艺术》，文化艺术出版社 1982 年版，第 324、332 页。

最有力的武器。艺术工作者——这是对于目前抗战不可缺少的力量，因之培养抗战的艺术工作干部，在目前也是不容稍缓的工作。①

实施抗战教育，培养抗战文艺干部，是筹建和成立鲁艺的主要目标。这个目标还体现在由沙可夫作词、吕骥作曲，并为鲁艺师生传唱的《鲁迅艺术学院校歌》中：我们是文艺战士！我们是抗日的战士！用艺术做我们的武器，为打到日本帝国主义，为争取中国解放独立，奋斗到底！学习，学习，再学习！理论和实践密切联系！一切服从神圣的抗战，把握艺术的武器。这就是我们的歌声。唱吧，唱吧，高声地唱吧！我们是抗日的战士！我们是艺术工作者！②

鲁艺成立初年的办学教育基本上是“应时教育”，是“战时教育方针”。在这一年中，鲁艺组织了百次以上的公演晚会，两次发动教职学员下乡工作，如徐一新所说：“我们的口号是到前线去，到敌人后方去，到农村去。鲁艺成立以来，第一、第二、第三届的同学，大部分都派到前线和敌人的后方。”以“培养抗战文艺干部，推动抗战文艺运动发展”③ 为教育方针，安排学生到前方实习，派遣专业文艺团体赴敌后工作，用所学到的知识和技能直接服务于民族解放战争。这样的办学方法体现了对快速培养“普及型文艺人才”教育模式的大胆探索，也可以说是“开门办学的一种尝试”。尽管鲁艺的发展经历了初期探索与专业化提高两个阶段，但培养适应抗战需要的文艺干部这一教育方针及其所决定的人才培养模式没有发生实质的变化。

1939 年 4 月 19 日，中共中央教育部副部长罗迈“受干部教育部和鲁艺负责同志的委托”，在庆祝鲁艺成立一周年而举行的鲁艺全体教职学员大会上，做了《鲁艺的教育方针与怎样实施教育方针》的报告。他宣布了由中宣部讨论拟定，并经中央书记处通过的新的鲁艺教育方针：以马列主义的理论与立场，在中国新文艺运动的历史基础上，建设中华民族新时代的文艺理论与实际，训练适合今天抗战需要的大批艺术干部，团结与培养新时代的艺术人才，使鲁艺成为实现中共文艺政策的堡垒与核心。④

“建设中华民族新时代的文艺理论与实际”，特别是“使鲁艺成为实现中共文艺政策的堡垒与核心”的提法已经比左联时期把文艺作为传播无产阶级意识的手段、宣传与组织群众的武器的观念更进一步，把鲁艺建设成为中共实现其政治目标的大本营。由“工具”到“核心”的转变，说明中共意识到了文艺在整个革命事业中的重要作用。“我们应当把马列主义运用到鲁艺的全部实际生活中来，用马列主义来改善鲁艺的全部工作，提高全部人员的思想意识，团结全体教职学员，建立优良的校风。”这明确了鲁艺就是为了切实贯彻中共文艺方针的教学方向。

为了进一步明确这一教育方针，罗迈又对其进行了解释：“首先，这个方针的确定是为了适合于今天抗战的需要。鲁艺是培养抗战艺术干部的学校，但过去鲁艺两

① 《延安鲁艺回忆录》，光明日报出版社 1992 年版，第 1 页。

② 《延安鲁艺回忆录》，光明日报出版社 1992 年版，第 11 页。

③ 《延安鲁艺回忆录》，光明日报出版社 1992 年版，第 53 页。

④ 罗迈：《鲁艺的教育方针与怎样实施教育方针》《延安鲁艺回忆录》，光明日报出版社 1992 年版，第 13 页。

次教育计划都是偏重于比较专门的干部。这个方针是经中央宣传部讨论拟定，经中央书记处通过的，是完全正确的方针。”罗迈强调了鲁艺是为了培养“抗战艺术干部”，而并非“比较专门的干部”。也就是说，鲁艺更侧重于培养为抗战服务的战士，而不是比较专门的艺术家。同时，罗迈还在报告中强调了“政治教育在鲁艺的重要性”：“鲁艺所进行的教育，不仅要从艺术上去培养干部，而且要从政治上去提高干部。鲁艺是一个艺术的学校，但它丝毫不能忽略艺术教育与政治教育的一致性，以及政治教育对艺术的重要性。一个艺术干部，虽不一定是个政治干部、一个艺术家，虽不一定是个政治家，但他必须懂得政治，必须学习政治，鲁艺以后需要比过去注重并加强政治的教育。”① 罗迈总结了鲁艺一年来的办学经验，指出：“过去一个相当长的时间中，鲁艺缺乏明确的教学方针”，有教育、学习、行政各方面的制度不健全，优良的校风有待养成等不足。会后经过热烈讨论，鲁艺师生在和谐的气氛中一致同意接受罗迈报告中的意见。

这个新的教育方针的另一个表述，是以副院长身份主持鲁艺日常工作的沙可夫为纪念鲁艺周年所写的文章。文中说：鲁艺是一个国防教育机关，主要任务是训练大批适合于今天抗战急迫需要的艺术干部。同时，我们也没有忘了一面抗战一面建国。所以，鲁艺除了上面它的主要任务以外，认为以马列主义的理论与立场建立中华民族新时代的文艺理论与实践，团结与培养新时代的艺术人才，对于鲁艺是同样重要的任务。……鲁艺是在中国共产党直接领导与扶助之下创立并壮大起来的，我们要使鲁艺成为实现中国文艺政策并执行中共在文艺运动中的统一战线政策的堡垒与核心。②

这段话明显表达了鲁艺的教学既要服务于抗战又要为将来建设中华人民共和国的伟大理想。罗迈和沙可夫的说法都体现了中共早期领导人张闻天的指导思想。事实上，早在 1938 年 8 月，张闻天在中央政治局的会议上就作了“我们并不反对少数人从事‘专门’的艺术”③ 的发言。新任命赵毅敏为鲁艺副院长就是为了加强对于鲁艺的领导。当时的鲁艺主管副院长沙可夫也表示：鲁艺的主要任务是“训练大批适应今天抗战急迫需要的艺术干部”。他在教学上针对以往艺术院校的教学模式作了调整，提出了鲁艺教学的新特点：去繁从简，掌握重点，集中力量，以求速成。在这一方针下指引下，鲁艺迅速培养了大批适应抗战需要的文艺干部。“同时，我们没有忘了一面抗战一面建国。所以，鲁艺除了它上面的主要任务以外，认为以马列主义的理论与立场建立中华民族新时代的艺术人才，对于鲁艺是同样重要的任务。”接着，1939 年 5 月 15 日，鲁艺发出布告称：“罗迈同志关于《鲁艺的教育方针与怎样实施教育方针》的报告经本院根据讨论结果，决定各种具体实施办法，呈准施行。”④ 并将新制度下各主要负责人名单公布。1939 年 5 月 19 日，鲁艺召开各部部务会议。

---

① 《延安鲁艺回忆录》，光明日报出版社 1992 年版，第 20 页

② 沙可夫：《鲁迅艺术学院创立一周年》《延安鲁艺回忆录》1992 年版，第 47 页。

③ 《张闻天选集》，人民出版社 1985 年版，第 241 页。

④ 孙国林、曹桂芳：《毛泽东文艺思想指引下的延安文艺》，花山文艺出版社 1992 年版，第 514 页。

沙可夫宣布新教育计划。设立各系主任、指导员、班长、科代表。全院共分四个系：戏剧系（张庚兼）、文学系（沙可夫兼）、音乐系（冼星海）、美术系（王曼硕）。各系报告教育计划。

1940年夏，宋侃夫在《一年来的政治教育的实施与作风的建立》也再次强调："鲁艺是一个专门培养文艺工作干部的学校，它的政治教育方针，应该和培养政治干部学校有所不同……首先，因为鲁艺是培养抗战文艺干部的学校，它担负着造就新时代革命文艺人才和建设新时代文艺事业的任务，艺术与政治的关系是不可分割的。……政治指导着艺术的动向，艺术配合政治又推动和影响政治，最后服从于政治。"所以，"鲁艺应该加强马列主义的教育，从马列主义的教育中获得革命的人生观和世界观，使自己成为一个革命的艺术家、文学家，使鲁艺成为中国共产党领导下的文艺战线上的堡垒。"① 这样多的表述证明，鲁艺人对抗战建国的使命具有清醒的认识。

在鲁艺初成立两年的时间里，学院教育不是很正规，学制比较短，即使是正常的教学工作也是常常为其他事物所打乱。鲁艺经常举办晚会、展览会，鲁艺戏剧系和鲁艺实验剧团经常要有剧作上演。从鲁艺成立到1939年冬不到两年的时间里，就进行晚会演出一百六十多场，并创作结合政治形势的戏剧五十多出。鲁艺为响应中共中央生产运动的号召，专门成立了徐一新为主任的生产委员会，并通过了生产计划，全校担负生产细粮一百三十石，菜蔬达到自给，年约七万三千斤。为了进行抗战宣传，鲁艺专门成立了以文学代理主任陈荒煤为团长的"鲁艺文艺工作团"和鲁艺所属的实验剧团，一起开赴前线工作。在李维汉到鲁艺做了关于鲁艺教育方针的报告后，这种状况并没有多大改变。从1939年6月24日始，"鲁艺开始军事演习。将全院人员编为一个纵队。政治处主任徐一新为纵队司令，副院长赵毅敏为政治委员，沙可夫、吕骥、萧三为顾问。纵队司令部下属三个连，每日进行操练"②。显然，对于新的教育方针，鲁艺还没有真正付诸实施。

1941年4月鲁艺成立三周年之际，罗迈再次在全院工作大会上讲话强调：鲁艺是新民主主义性质的文艺学院，既为当前抗战培养文艺人才，也为新民主主义革命胜利后储备文艺工作者和艺术教育干部，因此确立正规的教学体制。这时还是有为中华人民共和国成立后储备人才的高瞻远瞩。鲁艺学制从二年变为三年，每学年分两个学期。按整个鲁艺的课程编制原则，第一学年以基础理论技术学习为主，以在技术上奠定"相当基础"；第二、三学年则趋于专门发展，即按专业学习和提高技术专长。为保证教育计划和课程教学稳定进行，"学生每周上课基本不少于二十小时。除参加音乐会演出，不再安排在外实习和工作"。③ 正规化的学制与充分的教学时间，保障了鲁艺各系第四届的专门化提高发展。由于延安文艺整风等原因，鲁艺各系第

---

① 罗迈：《鲁艺的教育方针与怎样实施教育方针》《延安鲁艺回忆录》，1992年版，第56页。

② 艾克恩：《延安文艺运动纪盛》，文化艺术出版社1987年版，第143页。

③ 钟敬之：《延安鲁迅艺术文学院侧记》《新文学史料》1982年第2期。

四届学生并没有完整地修毕三学年的课程。尽管如此，正规化学制与“发展专门人才”的培养目标仍然使鲁艺各系获得了前所未有的提高和发展。在大胆革新以往（西方）艺术教育体制基础上，探索了培养“一专多能”的专业艺术人才模式。一时，鲁艺俨然成为一所专业齐全、学制完备、师资雄厚的像模像样的文艺干部学校。鲁艺教学上的精英化倾向也渐显端倪：中外名剧被搬上舞台，西方古典文学遗产备受青睐，学员们也开始热衷于写“大部头”。由此，抗战前期的鲁艺出现了一种“土”“洋”共存、“开门”“关门”并行的局面。然而，鲁艺的正规化、专门化的努力和尝试却引起了毛泽东等中央领导人的不满。在1942年的整风运动中，被尖锐地批评为“关门提高”。

鲁艺教育方针发生最大的变化，是在1942年4月11日鲁艺成立四周年纪念会上。鲁艺改订了第五届教育计划及实施方案，其中规定：“教育精神为学术自由，各学派学者、专家均可在院内自由讲学，并进行各种实际艺术活动。”① 此时，把“团结与培养文学艺术之专门人才，以致力于新民主主义的文学艺术事业”放在首位，更加强调艺术的本体教育。虽说观点没有新意，可是它是在延安文艺座谈会前夕进行的，足见当时的周扬政治嗅觉还不够灵敏。但是，随着整风运动的深入开展，尤其是《讲话》后鲁艺全校师生进行了深刻反思，教育方针就转向了文艺为政治服务，为现实政策服务，为工农兵服务。这一教育方针被权威化，直到中华人民共和国成立后几十年也未被动摇。

1942年8月30日，鲁艺召开整顿学风学习总结大会，周扬针对学风学习期间大家提出的许多问题做专门报告。其中主要是从教育方针入手，对鲁艺工作进行全面整顿。“由于整顿三风和文艺座谈会，特别是毛泽东同志亲临鲁艺的一次讲演，改造鲁艺的问题提到了我们议事日程上。”周扬报告的逻辑起点是“怎样才叫作‘从客观实际出发’”，评判鲁艺教育方针的唯一标准就是是否“从客观实际出发”。

这个客观实际应当是：抗日战争与抗日民主根据地，以及在战争中和民主政权下迅速而广泛地展开的大众的革命文化的工作。这就是我们所处的时代、环境，我们面前所摆着的任务。这三者，都是我们以前所没有遇到过的。它们要求今天的艺术运动、艺术教育有适应于它们的新的方针和一套新的办法。艺术应当如何与广大战争、广大农村、广大农民结合，成了一个重大问题。

为了这个“客观实际”，艺术教育必须采用新的方针和新的方法。“毛泽东同志指示我们：文艺为大众。这就是新文艺运动的根本方针。”确定了这个文艺大众化的方针，也就是完全否定了先前的“专门化”的改革。周扬先前的睿智和勇气都荡然无存了。仕途的渴望取代了他对艺术的理性追求。

对于我们，除了为工农的艺术，除了向工农大众去普及这种艺术与根据普及的基础而加以提高，还有什么第二个方向、第二个任务呢？再也没有了。如果说有，那就是错误的方向。所谓鲁艺过去方针上的错误，就是对于这点缺乏理解。

① 《延安文艺丛书·文艺史料卷》，湖南文艺出版社1987年版，第142页。

"鲁艺是一个专门艺术学校，注重技术学习是对的，但鲁艺是一个革命的艺术学校，艺术性和革命性必须紧紧结合。艺术性与革命性结合必须通过现实主义的创作方法。""现实主义应当是艺术真实性与教育性结合，也就是艺术性与革命性结合。"① 周扬完全推翻了先前的"学术自由"的教育主张。

1944 年 7 月，第六届学员入学，实施延安大学制定的教育、教学计划。延安大学 1944 年 5 月制定的教育方针中写道：本校以适应抗战与边区建设需要培养与提高新民主主义，即革命三民主义的政治、经济、文化建设的实际工作干部为目的；本校进行中国革命历史与现状的教育，以增进学员革命理论的知识与新民主主义，即革命三民主义。本校实行教育与生产结合，以有组织的劳动培养学员的建设精神、劳动习惯和劳动观念。

鲁艺在专门化、正规化过程中，其教育方针与当时抗战的环境发生了矛盾，出现了延安文艺座谈会上受到批评的"关门提高"的问题。这一问题针对的是：鲁艺的艺术教育偏重于向古典大师学习；美术系向西洋学习技术，画构图复杂、大场面的画；戏剧系演起大戏和外国戏；文学系欣赏古典的文学作品等。这种倾向使"鲁艺的教育和实际脱节的现象是很严重的"。鲁艺的正规化、专门化的目的在于提高教学质量，提高文艺创作、研究和演出的水平；他们在提高的同时并没有关上"门"，只不过没有把自己变成一个主要从事文艺普及工作的部门而已。毛泽东的理想是打破学校和社会的壁垒，人人劳动，人人学习。劳动人民是最需要被普及的，所以鲁艺只顾自己的专门提高当然违背了他的乌托邦理想。

王朝闻说；"整风时，周扬检讨'关门提高'，就是说有一定程度的脱离群众。但我说是'开门提高'，不提高，就不叫鲁艺。无论从思想水平还是从艺术水平看，提高都是必要的。我认为，鲁艺的长处就是'开门提高'。"②

周扬在多年后总结道："'关门提高'不对，不在提高，而在不该关门；'开门办学'，开门是对的，而不办学，连以学为主都不敢提了，那就不对了。开门要办学，提高不关门，这样就可以了。过去鲁艺的经验不都是错的，不提高就不行，不提高就落后。"③

正因鲁艺这实现"提高"的进行的专门化努力，才有一系列丰硕的成果，才有了《兄妹开荒》的降生，才有《白毛女》的问世。后者的编剧、导演、舞美、音响都汇集了鲁艺乃至延安最优秀的文学、戏剧、音乐、美术人才，堪称延安文艺的集大成者。

鲁艺的校园没有围墙，桥儿沟天主堂不远就是延河，学员们在延河边自由自在地学习生活。鲁艺前期敞开大门服务抗战，为部队和机关培养了大量的文艺干部；正规化时期，专注理论和艺术提高；到延安大学时期，师生纷纷走出校门深入实际，

---

① 周扬：《艺术教育的改造问题》（鲁迅学风总结之理论部分：对鲁艺教育的一个检讨与自我批评），《延安文艺丛书 · 文艺理论卷》，湖南文艺出版社 1984 年版，第 816~817、824 页。

② 转引自王培元：《延安鲁艺风云录》，广西师范大学出版社 2004 年版，第 85 页。

③ 郝怀民：《如烟如火话周扬》，中国文联出版社 2008 年版，第 80 页。

经历了血与火的洗礼，实现了阶级立场的转变，走上了为工农服务的道路。正因为"大学和社会之间有了'门'的存在，才能够确保相对独立的大学文化体系的存在；取消了大学之'门'，作为自足体系的大学文化也就不复存在了。大学只有在保持自己的独特文化个性的前提下，才能对社会文化、时代文化产生作用和影响，也才能保持一个时代的民族文化的生态平衡。"① 无论"开门"还是"关门"，都有它特定的历史时期的需要。它不仅仅是一种办学实践的尝试，更代表了知识分子对现代性的自我追求。

二、鲁艺文人思想改造——从"个人"到"集体"

相对于国统区知识分子的生活受战争带来的通货膨胀、物价上涨、食品短缺等困难，延安尽管清淡但很有保障的生活的确太诱人了。

成千上万的知识青年奔赴延安，延安张开胸襟，紧紧地拥抱了这些勇敢的叛逆者、无辜的逃亡者、热情的理想追求者和饥渴的长途跋涉者。延安的一整套对于他们来说，只是在想象中存在过的全新的政治话语、社会组织、行为规范、道德准则……这一切深深吸引着叛逆者和逃亡者的心，深深感动着理想追求者的心，深深慰藉着长途跋涉者的心。战时共产主义政策的实施，一时之间满足了延安文人二三十年来苦涩的思索和疯狂的梦想。他们使出全身的解数，把延安装点成一座诗的城、一条歌的河。他们积极主动地参与建构延安革命圣地的政治、道德、文化三位一体的理想国。②

当这样一群受到压抑、贫困和独裁折磨的逃亡者来到解放了的、自由的土地上，禁不住放声歌唱，宣泄自己的幸福和快乐，延安成了一座"歌咏城"。文人们置身这样一个革命意志与集体力量高昂的新环境中，个人就会身不由己地融入其中。这不仅是一个个体向群体主动靠拢的过程，也是一个作为有独立思想的灵魂从个人到集体的转变的过程。

"20年代，尤其是30年代的'五四'作家们，都把他们的作品当作与社会和政治弊端进行斗争并形成政治觉悟的工具。他们自视为革命的精英，有塑造舆论和改造社会的使命……就连那些献身于共产主义运动的知识分子也信奉'五四'的时代精神，即多元主义、公开辩论和知识分子自主。"③

"五四"新文学和延安文艺有着截然不同的风貌，其精神也有着截然不同的导向。简言之，"五四"文学高扬的是知识分子的独立自由品格，具有强烈的批判现实和反封建的精神，强调的是"个人"的"己"文化观念；延安文艺强调的是工农兵方向，强调为现实政治服务，倡导的是一种为集体的"群"文化观念。无论是新文化运动还是1930年代的革命启蒙，都是以知识分子为主体的。在延安的启蒙中，知

① 王培元：《延安鲁艺风云录》，广西师范大学出版社2004年版，第86页。

② 朱鸿召：《延安文人》，广东人民出版社2001年版，第44页。

③ 〔美〕R·麦克法夸尔、费正清：《剑桥中华人民共和国史（上）》，中国社会科学出版社1990年版，第200页。

识分子却隐退了：革命领袖是革命理论的掌握者。他不但具有对民众启蒙的能力，而且负有对民众启蒙的责任。也就是说，启蒙者的角色被革命领袖所取代。

更重要的是，正如艾青所说，知识分子投身延安是“因为民主政治能保证他们的艺术创作的独立精神。因为只有给艺术创作以自由独立的精神，艺术才能对社会改革的事业起推进的作用”①。

1938年8月14日凌晨，何其芳踏上了前往延安的旅程。他追忆自己在到延安前的心理时说：“我是想经过它到华北战场去。我还不知道我自己需要从它受教育，我那时是那样狂妄。当我坐着川陕公路上的汽车向这个年轻的圣城进发，我竟想到了伯纳德·萧离开苏维埃联邦时的一句话：‘请你们容许我仍然保留批评的自由。’……②他刚到延安两个月，就沉醉于延安表现出来的民主、和平、热情的气氛中，在《我歌颂延安》中表达了乐观、开朗的心态：“说到缺点，我却还没有发现。我才到两天。呼吸着这里的空气，我只感到快活。仿佛我曾经常常想象着一个好的社会、好的地方，而现在我就像生活在我的那种想象里了。”③ 何其芳认为，延安就是他想象中的国度，他完全抛弃了来延安前的独立的批判的眼光，而是准备接受来自延安的批判，他要融入延安的革命语境中。

1939年2月，作为鲁艺的一员，何其芳和沙汀跟随贺龙部队活动在冀中平原。在紧张的部队生活中，他既没有什么具体工作，行军打仗中还要让士兵照顾，不仅士兵对他有意见，他自己也感到很难堪，为此颇为苦闷，感到自己在前方“是个无用的人”。④ 这种情况，与何其芳一起去前方的沙汀，在日记中曾详细地描述过，说他们虽然上了前线，但是在紧张而艰苦的战斗生活中，他们往往无事可做，战士们也把他们当成特殊阶级来看，因而觉得“我们是一二〇师喂养的两匹牲口”。⑤ 延安非常重视人的实用功利性，从事物质生产的工人、农民，能够打仗保卫并夺取政权的士兵，都处于价值观的中心。在这样的地方，何其芳感到了自己作用的虚无缥缈。

正像周扬所说：“他们没感觉是进入了一个新时代，没感觉到有一个要熟悉面对这些新对象的问题。他们还是上海时代的思想，觉得工农兵头脑简单，所以老是想着要发表东西，要在重庆、在全国发表，要和文艺界来往，还要过那种生活。身在延安，心在上海，心在大城市……有自己的一套，而且有的作家架子还蛮大的。”⑥整风前，延安鲁艺文人在文艺创演中“有自己的一套”。许多人往前线采风，回来以后写出来的东西是“四不像”，不但接受者不满意，自己更觉得别扭。据陆地回忆：“有时，系主任何其芳也加入我们的‘炉边闲话’。记得有一回他谈起这样的观点：认为‘五四’以来，新文学创作在写知识分子方面获得成功的不多。像《阿Q正

① 艾青：《了解作家，尊重作家》《解放日报》1942年3月11日。

② 何其芳：《一个平常的故事》《何其芳文集（第2卷）》，人民文学出版社1983年版，第223页。

③ 何其芳：《我歌颂延安》，朱鸿召：《众说纷纭话延安》，广东人民出版社2001年版，第223页。

④ 何其芳：《〈星火集〉后记一》《何其芳文集（第2卷）》，人民文学出版社1983年版，第266页。

⑤ 沙汀：《沙汀日记》，山西教育出版社1997年版，第17页。

⑥ 周扬：《与赵浩生谈历史功过》，艾克恩：《延安文艺回忆录》，中国社会科学出版社1992年版，第36页。

传》那样成功的艺术典型，也同样有待于大家努力去塑造。而在中国这一段历史发展过程中知识分子所起的先驱作用，可写之处是不少的。他说，他上过前线，访问过贺龙的一二〇师，本应要放声歌颂那些置生死于度外，为民族独立、人类解放事业而献身的英雄的。可惜，自己一贯所熟悉的无非是一些读书人，对出身于工农的英雄人物却隔着一层纱幕，看不清，摸不熟。战斗英雄虽然坐在面前对话，彼此到底未能一见如故，思想感情结合不到一块。即算为他们也写了诗，那只不过是理智上的颂歌，不可能令人感到亲切，受到感染。"①

何其芳通过前线采风对于自己的创作有了新的认识，对于鲁艺要求学生去前线搜集写作材料的实习表示质疑，于是向鲁艺文学系的学生提出了"写熟悉的题材、说心里的话"② 的创作主张。他所熟悉的题材当然就是知识分子题材。他认为，"写我们知识分子的经历也可以写出中国，写出中国必然发展的道路与前途"。③ 这可以看出何其芳思想上的矛盾：一方面，他想做一个成功的歌唱者与辩护者；另一方面，国统区时期养成的创作个性和创作经验又使他下意识地坚持原有的创作主张。"一个旧我与一个新我在矛盾着，争吵着，排挤着。""就写我自己这种新旧矛盾的情感也还是有意义的。这样一来，就又回复到主要是抒写个人的倾向了。"④ 创作于这一时期的《夜歌》就写出了何其芳对自己在来延安前经历的回思，有对自己到延安后不能很快克服知识分子的想法的苦恼。正如《夜歌三》中写到的："我已是一个成人。我有着许多责任。但我却又像一个十九岁的少年那样需要温情。""责任"和"温情"交织在一起，让诗人无法找到平衡。等到《星火集》出版时，何其芳回顾这时期的创作，认为这是一种"消极的退却的路线"。⑤ 但是，恰恰是这时期的创作，让读者真实地感受到了何其芳心灵深处的颤动，了解到何其芳是怎样控诉、攻击旧事物和旧思想，以及怎样为新事物、新阶级辩护的。它向读者展示了一个知识分子真实的心灵历程，使读者看到，在延安文艺座谈会之前，像何其芳这样的知识分子是怎样不断加强自身改造的。

周扬 1941 年曾谈到到延安后文人们的变化："人进入到一种未知的生活，开头总是感觉到新奇的。但几经接触后，实际便渐渐露出它本来面目，被你借幻想所渲染上的辉煌色彩很快地褪去，一切都显得平淡。……战争中有血、有死亡、有残酷。肮脏、愚昧、黑暗依然在农村中占有势力。……我多次地接到过在前方的文艺工作者的来信。大部分都是开始不习惯，不安心，后来才慢慢变好，积极起来的。就是一些曾写信给我诉说过自己在前方的失望和苦恼表示十分消极的同志，听说现在也

---

① 陆地：《瞬息年华——延安鲁艺生活片断》《陆地作品集》，漓江出版社 1986 年版，第 427 页。
② 何其芳：《关于艺术群众化问题》《何其芳文集（第 4 卷）》，人民文学出版社 1983 年版，第 46 页。
③ 同上。
④ 何其芳：《〈夜歌〉初版后记》《何其芳研究专集》，四川文艺出版社 1986 年版，第 242 页。
⑤ 何其芳：《〈星火集〉后记一》《何其芳研究专集》，四川文艺出版社 1986 年版，第 256 页。

都工作得很起劲了。"① 这段话说明了文人们来到解放区后的变化，不只是一种新鲜感带来的，而是在深入生活，看见了现实的血和火，痛苦地思想"蜕变"后的结果。

于敏说："刚来延安的时候，听不惯这里的信天游、迷糊调，那个信天游唱起来一会儿高八度，一会儿低八度。后来经过延安整风以后，觉得信天游很好听，我一听那个调就感到非常亲切，因为感情起了作用。"② 一方面，农民在战争中人性得到高扬，显现出美的境界，改变了原来知识分子对他们的表面认识，许多知识分子在实践中感同身受，思想感情发生了转变。另一方面，原有的启蒙主义价值观仍在起作用。许多知识分子到了根据地以后，对已形成的战时文化环境感到不适应，发生各种各样冲突。为了调解两种价值观的摩擦，让更多知识分子抛弃个体主张，加入到集体的大熔炉里，不仅《在延安文艺座谈会上的讲话》成为当时以及其后文艺工作的经典性文献，而且还以小组学习和下乡实践两种主要方式对知识分子进行从身份到思想的集体改造，从而协调个人的"自觉行动"和完美的社会纪律之间的冲突。

从解放区知识分子内部来看，"无产阶级化"使知识分子出现阶层分化；一种是在政党组织中担任领导职务，参与文化政策的制定，负有诠释文化政策以及督促其他知识分子责任的一类知识分子，他们是领导者阶层。一种是思想觉悟较快，能够积极遵照党的指示主动进行思想转变的知识分子，他们是接受者阶层。还有一种是未能充分领会党的文艺和知识分子政策，不能适度处理好文艺与政治的关系，固执己见，因而受到思想改造的被批判阶层。在鲁艺我们可以清楚地见出这三层知识分子的存在和差别。周扬显然扮演了其他知识分子的"领导者"角色。他是共产党文化宣传机构的主要领导，不仅负责诠释党的文艺政策，而且是以政党代表来对其他知识分子提出要求，发出号召，这就使他区别于其他知识分子，成为政党机构的"文化代理人"。何其芳和周立波就是属于主动接受改造的知识分子，这是鲁艺知识分子的大多数；最后是王实味、高长虹之类无法适应这种形势的受批判阶层。

1943年4月3日，《解放日报》刊出了鲁艺两位代表人物周立波与何其芳的检讨文章。周立波在题为《后悔与前瞻》的文章里自我批评："有人要我写乡下的事，我只能写写牛生小牛的事情。对于动人的生产运动，运盐和纳公粮的大事，我都不能写。"文中称自己走了一条"旧的错误的路"，并分析了之所以走错路的三个原因，其中的两个是："第一，还拖着小资产阶级的尾巴，不愿意割掉；还爱惜知识分子的心情，不愿意抛除。""其次，是中了书本子的毒。读了一些所谓古典的名著，不知不觉地成了上层阶级的文学的俘虏。"周立波表示要痛改前非："我只希望我们能够很快被派到实际工作中去，住到群众中间去，脱胎换骨，'成为群众一分子'。"何其芳的文章题为《改造自己，改造艺术》。他说："旧我未死，心多杂念。""整风以后，才猛然惊醒，才知道自己原来像那种外国神话里的半人半马的怪物，一半是无

---

① 周扬：《文学与生活漫谈》《抗日战争时期延安及各抗日民主根据地文学运动资料（上）》，山西人民出版社1983年版，第81页。

② 王海平、李军峰：《回望延安1942》，江苏文艺出版社2002年版，第155页。

产阶级，还有一半甚至一多半是小资产阶级。”他甚至对自己以前所做的工作和成绩全盘否定：“我同时感到，要严格地说来，我自己就是一个文艺还没有真正成为我的行动的人。”①

以这两篇检查为标志，延安的知识分子也完全放弃了原来的立场，完全统一到实用和普及的轨道上来了。周立波回顾当年的往事说：整风以前，自己“阅读了许多西洋古典的作品，不知不觉之间对这些东西有些迷惑”，而“漠视了比古典作品所反映的内容要雄伟得多的眼前的工农兵的斗争的现实”。通过文艺整风，他才深刻认识到自己以前脱离实际、脱离群众的错误倾向的严重性，并下定决心，要长期地、无条件地、全心全意地深入到工农群众中去。他表示：自己一定要“在火热的斗争中不断地改造自己、丰富自己和提高自己”，从而使自己真正成为“工农兵的忠实的代言人”。② 像何其芳、周立波主动进行思想改造、严格进行自我批评、努力汇入时代洪流的知识分子就是大多数。他们是那些在《讲话》后真正转变了立场的知识分子，开始由有个性的作家向有党性的文艺工作者转变。整风后，自我忏悔成为延安知识分子共同的特征。为了获取延安社会的宽宥和重新承认，文人们真诚地鞭挞着自我的灵魂，无情地暴露自我的缺陷，无止境地自我否定，以至到了失去分寸感和合理性的地步。

后来的何其芳把个人价值建立在集体和领袖对自己认同之上，在集体的权力话语中消融了自我。他不再以个人价值的独立为前提，却总是在依附的力量中寻求认同。何其芳的转变是他艺术实践上不断突破自我，寻求更高的理想追求的结果。他的思想感情的政治化以及对革命领袖的崇拜都带有那个时代知识分子思想特征的共性。

何其芳较早地提到知识分子的改造问题：“才知道一个共产主义者只是读了一些书本，缺乏生产斗争知识与阶级斗争知识，是很羞耻的事情。才知道自己急需改造。而且，因为被称为文艺工作者，我们的包袱也许比普通知识分子更大一些，包袱里面的废物更多一些，我们的自我改造也就更需要多努力一些。这种改造，虽说我们今天已经有了思想上的准备，还要到实际里去，到工农兵中间去，才能完成。”③ 这种原罪感就像是一个符咒戴在了知识分子的头上，他们在不停的否定自我中迷失了方向。

1946 年，何其芳又发表了《朱总司令在延安文艺座谈会上》的回忆文章，生动再现了当时他听了总司令讲话后的内心波动、复杂感受以及所受的启发教育，呈现出知识分子思想发生变化的心灵轨迹。

首先看朱总司令针对“革命的作家是不是要经过一个转变”发表的讲话意见：哪里不要转变啊。岂但转变，我说就是投降。我原来不是无产阶级，因为无产阶级

① 《抗日战争时期延安及各抗日民主根据地文学运动资料（上）》，山西人民出版社 1983 年版，第 267 页。

② 贺志强等：《周立波在鲁艺》《鲁艺史话》，陕西人民出版社 1991 年版，第 112 页。

③ 《抗日战争时期延安及各抗日民主根据地文学运动资料（上）》，山西人民出版社 1983 年版，第 264 页。

代表的是真理，我就投降了无产阶级。我投降无产阶级，并不是想来当总司令。我只是替无产阶级打仗、拼命、做事。

何其芳自己的感受是：转变也好，投降也好，从好的转投到坏的自然是耻辱，是堕落，但从坏的转到投到好的又有什么需要遮掩的呢。这正是光荣，正是向上。而且，“投降”，朱总司令用的这个字眼是何等通俗而又何等确切啊！投降，就是完全缴械。我们到延安，在延安工作，还不是在政治上、在组织上从另一阶级到这一阶级罢了。我们还要在思想上抛弃那些非无产阶级的思想，才是真正的完全缴械。①

曾经在延安力主多演大戏名戏、以导演《日出》而名噪一时的戏剧系领导张庚后来谈自己的“转变”：整风以后，毛泽东同志指示我们，先要做老百姓的学生，然后才能做他们的先生；教我们放下臭架子，甘当小学生。这样大多数戏剧工作者才渐渐醒悟过来，开始严肃地注意到陕北民间流行的艺术——秧歌上来了……把从前那种看不起它的心理完全翻了过来，成为激赏了。②

丁玲的话更为彻底：首先我想是缴纳一切武装的问题。既然是一个投降者，从那一个阶级投降到这一个阶级来，就必须信任、看重他们，而把自己的甲胄缴纳，即使有等身的著作，也要视为无物。要拔去这些自尊心、自傲心，要谦虚地学习他们的语言、生活习惯。学习他们的长处，帮助他们工作，不要要求别人看重你，了解你；在工作中去建立新的信仰，取得新的尊重和友情。……那些个人的伟大，也实在是不值得提起了。③ 这里他们用了“缴械”“激赏”“投降”之类的词，表明他们经过彻底的反省和自我批评，在思想上趋于统一。完全放弃了主动的姿态，选择与政治威权合作，心甘情愿作为其“组成部分”的“有机知识分子”。

整风以后，在《讲话》精神的感召下，在党纪、党规的威慑下，鲁艺的知识分子终于明白：“认同一个想象性的集体化历史主体是如此的真实迫切”。鲁艺的知识分子们原来以为自己是更觉悟、更文明的启蒙者，现在被告知他们不再是教育者、批判者，而是受教育者、被批判者。他们个个精神上都背着有“罪”的负担，他们不再高人一等，他们是需要彻底地改造的小资产阶级知识分子。在《讲话》这块试金石面前，被称为灵魂“脏的”“不干净的”知识分子，纷纷表示愿意“脱胎换骨”“洗心革面”，延安文人们都开始共同熟练地套用《讲话》中的批评语汇，主动地向领袖所指引的工农兵文艺靠拢。革命队伍里只能有一种职业，那就是无产阶级革命战士。知识分子和工农兵融为一体了。此时，他们的区别只是革命分工不同，而且是作为有罪的人必须服从于工农兵。

萨义德说：“知识分子是具有能力向‘（To）’公众以及‘为（For）’公众来

---

① 何其芳：《朱总司令在延安文艺座谈会上》《文学运动史料选（第四册）》，上海教育出版社1979年版，第664~665页。

② 张庚：《谈秧歌运动的概况》《群众（第11卷）》，第9期1946年6月30日。

③ 丁玲：《关于立场问题之我见》《抗日战争时期延安各抗日根据地文学运动资料（上）》，陕西人民出版社1983年版，第179页。

代表、具现、表明讯息、观点、态度、哲学或意见的个人。而且这个角色也有尖锐的一面，在扮演这个角色时必须意识到其处境就是公开提出令人尴尬的问题，对抗（而不是制造）正统与教条，不能轻易被政府或集团收编。"① 然而，鲁艺的知识分子们和很多延安文人一样没有做任何自我防卫，就很快屈从了，心悦诚服地接受了改造，并且对于自己所做的一切都是毫不怀疑的。

1943 年春天，鲁艺出现了一种奇特的景象：文人们完全改变了自己的角色，全面投入体力劳动。整个鲁艺变成了一座聚集着五花八门的手艺人的小作坊，并相互展开火热的竞赛。文学部学委会负责人何其芳自愿超越免除一半劳动的规定，订出了完成百分之二百的计划。戏剧系钟敬之、许珂等组织的木工小组已制出纺车十余架。美术系木工小组向农业小组挑战，要完成原定任务的百分之三百。美术系女同志领导的“马杏儿纺毛小组”成立后，有两个“马丕恩小组”向它应战。制牙刷小组四个月制出五百支牙刷。做鞋小组四个月出鞋三百双。女同志织物出品已达数十件，内有美观的游泳衣裤。织布组提出“不浪费一寸线”的号召。私人生产有修理口琴、钟表，削竹针，焊壶，磨剪刀，裁制服装等。② “这些‘学生哥’‘洋教授’就和农民一样，扛起锄头上山去开荒种地了”③。运动中，“大量采用民间形式，采用为广大群众能听得懂、看得懂的形式，采用为老百姓能解得下的形式”。鲁艺文人舍弃了契诃夫、曹禺，改为到打谷场上扭秧歌，“为各方面所赞誉”“许多作家已经开始去访问老百姓、劳动英雄，写他们的事业。”“小说、诗歌、戏剧、木刻等，都在向着接近群众这一方向走。”如果说审干运动、抢救运动体现了专政的威力，那么，让知识分子参加劳动达到改造的目的，形成的是道德压力。用体力劳动代替精神思考，“劳动”变成了对人的灵魂的一种揭露、考验和洁净过程。“我们在生产中劳动很紧张，没有休过星期天，每天天不亮即到地里劳动，落日才归，风雨无阻。什么课也没有上，只是晚上看看报纸。”④ 彻底改造的决心、长期生产的准备、不断劳作的过程，慢慢地消磨掉一个知识分子的自我意识和心理自尊，就能体验到毛泽东同志论证过的“最干净的还是工人农民，尽管他们手是黑的，脚有牛屎，还是比大小资产阶级都干净”⑤。小资产阶级知识分子只有积极参与生产劳动，求得知识分子无可回避的脱胎换骨，摆脱令他们感到自卑和可耻的知识分子身份，才能成为无产阶级革命战士和中国的共产主义者。他们甚至不惜以对知识分子的诅咒来证明自己思想的坚定，这些过火的举动似乎有些让人不可思议。戏剧系一位老师说，他通过学习讨论认识到，“已往对于个人与集体的关系和责任了解的（得）不够”，现在，“他恨不得有时把自己拆散，然后再根据文件把自己重新建造起来”⑥。强大的舆论和

---

① ［美］爱德华·W·萨义德：《知识分子论》，三联书店 1999 年版，第 16 页。

② 《延安文艺丛书·文艺史料卷》，湖南文艺出版社 1987 年版，第 177 页。

③ 《老解放区教育资料选编》，人民教育出版社 1959 年版，第 210 页。

④ 林伟：《忆自然科学院发展中的一些情况》《延安自然科学院史料》，中共党史出版社 1986 年版，第 431 页。

⑤ 毛泽东：《延安文艺座谈会上的讲话》《延安文艺丛书·文艺理论卷》，湖南文艺出版社 1987 年版，第 5 页。

⑥ 穆青：《鲁艺的怀念》《延安鲁艺回忆录》，光明日报出版社 1992 年版，第 456 页。

环境力量彻底摧毁了知识分子心中固有的信仰，他们渴望重生，渴望融入声势浩大的群众运动中。

“做一个世俗的人，才能摆脱‘全知全能’的‘代表性’和‘代表大众’的‘从流性’。因为：不管知识分子如何假装他们所代表的是属于更崇高的事物或终极的价值，道德都以他们在我们这个世俗世界的活动为起点。”①

在毛泽东《讲话》里，文艺作家全部被囊括在“小资产阶级知识分子”的范畴内。1942年延安思想整风的重大结果是，它确立了下层大众的绝对地位并取消了知识分子作为大众引导者的资格。“先要做老百姓的学生，然后才能够做他们的先生；放下臭架子，甘当小学生。”② 这样，倒是很容易便解决了知识分子内心的冲突。知识分子的形象单纯了，不必再犹豫对大众的态度，只应走进农村，追随大众，融入民众，“以工农的思想为思想，以工农的习惯为习惯”，③ 脱胎换骨地改造成他们中的一分子。有的文人是主动向大众靠拢，经过“灵魂”的焦虑之后，上升到“无产阶级的立场”上来。这是历史的限定。

陈云以为：“文艺工作的内容，无非是群众的生活和斗争。这些事情都是旁人做的，作家不过是将它们用文艺的形式表现出来。要是旁人不做，作家也就没有什么可表现。”④ 工农群众有生活，领导干部有思想，文学艺术家通过艺术技巧、使用语言文字，三者相结合，便成了崭新的文学创作的道路。在整风运动中，鲁艺教师周扬、周立波、陈荒煤、曹葆华、严文井等人基本摒弃和修正了原有的文艺观，转而成为毛泽东思想的追随者、宣传者和执行者。而孔厥、黄钢、贺敬之等鲁艺学生也顺理成章地成为毛泽东文艺思想的接受者和信奉者。

知识分子们这样确认自己的身份：“从责任和义务上讲，我首先是党员，后才是作家。”⑤ 也就是强调：“一个好的艺术家，应当同时是政治家。”鲁艺文人们的文学意识、文学创作逐步向着重实践而轻幻想、厚本土而薄西化、崇集体而忽视个体的倾向发展和倾斜。这种倾向，在中华人民共和国成立后更是随着革命实践的深入而走向实质。从背向工农兵转变为面向工农兵，从窑洞到广场，从狭小的知识分子的圈子到广大的群众中间，从书本的教条的学习走到实际的生活的学习，这的确是一个巨大的转变。鲁艺文人的这场转变也是他们自觉意识到个体的渺小和工农大众的伟大的思想主动趋同的结果。

中国传统文化向来有重群体、轻个体的倾向，20世纪初期扑面而来的危机感更是强化了这种群体主义本位观。马克思主义认为，“每个人的自由发展是一切人自由发展的条件”⑥。因为“只有在集体中，个人才能获得发展其才能的手段。也就是说，

① ［美］爱德华·W·萨义德：《知识分子论》，三联书店1999年版，第100页。
② 毛泽东：《文艺工作者要同工农兵相结合》《毛泽东文集（第2卷）》，人民文学出版社1996年版，第430页。
③ 张庚：《谈秧歌运动的概况》《群众（第11卷）》第9期1946年6月30日。
④ 《延安文艺丛书·文艺理论卷》，湖南文艺出版社1984年版，第112页。
⑤ 丁玲：《於梨华》《丁玲文集（第4卷）》，湖南人民出版社1983年版，第461页。
⑥ 《马克思恩格斯选集（第1卷）》，人民出版社1972年版，第273页。

只有在集体中才可能有个人自由”。[①] 但是，又只有以“每个人的自由发展”为前提，这样的集体中才可能是道德的、完美的、和谐的和自由的。

对集体意识的强调不仅表现在对作家个性的要求方面，也表现在对文学本身的定位和文学批评的标准等方面。大部分理论家只是强调工农大众的进步性，而忽略了他们身上所存在的缺陷，那就是他们承袭的几千年封建文化传统中的毒素。正如胡风所说：“他们的精神要求虽然向着革命，但随时随地都潜伏着和扩展着几千年的精神奴役的创伤。”[②] 而真正的知识分子从来都不是指那些仅仅从事与文化有关工作的人，而是指“他们是人类的基本价值（如理性、自由、公平等）的维护者。知识分子一方面根据这些基本价值来批判社会上一切不合理的现象，另一方面则努力推动这些价值的充分实现”[③]。所以，知识分子除了专业工作以外，必须同时关怀国家、社会以及世界上一切有关公共利害的事情，他们是“社会的良心”，他们要对一切现有的思想、观念和宣传充满怀疑，并且不屈服于任何一个政治或政党的压力。他们的关怀超越于个人以及个人所属的阶级或集团利益，有一种宗教承当的精神。从这个意义上讲，《讲话》以后的延安事实上已经不存在现代意义上的知识分子了。

有学者认为：“作家们的‘转变’实在是一个相当复杂的问题，有着相当复杂的表现形态；公开表达出来的文字和可能没有表达的想法，主观的思想意愿和作品中客观呈现的多种面貌，都使得研究者不能够把问题简单化。”[④] 所以，对于鲁艺文人的“转变”中和“转变”后思想、情感、文学行为的复杂性，我们不能轻易简单化，不能轻视他们当初对毛泽东思想的虔诚态度，对他们的沉重、艰难和无奈的思想斗争，我们只有尽可能去接近和试图理解，而不能坚决否定。

三、艺术实践变化——从“小鲁艺”到“大鲁艺”

1942年5月30日，延安文艺座谈会第六天后，毛泽东又来到鲁艺做报告，提出了著名的“小鲁艺”和“大鲁艺”的观点。他在报告中指出：现在同学们学习的地方是小鲁艺。只在“小鲁艺”学习是不够的，你们还要到“大鲁艺”去学习。大鲁艺就是工农兵群众的生活和斗争。广大的劳动人民就是大鲁艺的老师。你们应当认真地向他们学习，改造自己的思想感情，把自己的立足点逐步移到工农兵这一边来，才能成为真正的革命文艺工作者。你们从鲁艺到大鲁艺去，就是外来干部，不要瞧不起本地干部，不要以为自己是洋包子，瞧不起土包子。知识分子不要摆知识架子。

---

① 《马克思恩格斯选集（第3卷）》，人民出版社1972年版，第84页。

② 胡风：《置身在为民主的斗争里面》《希望》1945年第1卷第1期。

③ 余英时：《士与中国文化》，上海人民出版社2003年版，引言第2页。

④ 吴敏：《倾斜与缝隙——浅论延安文人40年代的思想转变》，中山大学2002年博士论文。

毛泽东同志1938年5月亲临鲁艺，发表演讲："你们的鲁艺是小观园，抗日根据地是大观园。你们的大观园在太行山、吕梁山。"

鉴于鲁艺曾有过的片面强调提高的倾向，毛泽东说："长征经过的毛儿盖地方有许多又高又大的树，那些树也是从豆芽菜一样矮小的树苗长起来的。提高要以普及为基础，不要把"豆芽菜"随便踩掉了。①工农兵那里也有许多生动的文艺作品，不要瞧不起这些"豆芽菜"。他又用柳宗元的《黔之驴》的寓言故事来劝诫知识分子，唯有背叛自己的教养，深入到工农大众中去改造思想，脱胎换骨，才有可能适应新的文化规范。由此可见，毛泽东等中共领导人对于文艺家的思想改造是比较重视的。他的《讲话》厘清了知识分子思想和创作上的模糊认识，起到了统一思想、澄清观念、提高认识、团结队伍的作用。

在毛泽东走出"小鲁艺"、到"大鲁艺"去的号召下，鲁迅艺术学院的艺术家们纷纷深入农村、工厂、部队和各基层单位，进一步推动了文艺的民族化、大众化进程。丁玲曾评价《讲话》以后的延安文坛说："戏剧第一，通讯、报告、速写一类的作品次之，长篇小说最落后。至于诗歌，则还在寻求出路之中。"移用于《讲话》之前的延安文学，大体上也是成立的。②

鲁艺的艺术实践，教学活动在《讲话》后呈现出很强的符号学变革的倾向："话剧不演了，改扭秧歌；写惯了自由诗的诗人，纷纷开始师法顺口溜；小说的语言和风格，则迅速接近于说书演义……"③"这时，在鲁艺照样可以听到钢琴声、小提琴声，但更多的是锣鼓和板胡、三弦的音响；在山谷中不仅有《黄河大合唱》浑厚的歌声，还有地方色彩较浓的'信天游''郿鄠''道情'以及打夯种地的'秧歌号子'。"④在《讲话》精神鼓舞下，延安文艺出现了突飞猛进的高潮，涌现了许多群众喜闻乐见的优秀作品。鲁艺的文艺工作者认同了毛泽东对新的人民的民族的文艺

---

① 何其芳：《何其芳诗文掇英》，东方出版社2004年版，第140页。

② 赵超构：《延安一月》，上海书店出版1992年版，第121页。

③ 李洁非、杨劼：《解读延安——文学、知识分子和文化》，当代中国出版社2010年版，第153页。

④ 孙铮：《参加演出实践漫忆》《延安鲁艺回忆录》，光明日报出版社1992年版，第212~213页。

的想象，努力将这些新的认识转化为新的艺术实践，创造了延安文艺的大繁荣，开创了革命文艺与人民文艺的新时代。如歌剧《白毛女》、秧歌《兄妹开荒》、秦腔《血泪仇》等，培养了和造就了一大批延安作家、艺术家，如贺敬之、孙犁、马烽、孔厥、袁静等人，加强了延安文艺的队伍建设，增强了文艺的生命力、战斗力和新鲜血液。同时，文艺理论批评也发展起来了，周扬的《艺术教育的改造》、何其芳的《改造自己，改造艺术》、张庚等的《论边区剧运和戏剧的技术教育》《论文学教育》等文章的发表，建立了一整套符合当时文艺发展的理论。

1944 年，陈荒煤在《新华日报》连载了长篇报告文学——《一个农民的道路》，邵子南的《李勇大摆地雷阵》借鉴宋元话本、民间曲艺的表达技巧，诗文互衬，韵散相间，成功地运用了老百姓喜闻乐见的语言。这些都表明，《讲话》发表之后一种新的文学规范在创作领域所发挥的作用。

小说创作出现了大量的英雄传奇故事，如马烽、西戎的《吕梁英雄传》，袁静、孔厥的《新儿女英雄传》等。柯蓝的小说《抗日英雄洋铁桶》是解放区第一部运用章回体形式创作的通俗小说。小说故事性强，情节扣人心弦，语言明快、生动、通俗易懂，开了解放区文学“新英雄传奇”的先河。

艺术创作者的队伍越来越壮大，关注民众生活的作品也不断涌现。1942 年的“讽刺画展”主要针对延安存在的主观主义、教条主义、党八股、乱讲自由、学习工作等不良现象进行批评与讽刺，引起了很多观众的兴趣。延安领导人毛泽东、王稼祥、叶剑英等都参观了展览。毛泽东与三位画家见面后，以华君武的《1939 年所植的树林》为例，告诫艺术家不要因为局部问题而否定全体，对人民的缺点不能冷嘲，学习鲁迅杂文的“热风”。《讲话》之后，延安艺术家纷纷向民间学习，所谓的“谨严而沉着之写实作风”让位给朴实生动的民间艺术，出现了古元的木刻《减租会》、力群《丰衣足食》、剪纸《卫生》《装粮》等深受老百姓欢迎的作品。1946 年 7 月，晋绥解放区文联举办木刻剪纸展览会，其中展出的延安作品大多是鲁艺木刻家在整风后创作的。力群的参展作品表明：“在四二年整风后作者有很大进步。最显著的是在整风前作品如《饮》等虽曾受到国内木刻界欢迎，《女孩像》在苏联展览时亦博得好评，但这些作品偏重技术。整风后作品如《丰衣足食》《小姑贤》插图等则已注意内容，而且画面更趋明快，使群众易于接受。”①

在《讲话》以后，延安文艺界更为突出的是鲁艺文人开始摸索着对旧的陕北秧歌进行改造。他们在民间的秧歌表演形式中加入话剧与歌剧要素，将其改造成一种熔戏剧、民间音乐、民间舞蹈为一炉的歌舞短剧，来表现新的时代内容，深受广大人民喜爱。

（一）新秧歌运动

秧歌是陕北地区民间文化固有的品种，多在冬春农闲季节作为劳动之余的娱乐。

---

① 《介绍“木刻剪纸展览会”》，载《晋绥日报》1946 年 7 月 6 日。

它用北方农民喜爱的活泼形式，综合音乐、舞蹈、戏剧等手法，表达出民间生活的内容。旧秧歌本来是乡民好玩逗乐的，滑稽扮相自不可少，而且多半是一男一女互相对扭，内容总带些男女调情的意味。中国的旧秧歌的“伞头”有小生、丑婆，画白鼻子、白眼圈，扎冲天辫，耳戴红辣椒，身上乱七八糟地穿上五六件不同颜色的衣服，装扮起来有令人发笑的特点。秧歌的形式比较简单，情节也比较单纯，既方便演出，又容易为农民群众所接受。

1943年以前，秧歌还没有被延安文人充分注意。虽然经过文艺工作者的初步改造，具有了歌颂战斗和新生活的新内容，但总体上来说旧的形式未被触及，还留存了较多的民间形态。当时具有代表性的观点是：“秧歌舞本质上是一种群众的集体的土风舞，它并不能成为歌舞剧或舞剧，充其量不过是在快板剧或活报剧中加上一些秧歌舞而成为秧歌快板剧或秧歌活报剧而已。”① 延安文艺座谈会后，延安的文艺工作者积极贯彻《讲话》精神，决心走与工农兵相结合的道路。在深入农村的过程中，文人们向群众学习，向包括秧歌在内的民间艺术学习，提高了对秧歌的认识，便积极倡导和实践，利用秧歌形式，注进新内容，开始创作和演出新的秧歌舞和秧歌剧。对此，艾青分析：“秧歌剧之所以能很快地发展，主要的原因是：它体现了毛主席的文艺方向——和群众结合，内容表现群众的生活和斗争，形式为群众所熟悉，所欢迎；在新的政治环境和新的经济条件下，群众要求有自己的文化艺术，能很快地反映现实，比话剧和旧剧不受物质条件的限制，容易演出。”②

鲁艺秧歌队表演的《拥军花鼓》。扮演者王大化、李波

1942年12月间，鲁艺组成了一个百余人的大秧歌队。“我们秧歌队出发的时候，前面有一个很长、很宽的仪仗队，打着横标——‘鲁艺秧歌队’。大的横幅底下就是乐队，打锣的，打鼓的，吹唢呐的，各种乐器都有；后头是标语队，举的标语就是当时所提的一些口号。……再后面就是很长很长的秧歌队。”③ 在周扬的直接领导和张庚、吕骥的统筹之下，鲁艺几

① 丁里：《秧歌舞简论》《解放日报》1942年9月23日。
② 艾青：《秧歌剧的形式》《解放日报》1944年6月28日。
③ 刘炽：《鲁艺家的秧歌》《延安文艺回忆录》，光明日报出版社1992年版，第326页。

乎全院师生都参与到秧歌的创作和排练中。他们参照群众的喜好进行新秧歌剧的创作的实验，在剧本内容、人物、化妆等表演形式上做了许多改革。因为缺少经验，鲁艺秧歌队还“把桥儿沟村的秧歌把式杨家兄弟、擅长即兴编词的李生秀、极会演秧歌戏的鞋匠瘸子李等一些闹秧歌的‘头行人’，请到学院来教秧歌”。①

1943 年春节，鲁艺教师王大化、一年级学生李波在桥儿沟老百姓的打麦场上演出了秧歌剧《王小二开荒》（后改名为《兄妹开荒》），取得了很大成功。鲁艺的“洋学生”们勾上白眼圈、白鼻子、白脸蛋，头扎朝天髻，腰系红布条，身穿花袄裤，扮作小丑村姑模样，以土得不能再土的扮相且歌且舞，一唱众和。鲁艺的秧歌“受到了空前的欢喜赞叹”，诸如《兄妹开荒》之类的秧歌歌曲很快便在“人们的口边流传”开来。鲁艺的一个剧团到绥德、米脂、清涧、葭县一带演出四个多月，观众超过了十二万。到安塞演出时，“他们跳大秧歌舞时，老百姓自动参加到行列里来一起跳，打破了演员与观众的界限”。② 这种表演与欣赏互动、台上与台下观众一起欢乐的景象，成为文艺“大众化”“群众化”的表现。鲁艺的演出影响了延安及陕甘宁边区的各个专业文艺团体，延安城里出现了几十支由工农群众、知识分子和专业文艺工作者组成的秧歌队。于是，延安掀起了热火朝天的新秧歌运动，盛况空前。

1943 年春节期间，鲁艺秧歌队百余人连续在杨家岭、中央党校、文化沟、联防司令部等处表演，人山人海，盛况空前。在枣园表演时，毛泽东在黄土飞扬的大风中坐在长板凳上观看。毛泽东身上也落了一层黄土，但他并不在意，也不避一下风。这时，毛主席身边的一个人往他嘴上捂了个大口罩，毛主席马上用手扒拉开，只是兴奋地张着嘴哈哈大笑。朱德、周恩来等中央领导同志看后也认为很好。毛泽东称赞说：“这还像个为工农兵服务的样子。”朱德也连连点头：“不错。今年的节目和往年大不同了！革命的文艺创作，就是要密切结合政治运动和生产斗争啊！”③ 鲁艺秧歌队每天都要给农村演出五六场秧歌，群众用惊奇的目光看着他们，并议论纷纷：“尔个变了，鲁艺大学的学生也扭起咱们老百姓的土秧歌来了！”有的说：“以前鲁艺的戏看不懂，这回看懂了”。④ 群众奔走相告：“鲁艺家来了！”周扬高兴地对队员们说：“‘鲁艺家’，多亲昵的称呼！过去你们关门提高，自称为‘专家’，可是群众不承认这个‘家’。如今你们放下架子，虚心向群众学习，诚诚恳恳地为他们服务，他们就称呼你们是‘家’了。可见专家不专家，还是要看他与群众结合不结合。这头衔还是要由群众来封的。”⑤

新秧歌出现以后，立即受到重视，并很快地推广开来。在 1943 年的元旦到春节的秧歌活动中，鲁艺秧歌队创作了《拥军花鼓》（二人花鼓）、《七枝花》（四人打花鼓）、《运盐》（赶毛驴）、《旱船》《推小车》《刘二起家》（快板剧）和著名的小秧

① 王培元：《延安鲁艺风云录》，广西师范大学出版社 2004 年版，第 235 页。
② 何其芳：《关于艺术群众化问题》《文学运动史料选（第 5 册）》，上海教育出版社 1979 年版，第 97 页。
③ 艾克恩：《延安文艺运动纪盛》，文化艺术出版社 1987 年版，第 419 页。
④ 黄钢：《皆大欢喜—记鲁艺宣传队》《解放日报》1943 年 2 月 21 日。
⑤ 马可：《延安鲁艺生活杂记》，戴淑娟：《文艺启示录》，中国戏剧出版社，第 161~162 页。

歌《兄妹开荒》。据不完全统计，“从一九四三年农历春节至一九四四年上半年，一年多的时间就创作并演出了三百多个秧歌剧，观众达八万人次”①。这是对《讲话》的积极回应。据周扬统计，在1944延安的秧歌大会上，五十六篇秧歌剧包涵了写生产劳动的二十六篇，军民关系十七篇，自卫防奸的十篇，敌后斗争的两篇，减租减息的一篇。其中，“写生产的最多，也最受群众欢迎”。② 时任边区戏剧工作委员会委员的张庚评价说：“我们特别重视秧歌作为新戏剧的一种形式。这是因为它是老百姓所熟悉的，同时又是现存旧形式中间最生动活泼、最富有表现力的形式，而且也是最易改造成为表现新生活的形式。秧歌剧的最大特点是一种新的生活气氛。这是所有中国过去的戏剧所没有过的一种愉快、活泼、健康、新生的气氛。这就是秧歌剧的艺术性之所在，这是由于我们正确地表现了新生活而来的。”③ 在艺术与政治宣传、群众娱乐相互结合上，秧歌剧达到了最高的境界。

在秧歌运动中产生的秧歌剧，大多是以旧秧歌中的“小场子戏”为形式基础，再广泛吸收当地民歌、地方戏曲、民间歌舞，以及话剧、舞剧等因素，综合创编而成的小型歌舞剧。周扬对于旧秧歌提出批评：“恋爱是旧的秧歌最普遍的主题，调情几乎是它本质的特色。恋爱的鼓吹、色情的露骨的描写，在爱情得不到正当满足的封建社会里，往往达到对于封建秩序、封建道德的抗议和破坏……旧民间戏剧中恋爱的主题，一方面仍带着浓厚的封建色彩，另一方面是比较静止、比较单纯的农村生活的反映。在新的农村条件下，封建的基础已被摧毁，人民的生活充满了斗争的内容。恋爱退到生活中极不重要的地位，新的秧歌是有比恋爱千百倍重要、千百倍有意义的主题的。”他明确指出：“它是一种熔戏剧、音乐、舞蹈于一炉的综合的艺术形式，它是一种新型的广场歌舞剧。”④ 周扬借群众之口说，旧秧歌只是“溜勾子”秧歌，“耍骚情地主”，而新秧歌则是“斗争秧歌”。《讲话》后由于政治因素和知识分子的全面介入，使旧秧歌从形式到内容都发生了相当大的变化，形成了在主题、题材、人物等方面都和旧秧歌有很大的不同“新秧歌”。旧秧歌的色情气氛很浓重的，新秧歌里却是不能有的；旧秧歌是单纯娱乐的，新秧歌必须有教育意义。于是，为了去掉色情成分，就把容易产生色情意味的夫妻关系变成了绝不能引起色情感觉的兄妹关系。新秧歌取消了丑角的脸谱，除去了调情的舞姿，加入了手持镰刀、斧头的工人、农民和八路军、学生的正面形象，也有日本兵、汉奸的反面形象，表演起来矫健明快。还增加了表现新生活内容的花鼓、舞狮、旱船、推小车、霸王鞭、说快板等多种形式的民间艺术，具有一种清新明快的风格，真正是为老百姓所喜闻乐见的新艺术。1944年春节解放区的秧歌剧运动中，作品主题一律改成关于生产劳动、二流子改造等政治性的宣传鼓动，其功能不再被当成简单的低级娱乐，而是一

① 《延安文艺丛书·秋歌剧卷（前言）》，湖南文艺出版社1987年版，第2页。

② 周扬：《表现新的群众的时代—看了春节秋歌之后》《周扬文集（第1卷）》，人民文学出版社，第437~438页。

③ 张庚：《解放区的戏剧》，中华全国文学艺术工作者代表大会纪念文集，新华书店发行1950年版，第194页。

④ 周扬：《表现新的群众的时代——看了春节秋歌之后》《周扬文集（第1卷）》，人民文学出版社1984年版，第442页。

种群众“自我教育的手段”。周扬对这场秧歌运动作了及时总结：“它已经成了广泛而热烈的群众艺术运动，已经在群众中站定脚跟了。完全证明了毛主席的文艺座谈会讲话中所指示的文艺新方向的绝对正确。”①

可以看出，新秧歌运动在短时间内产生了一批数量多、质量高的秧歌剧，且鲁艺秧歌队所到之处均受到群众的热烈欢迎，其组织、创作、排演的过程已经形成了集体化的文艺体制生产。艾青对此给予了评价：“这些秧歌所以能够很快地发展，主要因为它体现了毛主席的文艺方向——和群众相结合，内容表现群众的生活和斗争，形式为群众所熟悉、所欢迎的。……工农兵成了剧中的主角。秧歌剧的表现手法吸收了各种戏剧手法，主要是象征手法和写实手法。象征手法是手势或别的动作，来形容物体的存在和运动。现实手法要求动作真实，给观众增加真实感和亲切感。”②“这些秧歌并不是哪一个个人创造的，而是一种完全的集体创作。参加创作的不仅有诗人、作家、戏剧音乐工作者、行政工作者、知识分子、学生，这回特别值得注意的是工人、农民、士兵、店员参加了。”③ 秧歌剧中所呈现的盛大群众场面体现了人民群众劳动生产的价值，也体现了艺术形式向大众的趋归。

毛泽东同志与农民秧歌队员在一起

对于如何改造旧秧歌，鲁艺文人也做了理性的分析。周立波在《解放日报》撰文提出：“边区群众欣赏力在普遍提高，秧歌的艺术性也要提高，即内容丰富、题材多样，少模仿，多创造。不仅应深入工农兵，发现新问题，猎取好题材，而且应充分发挥秧歌的特点：①它是广场剧，锣鼓要响，歌喉、动作要大；剧情紧凑、简明，尽快引起高潮，人物不宜太复杂。②应明快，有风趣，嬉笑怒骂皆成文章。③它是歌舞剧，歌唱要好，舞蹈要美。”④ 他提出了即使是为大众服务的艺术形式也要讲究艺术性，这

① 周扬：《表现新的群众的时代——看了春节秧歌之后》《周扬文集（第1卷）》，人民文学出版社1984年版，第442页。

② 艾青：《秧歌剧的形式》《解放日报》1943年6月28日。

③ 周扬：《表现新的群众的时代——看了春节秧歌之后》《周扬文集（第1卷），人民文学出版社1984年版，第439页。

④ 周立波：《秧歌的艺术性》《解放日报》1944年3月2日。

是对于民间艺术文人化的最好的途径。周扬也说："我们的秧歌虽然一般地都是采用了老百姓所熟识爱好的郿鄠、快板的形式，但因为加进了新的思想和新的艺术的因素，比起老百姓原来的秧歌来，一方面固然是面目一新，另一方面却也因此而丧失了一些老百姓的作风了。"① 他也指出，秧歌在改造中，实际上也破坏了民间艺术中的一些原生态的东西。

1943年《解放日报》发表社论《从春节的宣传看文艺的新方向》，肯定了解放区文艺的转向："去年五月党中央召集文艺座谈会后，文艺界开始向新的方向转变。……文艺界在思想上、行动上的步调渐渐归于一致。许多脱离实际、脱离群众的小资产阶级自由主义的倾向逐渐受到清算，而毛泽东同志所指出的为工农大众服务的方向成为众所归趋的道路。"② 这表明"'秧歌运动'中组织'叙事'的努力和热情，使得'秧歌剧'成为阐释新社会合法性的得力工具"③。秧歌运动是《讲话》精神的具体贯彻的产物，利用民间旧艺术形式创造新的民族艺术形式，并为后来新歌剧创作的成熟打下了坚实的基础。

以鲁艺为代表的延安文艺工作者们通过对民间传统秧歌舞的改造，创造出了兼具政治与艺术功能的新秧歌。新秧歌运动代表着知识分子由多少有些崇尚唯美的资产阶级文人彻底变成了向人民献艺的革命文艺工作者，也是文艺工作者在中共政治政策引导下对民间艺术的现实化和功利化。新秧歌运动的开展及其风行，也预示着一种新型的文艺管理模式已呼之欲出。于是，这场向民间艺术学习的运动已经不单单是艺术上的广采博纳、为我所用的纯艺术问题了。从旧秧歌到新秧歌，从"剧场"到"广场"，从"小鲁艺"到"大鲁艺"，包括鲁艺在内的许多知识分子终于实现了一个转变，融入集体活动，成为一个真正的无产阶级的知识分子是他们唯一的选择。

（二）旧剧改革

旧剧改革，是解放区戏剧工作的一项重要任务。由于延安的军队和群众普遍文化程度较低，他们比较倾向于有歌唱的戏。融歌唱和舞蹈于一体的平剧（京剧），便成为当时深受群众欢迎的剧种。1939年，鲁艺成立了平剧研究团。他们把传统平剧《打渔杀家》改编成现代戏《松花江上》，一炮打响。这是当时流行的"旧瓶装新酒"的现代戏代表作。他们又创作了新编平剧《松林恨》《钱守常》《夜袭》《赵家镇》《小过年》等。由于存在着旧形式束缚新内容的问题，后来开始排演京剧传统戏。《法门寺》的成功促使了京剧研究院的成立。1942年10月，平剧研究团与一二〇师的战斗剧社合并，成立了延安平剧研究院。其宗旨是"以扬弃批判的态度接受平剧遗产，培养平剧艺术干部，开展平剧的改造运动，以创造戏剧上新的民族形式"④。其

① 周扬：《表现新的群众的时代——看了春节秧歌以后》《周扬文集（第1卷）》，人民文学出版社1984年版，第450页。

② 《从春节的宣传看文艺的新方向》《文学运动史料选》，上海教育出版社1979年版，第33页。

③ 孟远：《歌剧〈白毛女〉研究》，人民大学2005年博士论文。

④ 《平剧研究院成立特刊》，艾克恩：《延安文艺运动纪盛》，文化艺术出版社1987年版，第397页。

任务是一方面研究平剧理论，一方面进行改造的实践。毛泽东为延安平剧研究院的成立题词："推陈出新（保留老百姓喜闻乐见的戏曲形式，表现革命的思想内容）"。这四个字也成为各解放区戏曲改革的指导思想。"出新"是指：改写历史题材和新编现代题材。后来，在1949年7月27日中华全国戏曲改进会筹委会成立以及1951年4月3日中国戏曲研究院成立之际，毛泽东一再重复和强调这个题辞，"推陈出新"就成了后来全国戏曲改革的指导方针。

鲁艺平剧研究团的计划是"第一阶段重点学习京剧技术，时间约三年；第二阶段着重研究；第三阶段进行改革。各个阶段都要与演出实践相结合"。[①] 事实上，该团只有两年的短暂历史，虽然主要任务是学习京剧技术，但因与实践密切结合，又为满足观众的需求，演出了相当多的传统剧目，有《法门寺》《击鼓骂曹》《四郎探母》《宇宙锋》《古城会》……

1943年到1944年，延安掀起了"戏改"运动的高潮，大型秦腔现代戏《血泪仇》和新编历史平剧《逼上梁山》分别获得了农民群众和中共高层领导的欢迎和赞赏。1944年1月9日，毛泽东在观看了由延安平剧院演出的新编历史剧《逼上梁山》以后给杨绍萱、齐燕铭写了一封著名的信。他说：历史是人民创造的，但在旧戏舞台上（在一切离开人民的旧文学、旧艺术上）人民却成了渣滓，由老爷、太太、少爷、小姐们统治着舞台。这种历史的颠倒，现在由你们再颠倒过来，恢复了历史的面目，从此旧剧开了新生面，所以值得庆贺。郭沫若在历史话剧方面作了很好的工作，你们则在旧剧方面作了此种工作。你们这个开端将是旧剧革命的划时期的开端。我想到这一点就十分高兴，希望你们多编多演，蔚成风气，推向全国去![②]

延安平剧院成立不久，毛泽东便指示剧院根据他在《矛盾论》中的有关《水浒传》里"三打祝家庄"的论述，创作剧本。他对主题的要求非常明确：打进敌人内部进行斗争，发动群众里应外合取得胜利。基于此，毛泽东提出三条修改意见：第一，要写好梁山主力军；第二，要写好祝家庄的群众力量。[③]《三打祝家庄》于1945年2月22日公演。它取材于《水浒传》梁山泊攻打恶霸祝朝奉的故事，描写起义军如何调查研究、了解敌情、孤立敌人和里应外合消灭敌人的复杂斗争。《解放日报》称赞它是"很有教育意义"的一出戏。彭真指出："《三打祝家庄》的演出，证明了平剧可以很好地为新民主主义政治服务，即为人民服务。特别是第三幕，对于我们抗日战争收复敌占区城市的斗争，是很有作用的。"毛主席也写信向作者、导演、演员们祝贺："我看了你们的戏，觉得很好，很有教育意义。继《逼上梁山》之后，此剧创造成功，巩固了平剧革命的道路。"[④] 这出戏的成功，是意识形态干预文艺创作的结果。

---

① 《忆延安鲁艺平（京）剧研究团》《延安鲁艺回忆录》，光明日报出版社1992年版，第138页。

② 《文学运动史料选（第5册）》，上海教育出版社1979年版，第3页。

③ 转引自周平远：《文艺社会学史纲——中国20世纪文艺学主流形态研究》，中国大百科全书出版社2005年版，第302页。

④ 艾克恩：《延安文艺运动纪盛》，文化艺术出版社1987年版，第569页。

这种由领导策划、命意、干预的戏剧创作模式产生的后果，一方面可以使某种形态的文艺获得超常规的发展，也可以因违反艺术规律而给文艺造成致命的伤害。这种模式后来演变成了“文革”时的“革命样板戏”。因此，怎样对待平剧，这不仅是一个单纯的对待平剧本身的问题，而且是新民主主义整个文艺政策、思想运动的问题。延安平剧研究院创作并演出了一批现代戏和新编历史剧，使京剧艺术在当时抗战中发挥了特有的效能。从他们开始接受了京剧艺术遗产，初步进行了旧剧研究与改革；培养了以阿甲为代表的一批京剧艺术家和组织家，他们在京剧改革与繁荣的事业中立下了不可抹杀的功劳。

（三）“土”“洋”结合的典范——歌剧《白毛女》

延安鲁艺在教学以及艺术创作上最辉煌的成果是由鲁艺师生集体创作，贺敬之、丁易执笔的现代民族歌剧——《白毛女》。这是一部在解放区家喻户晓的经典作品。它以民族戏曲与民歌曲调为素材，以民族语言为基础，深刻反映了当时社会尖锐的阶级矛盾和反抗斗争，代表了《讲话》后延安文艺在转向为工农兵服务后艺术上的最高成就。

歌剧《白毛女》经历了一个从民间传奇经知识分子改造向革命文艺的演变过程。在这个过程中，原作中的“封建性糟粕（依据新文化的准则当然包括鬼话和神话）”被“改编”和“剔除”掉，被重新赋予了新的主题。应该说，它是一个典型的“从民间传说到政治神话”的标本。

《白毛女》这部剧作来源于20世纪40年代河北阜平一带有关“白毛仙姑”的民间传说。这个带有神话性质的民间故事，原来的情节和矛盾冲突都很简单。1943年诗人邵子南由前方返回延安时，带回了这个故事，引起了鲁艺文人的注意。故事的传奇性、喜儿以及劳动人民的悲惨命运激发了大家的创作热情。周扬提出，是不是可以在秧歌剧的基础上写一部歌剧，鲁艺开始以这个传说为主要素材进行歌剧《白毛女》的创作。

开始，剧中人物是按民间传说安排的，对人物性格的认识较肤浅，有些概念化。对戏中所包含的旧中国充满复杂尖锐的矛盾揭示不深。后来周扬主持召开了编创会议，对创作提出了具体要求：要赋予它新的主题，突出农民与地主的阶级斗争这个重点，要体现出劳动人民的反抗意识，把两个时代、两种社会制度进行鲜明的对比，以鼓舞劳动人民的斗志，去争取抗战的最后胜利。经过鲁艺文人对民间传说进行开掘、提炼，剔除了原故事中过分渲染的神怪色彩，增加了表现阶级压迫的内容，原来的神话结构获得了科学化的解释。“白毛仙姑”这一鬼神被戏剧性地转化为被逼进深山老林中的农村姑娘喜儿，神话于是成为一场“误会”。原作的超越性、神秘性就这样被世俗化、人性化了，也即现实化、历史化了。周扬主张《白毛女》这个戏应该突出的是“旧社会把人变成‘鬼’，新社会把‘鬼’变成人”的主题。这部戏应该抓住了农民与地主阶级斗争这个重点，把两个时代、两种社会制度进行了鲜明的对比。①

鲁艺为这部新歌剧集中了全院所有的精兵强将，数易其稿。剧本完成后，音乐系的师生们根据剧本的形式和风格，为充分利用旧形式，先用地方戏秦腔为之配曲，试排了几场。周扬看了很不满意，认为无论从思想内容还是艺术形式以及表演格调都应该创新，应该用新的音乐语言，突破旧的音乐和表演的束缚，剧本、歌词要做些修改，音乐要重新写。为此，周扬调整了创作班子，调入文学系的贺敬之、丁毅执笔，反复修改。贺敬之对《白毛女》的创作作了详细说明："《白毛女》的整个创作是集体创作。这不仅是就一般的意义——舞台的艺术本就是由剧作、导演、演员、装置音乐等各方面构成的——上来说的，《白毛女》是比这更有新的意义、更广泛的群众性的集体创作。仅就剧本来说，它所作为依据的原来的民间传奇故事已经是多少人的'大'集体创作了。而形成剧本时，它又经过多少人的研究、批评补充，间接或直接地帮助与参加了剧作者的工作……若不是集体力量的相互合作，《白毛女》的产生是不可能的。"②

由于鲁艺文人思想、艺术观念不统一，《白毛女》的修改过程也很不顺利。

开始杨白劳被迫惨死的情节是安排在平常的日子里，有人提出阴历年是穷人的难关，把逼债放在大年三十晚上更突出地主阶级的凶残。增加了黄世仁豢养的为虎作伥的狗腿子穆仁智角色，以及假仁假义的地主恶婆黄母的人物。《白毛女》剧本中最初塑造的喜儿比较软弱，原作中还有喜儿受辱后幻想嫁给杀父仇人黄世仁"低头过日月"的情节。后来定稿本中删去了这一情节，有人认为这是对贫雇农女儿形象的歪曲。"在三、四幕中，喜儿所接受的不仅有黄家的欺凌、生存环境的险恶，同时还有中国社会根深蒂固的贞操观念带给失身后的喜儿心灵的创痛。这种心灵的压力，丝毫不亚于地主恶霸的欺凌与自然环境的险恶，而喜儿正是在努力战胜这一切的时候，其身上闪现出的母爱与人性的光芒才格外的璀璨。"③剧作初版本的最后一场，原设计为喜儿被救出山洞后与大春成婚。这样的爱情结局比较符合中国传统的叙事的模式，却受到周扬的批评。他说："这样写，就把这个斗争性很强的故事庸俗化了。"④遵照周扬的意见，创作组将最后一场改为开斗争会批斗黄世仁。经过反复修改，特别是作者概括加工，这个戏的主题思想、人物性格，通过情节事件的推进才逐渐丰富起来。每幕完成总排，贺敬之、丁毅就请鲁艺师生、干部群众和桥儿沟老乡观看并征求意见，边写作边排演边修改。"这确实是一种独特的集体创作的新方法。"⑤"在《白毛女》的改造里，民间形式与革命话语达到了令人吃惊的相得益彰状态，本来非但不'革命'相反很'落后'的因果报应论和妖魔化、神奇化叙事母

---

① 任颖：《回忆王大化》《延安鲁艺回忆录》，光明日报出版社1992年版，第187、215页。

② 贺敬之：《〈白毛女〉的创作与演出》《中国新文学大系·文学理论卷1》，上海文艺出版社1990年版，第697页。

③ 单元：《〈白毛女〉：文本隐伏内涵解析》《中国文学研究》2002年第3期。

④ 张庚：《歌剧〈白毛女〉在延安的创作演出》《新文化史料》1995年第2期。

⑤ 何火任：《〈白毛女〉与贺敬之》《文艺理论与批评》1998年第2期。

题经过革命理论的转换，变成了有力的阶级控诉、斗争动员和革命理想主义抒怀。”① 透过这样的改造，我们看到旧形式与革命意识形态相结合的文艺实践道路的成功。

从1945年1月到4月，《白毛女》剧本的创作和排练历经三个多月时间。

1945年4月28日，歌剧《白毛女》终于在中央党校礼堂第一次正式演出。党的“七大”代表和毛泽东、周恩来、朱德等中央领导以及延安的许多群众观看了这次演出，演出获得了巨大成功，观众反应极为强烈。演出的第二天，中央办公厅传达了中央书记处的三点意见：“第一，这个戏是非常合时宜的；第二，黄世仁应当枪毙；第三，艺术上是成功的。”它分别从革命性和艺术性上肯定了《白毛女》的成绩。传达者解释说：“中国革命的基本问题是农民问题，所谓农民问题主要就是农民反对地主阶级剥削的问题。这个戏反映了这种矛盾。在抗日战争胜利后，这种阶级斗争必然尖锐起来，这个戏既然反映了这种现实，一定会广泛地流行起来。不过黄世仁如此作恶多端，还不枪毙他，这反映了作者们的右倾情绪，不敢放手发动群众，广大群众是不会答应的。”② 这一指示明确指出了《白毛女》这部剧的要害。

从1945年4月在延安公演开始，《白毛女》一连演出了三十多场，“演出时间之久、场次之多，在延安是罕见的”，“受到观众的热烈欢迎”。特别在党的七大后演出，是非常“适时生动的阶级教育”③。老百姓说：“一满是实情啊，咱们是从旧社会上经过来的。看了那女子的凄惶光景，谁不是眼泪珠子不拉拉价！”④ 歌剧《白毛女》果然很快流行起来。“从‘五四’运动以来，从来没有任何一部剧的演出，能像《白毛女》这个剧本的演出产生那样巨大的强烈的政治效果和艺术效果。”⑤ 歌剧《白毛女》不像其他延安文艺作品那样通过青年男女爱情的实现来体现“政治的正确”，而是直接表现了中国农民的政治解放。

张庚说：“我们演《白毛女》，并没有认识到中央同志们所说的这种深刻的政治意义，更没有理会到对于黄世仁的处理关系有如此之大。中国又到了形势转变的关头，而我们却认识不到，仍旧拿老眼光去看正在变化中的阶级关系。”⑥ 歌剧《白毛女》的成功是一个具有典型意义的事件，它所产生的巨大社会效应是鲁艺的原创者们所始料未及的。它后来在中华人民共和国现代文艺史的地位和价值也是当初鲁艺人没有预料到的。在政治权威、艺术创造和民间形式的共同诉求下，将一个原本以破除封建迷信为主题的题材赋予了它阶级压迫的内涵。周扬在当时发表的一篇题为《新的人民的文艺》一文中，明确指出：《白毛女》一方面是通过喜儿、杨白劳来写中国农村的“惨烈场面”——“旧社会”；另一方面，则是“揭露中华人民共和国

---

① 杨劼：《旧形式与“延安体”》《文艺理论与批评》2003年第6期。

② 艾克恩：《延安文艺运动纪盛》，文化艺术出版社1987年版，第604页。

③ 《解放日报》见1945年7月17日有关《白毛女》的报道。

④ 贺敬之：《〈白毛女〉的创作和演出》，艾克恩：《延安文艺回忆录》，光明日报出版社1992年版，第225页。

⑤ 吉林大学中文系（编著）：《中国现代文学史（下）》，吉林人民出版社1962年版，第215页。

⑥ 张庚：《回忆〈讲话〉前后鲁艺的戏剧活动》，艾克恩：《延安文艺回忆录》，中国社会科学出版社1992年版，第175页。

成立后农村男女新生活的愉快光景"① ——"新社会"。新旧社会的对比是通过政权的更替对比来实现的。后来，《白毛女》在解放战争和土地改革运动中所发挥的巨大的感召、激励的力量，在现代文学史上也是空前的。

歌剧《白毛女》是中国民族新歌剧创立过程中的里程碑。它的大获成功，是全体鲁艺人与人民群众相结合的集体创作和不断完善，并产生了巨大戏剧效果和社会效果。它是意识形态与知识分子在文化上首次达成的共识，代表了《讲话》后延安鲁艺在实践毛泽东文艺为人民服务思想的最高成就。"这种特殊的新歌剧形态，借鉴西洋歌剧以音乐表现人物性格的方法，采用中国民间音乐与戏曲曲调，编制适合人物性格与剧情的乐曲；保留秧歌剧载歌载舞的特点，掺以话剧的对话，而对话剧又适当吸收传统戏曲念白的特点，恰当处理对话与歌唱间的转换，使之自然、和谐。这样，它既不是小型秧歌剧的扩展，又不是改造过的某种旧戏曲形式，而是以秧歌剧为基础，吸收中外古今其他戏剧形式的某些特点所创造出的比较自由活泼、有民族风味的适于反映现代生活的新歌剧品种。"② 它的成功是鲁艺人执著于"革命文艺"的成果，"由鬼变成人"的政治主题响应了当时社会变革的需要；同时，还包含了一些非政治的因素：阶级斗争、女性解放、因果报应等。而鲁艺文人将民间传说从细节、主题、民歌曲调加以改编，使歌剧《白毛女》真正做到了"土洋结合""雅俗共赏"、传奇性与现实性的高度统一。《白毛女》"开创了文艺创作和艺术生产的组织化、计划化的先河"③。它"既是'延安文艺'的最高峰，同时也是'延安文艺'的终结"。④ 就此而言，以《白毛女》这样的宏大作品作为"压轴大戏"，用以结束鲁艺七年的办学历史，确乎是当之无愧、得其所哉！

小　结

整风前后，延安鲁艺发生的有关文艺问题的争论，以及随后所发生的变化，凸显了鲁艺内部关于艺术教育理解上的分歧，代表了延安知识分子对于文艺与政治如何统一问题上的不同见解。鲁艺前期主要是从艺术本身来思考这个问题，更遵循艺术教育的客观规律以及维护文艺创作的尊严；而后期则主要是从政治意义来衡量文艺如何贯彻《讲话》精神，把完成政治命题当作自己的历史使命。无论鲁艺人的锐意进取还是顺应潮流，都是鲁艺知识分子在面对重大历史抉择时的思想斗争产物。他们在矛盾中所显露的徘徊与苦闷，真实地记录了他们在这个特殊的新旧交替历史时期的心路历程，表达了一代文人对如何创建具有中国特色艺术教育体系的认真探索精神。

---

① 周扬：《周扬文集（第1集）》，人民文学出版社1984年版，第516页。

② 李扬：《50~70年代中国文学经典再解读》，山东教育出版社2006年版，第307页。

③ 王培元：《延安鲁艺回忆录》，广西师范大学出版社2004年版，第320页。

④ 李扬：《50~70年代中国文学经典再解读》，山东教育出版社2006年版，第306页。

第四章

鲁艺文艺教育新范式的特征和影响

在八年抗战中，鲁艺在师资建设、培养人才、发展文艺事业，实行生产劳动和参加对敌斗争等方面，都取得了突出成绩。

延安鲁艺的文艺教育不同于以往任何一种教育模式。它吸取了中国传统艺术教育的合理内核，继承了苏区文艺和“左翼”文艺中的精华，加上毛泽东创造性地把文艺教育工作和为工农服务相结合的内涵，发展出了一套适合于解放区的崭新的文艺教育模式。

第一节　特　征

一、文艺教育为政治服务

战争环境为鲁艺规定了过于明确的政治功利目的，要求一切都要为满足抗战需要而服务，强调文艺教育服从于政治。

毛泽东明确指出：“无产阶级的文学艺术是无产阶级整个革命事业的一部分，如同列宁所说，是整个革命机器中的‘齿轮和螺丝钉’。因此，党的文艺工作，在党的整个革命工作中的位置，是确定了的，摆好了的；是服从党在一定革命时期内所规定的革命任务的。”① 他强调了文艺工作是党的革命事业的一部分，又说“文艺是从属于政治的，但又反过来给予伟大的影响于政治”，阐明了文艺与政治之间的辩证关系。

延安鲁艺是中国共产党领导和创办的一所高等艺术院校。中共对鲁艺的定位就是一所文艺党校。它要求以马克思列宁主义世界观、文艺观为指导，为培养抗战急需的各类艺术干部，为发挥文艺这一“团结人民、教育人民、打击敌人、消灭敌人”有力武器的作用，目的是成为实现中国共产党文艺政策的堡垒与核心，肩负起创造中华民族新艺术的光荣使命。

中共制定文艺政策的目的，就是通过党的思想来统一所有艺术家的政治立场：艺术反映现实，就是反映党领导的现实；艺术为工农兵服务，就是为党的政治目标服务。“任何一个政权只要注意到艺术，自然就总是偏重于采取功利主义的艺术观。

① 毛泽东：《在延安文艺座谈会上的讲话》《延安文艺丛书·文艺理论卷》，湖南文艺出版社 1987 年版，第 17 页。

这也是可以理解的，因为它为了自己的利益就要使一切意识形态都为它自己所从事的事业服务。”①

作为“实现中共文艺政策的堡垒与核心”，鲁艺在文艺教学、创作和研究等各项活动中，表现出中共创办和领导的文艺学院一系列鲜明特征。

鲁艺前期采用“应时教育”方针，进行短期培训；结合政治任务组织教学、文艺创作等。在整风运动、文艺座谈会和“王实味事件”后，延安知识分子的批判意识和独立立场受到强力整合，在接受工农兵再教育的旗帜下，他们被要求只能对“人民群众”和“党的领导”进行歌颂。为了满足群众的欣赏习惯，选取为他们易于接受和理解的文艺形式，走大众化的道路。为了配合扫盲，他们创作了秧歌剧《夫妻识字》《兄妹开荒》；为了阶级斗争，他们创作了歌剧《白毛女》；为了贯彻党中央既联合又斗争的统一战线政策，他们创作了话剧《同志，你走错了路》《把眼光放远一点》《李国瑞》《炮弹是怎样造成的》等。在民族形式——木刻方面，产生了《给群众修理纺车》，古元的《减租会》《离婚诉》等作品。由于一些文艺工作者将审美标准等同于政治标准，将创作内容的政治指向奉为至高原则，产生了大量概念化和公式化的作品。鲁艺的艺术家遵照马克思主义文艺理论美学的观点和历史观点的文学批评原则发出了“‘艺术就是宣传’！为了宣传的有力，再艺术些”的号召。②强调即使是为政治服务，也要有艺术性的主张。

在相对封闭的环境里，将一切力量集中于政治意识形态的控制中，将艺术教育纳入革命斗争实践，直接发挥艺术为无产阶级服务、为革命斗争服务的功能，强调艺术的阶级性、战斗性，将艺术教育作为革命救国的工具，用以激发无产阶级情感、提高思想觉悟，具有特定历史条件下的明确的政治功利意义。过分强调服从于政党的政策，不考虑文艺的特殊性，文艺教育就失去了主体性，不可能具备宽松的学术氛围和包容的气度。教育为无产阶级政治服务，应该通过教育科学自身的独立、具体的研究和探索，揭示教育活动的内在规律，并且应用这些规律为社会培养合格人才。

在战争年代，为实现民族的独立与自由这个伟大的政治理想，必须调动一切可以调动的力量，让文艺担负起正面的宣传、鼓动与教育作用，必须强调文艺的政治标准、强调文艺与当前政治任务的一致性与贴近，只有这样，才能完成这个巨大的历史使命。战争形势下只注重文艺的宣传教育作用，忽视文艺的思想艺术性，以实用性为原则，注重政治内容，的确能起到立竿见影的宣传效果。艺术教育过于注重功利性，只满足当前的政治需要，没有从学科角度做进一步深层次的安排，不利于艺术的长远发展。

同一时期，与中共领导的延安地区的政治功利教育有明显不同的国民党政府教育部于1937年8月27日颁布的《总动员时期督导教育工作办法纲领》战时教育方针

① 《普列汉诺夫美学论文集（第2卷）》，人民出版社1983年版，第830页。
② 王朝闻：《再艺术些》《解放日报》1941年12月2日。

中，保证教学正常进行的要求仍然是充满理性的：抗战既属长期，各方面人才直接、间接均为战时所需要……为自力更生抗战建国之计，原有教育必得维持，否则后果将更不可堪。至就兵源而言，以我国人口之众，尚无立即征调此类大学生之必要。故决定以战时须作平时看为办理方针，适应抗战需要。固不能不有各种暂时措施，但一切仍以维持正常教育为主旨。①

国民党政府对于学校教育教学秩序的维护既注重目前的战时需要，又着眼于未来的国家建设。在国共两党抗争的背景下，此举有控制青年学生的动机。不可否认，由于这个政治与教育相对分离的教育方针，给大后方保留了一个独立的文化空间，强调知识传统与政治现实需要相对分离，创造了抗战时期大后方科学文化的空前繁荣。在艰苦的抗战时期，以西南联大为首的一批高校坚守着自身的人文性和学术性，取得了卓越的成绩，培养了杨振宁、李政道等科学家和穆旦、汪曾祺等文学家，这些人的学术和艺术成就至今无人能比。战争并没有完全阻隔学术的发展，反而激发了它强大的生命力，完成了一个民族学术传统的延续。

二、理论联系实际

理论联系实际是鲁艺的最大办学特色。

（一）加强理论学习

鲁艺极为重视理论知识的学习，尽量开设专业理论课引导学员们在课堂教学中掌握理论知识，积极培养学员们运用理论知识分析问题和解决问题的能力。该院为戏剧、音乐、美术、文学四个系开设公共课，各系还开设必修课和选修课，使学员们理论知识能够兼顾深度与广度、博与精的统一；经常举办各种讲座，邀请名人和作家到鲁艺与学员们面对面进行交流。

（二）创造多种实践形式

理论教育与社会实践相结合的原则，贯彻于鲁艺的全部教学工作中。经过多次修订的《鲁迅艺术文学院教育计划及实施方案》明确规定：理论课的讲授，力求材料丰富具体，并注意联系当前政治上、文化上的具体策略问题……理论的学习，一般地当由具体历史文化知识进到一般原则问题，尤须着重于中国化，即能将一般原则具体运用于中国实际环境，力戒生吞活剥或盲目崇拜地搬运外国知识，忽视本国固有的及民间的文化艺术之研究；技术的讲授，必须一方面尽可能作正确的理论上的解释，并注意实际需要和应用；有计划的定期的外出实习，或作实习表演，或举行展览；并经常进行各种社会活动，以加强与民众的联系，从他们中间获得经验与批评。②

① 转引自金以林：《近代中国大学研究》，中央文献出版社2000年版，第253页。

② 钟敬之：《延安鲁迅艺术学院侧记》《新文学史料》1982年第2期。

为此，鲁艺采取了一系列重要措施：1. 在正常的教学和研究之外，为联系实际、服务抗战，鲁艺按照专业设置，挂靠相应部、系，成立一批实验或实践机构。包括木刻研究班、漫画研究会、实验剧团和平剧团、漫画研究会、战时文艺运动资料室、音乐工作团、美术工场、俱乐部、美术供应社等组织和机构，增设音乐、戏剧、美术、文学四个研究室，还组织了各种宣传队、秧歌队、访问团、工作团。这些机构担负着研究、实验、实践活动（演出、展览、文学创作等）各项任务，不但配合了教学工作，而且对进行抗日宣传和活跃边区人民文化生活起了重要作用。鲁艺还编辑出版了《文学工作》《戏剧工作》等多种油印院刊，并出版了文学刊物《草叶》，等等。这些实践活动不仅丰富了鲁艺师生的社会生活，同时也给予学员们很好的实践机会。2. 在各系教育计划中专设“实习”课。例如：戏剧系有导演实习、剧本创作，每届都有几次实习晚会，自编自演，不少优秀剧目，演出效果颇好。音乐系有自由作曲，同学们在学习过程中就开始歌曲创作实习，规定学员有时间必去工厂、机关辅导歌咏活动。郑律成的《延安颂》就是实习时的创作。美术系有木刻创作，并举行实习展览。文学系也有自己的创作实习。这些活动将学员们的积极性和主动性充分调动起来，很快将所学理论知识运用到实践中去，提高了学员们的学习效率。3. 鲁艺组织工作团到前方和边区部队、农村、工厂实习和工作，还把毕业后留校工作的学生先派到基层去深入生活，积累素材，为以后的创作和研究打下必要的基础。下农村、进工厂、到部队，辅导排戏、唱歌、采风、创作及慰问演出等，更是鲁艺经常性的工作。鲁艺自办的街头诗、街头画，总是引来许多人观看。这样的生活情形是很愉快的，因为成绩跟着日子一天一天积累起来。而愉快的另一面，是他们还有许多社会活动，比如参加宪政辩论会，比如参加“五四”青年大检阅，比如参加盛大的运动会。他们要求有最好的身体，有最好的智慧，并做出光辉灿烂的工作成绩来。①

在艰苦的战争环境中，鲁艺师生始终是延安各项文艺活动的中坚力量，有力地促进了延安文艺的发展和壮大。文艺评奖时，奖项获得者中鲁艺人占有很大比例。这些成绩的获得与鲁艺实行正确的教育方针密切相关。鲁艺注重理论学习与深入群众学习民间艺术相结合，创作演出与开展群众文艺运动相结合，逐步积累了适应战争环境和革命根据地实际的专业艺术教育方式和经验。

（三）教育与生产劳动相结合

教育与生产劳动结合既是马列主义理论联系实际原理在教育领域的具体运用，又是毛泽东教育思想的重要组成部分，也是革命根据地高等教育的成功经验。毛泽东的教育和生产劳动结合理论，就是学校和工厂、农村的结合，就是学生身份和工人、农民身份的结合，就是知识分子劳动化、劳动人民知识化，就是消除体脑差别、城乡差别。当然，教育与生产劳动相结合并不是教育单方面结合生产劳动，生产劳

① 贺志强等（编）：《鲁艺史话》，陕西人民出版社 1991 年版，第 46 页。

动也要结合教育，白天劳动，晚上学习，或者一部分时间劳动，一部分时间学习。毛泽东在根据地成功地领导了教育与生产劳动相结合的实践，根本目的是为了培养知识分子的实际能力，用劳动改造知识分子，使知识分子洗心革面，重新做人，以革命的人生创造革命的艺术。他号召知识分子到群众中去，与工农相结合。

为响应毛泽东关于“一面学习，一面生产”的号召，鲁艺调整了教学计划，实行教育与生产劳动相结合的方针，开展一边读书，一边生产劳动。鲁艺先后两次参加大规模的生产运动。其一是 1939 年春季开始的“生产运动”。师生们一起开荒、种地、挖窑洞、修校舍，而且还经常帮助附近农民播种、锄草、收割，深受农民的欢迎。为了加强生产劳动的计划性，还由学校总务处、秘书处、救亡室、同学会等推派代表组成生产委员会，由徐一新任生产委员会主任，钟光任副主任，下分宣传教育、粮食管理、牲畜农具、肥料、合作社等部，组织和领导全院师生员工开荒、播种、施肥、锄草、收割、纺线、烧炭、修建画室和排演棚等。1939 年春夏之际，茅盾在鲁艺短期任教，发现自己住处的桥儿沟山谷里一片绿野，各种农作物——青菜、茄子、玉蜀黍、南瓜、洋薯、番茄生长茂盛。其中，很多是鲁艺师生以及其他工作人员“生产”的果实。① 通过生产劳动，创造了大量的物质财富，战胜了由于日寇的侵略和残酷掠夺而造成的经济封锁。其二是 1943 年秋季开始的“大生产运动”，一边劳动改造，一边精神洗礼。前一次生产运动是因为经济危机，为了物质生存，大家响应组织的号召，主动参加，愉快劳动，改善伙食，锻炼艰苦工作意志。学员参加“生产运动的意义，它不只是在经济上开源节流，帮助学校解决经费问题，改善各队自己的营养，使同学们自己多吃些可口的菜蔬与肥美的猪肉，而且更有伟大的意义，这教育着同学以刻苦耐劳的方法，锻炼同学艰苦卓绝的意志，它是由实践中去学习艰苦的工作作风的一种方法”②。后一次大生产劳动，也有经济困难，但对于鲁艺师生来说，更大的作用是改变思想，改造人生。刚刚经过整风审干“抢救运动”，郁闷的空气仍笼罩在鲁艺师生们心中。根据陕甘宁边区政府的统一安排，鲁艺师生员工每年每人必须完成一石公粮的生产任务，做到整风、学习、生产三不误。在学校生产管理处领导下，成立专业的农业生产合作社、手工业生产合作社和运输合作社，开展全面的生产劳动。身强力壮者纷纷报名到“工农合”，体力弱者可以在校内学习纺纱，以纱代缴公粮。“天一亮，在窑洞门前的院子里，在教室里，在大礼堂（天主教堂），一阵阵纺车之声，像成千上万人的大合唱，响入天上。”③

毛主席号召：“自己动手，丰衣足食！”周扬院长贯彻这一指示，在鲁艺学院办了自己的农场、牧场，羊成群地在山上放牧，猪满圈，蔬菜一大车一大车向学院灶房拉，生活相当好。每日三餐，香甜的两干一稀的小米饭（早点小米粥、午饭和晚饭都是小米干饭）。讲师、教授们吃小灶，天天有肉吃；我们学员每隔一天一顿肉。

---

① 茅盾：《记鲁迅艺术文学院》《延安文艺回忆录》，光明日报出版社 1992 年版，第 87 页。

② 《延安几所干部学校的生产劳动》，见《老解放区教育资料汇编》，人民教育出版社 1959 年版，第 208 页。

③ 苗延秀：《延安情》《延安鲁艺回忆录》，光明日报出版社 1992 年版，第 586~587 页。

每个星期天会餐，吃肉吃馒头。有一位陕北米脂县地主家庭出身的女同学马尊说她们家里生活也没有学校好，没有天天吃干饭，也吃不到那么多肉。何其芳老师陪同边区政府主席林伯渠同志去重庆谈判途径西安，有朋友问他："你们延安生活怎么样?"他谦虚而自豪地回答："我们延安的生活不怎么样，但是天天有肉吃!"①

学员除了学习以外，还要参加生产劳动。一般规定是生产劳动占学习时间的百分之二十。这种生产劳动有手工业的也有农业的，有个人的也有集体的。一到了春耕的时候，这些"学生哥""洋教授"就和农民一样扛起锄头上山去开荒种地了。每人对于劳动都是以愉快的心情来接受的。有一个时期几乎每个学生都有一架手摇纺纱机，将纺出的线纱交给工厂织布制衣穿。这种生产劳动一方面可以减轻政府及老百姓的负担，解决财政问题（学校经费要自给百分之七八十）；同时是为使青年知识分子养成劳动习惯和劳动观念，纠正"万般皆下品，唯有读书高""劳心者治人，劳力者治于人"等错误观点，以便能够更好地和劳动人民结合，更有效地为人民服务。② 劳动促进了创作。在劳动过程中，鲁艺师生认识到了劳动的意义，丰富了创作的源泉，产生了《生产大合唱》《黄河大合唱》等优秀的文艺作品。

从实践中来，到实践中去，改变了书本、理论与实践脱节的流弊，创造了一种清新的良好的学风。因此，教育与生产劳动相结合，既是根据地高等教育的一条成功经验，又是一份厚重的宝贵遗产，更是指导中华人民共和国教育事业发展的行动指南。在战争年代，通过"自力更生""生产自救"，解决基本的生存需要，它带有特殊的时代特色，但是过分强调生产劳动，往往会导致否定系统的知识学习、理论学习的倾向，这种对体力劳动的高度重视的现象到了中华人民共和国成立后达到了登峰造极的地步，严重影响了社会主义教育正常的发展。

三、坚持文艺教育的民族化、大众化方向

以《讲话》为界，鲁艺的前期较重视汲取外国文艺的思想和艺术营养，但又不一味耽于模仿，而是努力将外国文艺的语言形式自觉转化为自身的语言，他们创作了许多小说、诗歌和话剧，排演了俄罗斯和苏联的大型话剧，举办了大型的文艺汇演。虽然演出时观众也是人山人海，但毕竟老百姓只是看热闹，并没有真的看懂。《讲话》之后，毛泽东从理论上提出了解决普及和提高的关系问题的方法，认为必须先有普及才能有提高，明确要求文艺工作者用农民能够接受的方式去教育他们。鲁艺的文艺家们响应艺术"为人民大众"服务号召，积极探寻艺术发挥社会作用的最佳途径和方式，努力使艺术的形式为人民群众所熟悉、理解、接受，开始有效选择民族文艺传统和民间艺术形式，展开对艺术民族化的探索，创造出了一批具有中国风格和中国气派的艺术作品。

在这方面，首推鲁艺的木刻创作。这些作品符合大众审美，具有强烈的民族化

---

① 程远：《我们的好院长》，王蒙、袁鹰：《忆周扬》，内蒙古人民出版社 1998 年版，第 90 页。

② 《老解放区教育资料汇编》，人民教育出版社 1959 年版，第 209 页。

特征。在鲁艺美术系，不仅传统民族、民间艺术的资源得到最大限度的吸收和利用，而且对外来艺术进行了民族化的改造。美术系的师生积极贯彻毛泽东《讲话》关于普及与提高的方针，重视大众美术和民间美术，大力搜集和认真研究民间年画、连环画、剪纸、皮影等民间艺术，吸取民间艺术的精华，创作出了具有新内容、新形式的民众喜闻乐见的新年画、新连环画、新剪纸、新木刻等艺术作品。他们的作品虽然也有每一个作者的风格，但同时也形成了共同的特点：新的主题思想和鲜明清朗的画面，新的劳动人民形象和新的民族形式。当国统区的艺术家看到这些艺术品时，由衷地感慨："我们看过了这些作品，真是置身在遥远的北方，同画中的人一样地呼吸着斗争的快乐和民主的气息。"① 由于两种不同政治和区域环境，造成国统区木刻家在木刻的大众化、民族化方面的探索和成绩远远不如解放区。

歌剧《白毛女》是鲁艺的艺术工作者对传统艺术形式加以改造的经典之作。它运用了民歌小调和地方戏曲的曲调，又借鉴了西洋歌剧和话剧表现人物性格的方法，将道白和歌唱杂糅在一起，产生了一种非常奇特的艺术效果，代表了中国民族歌剧形式的最高水平。这是鲁艺人长期坚持探索民族化的道路的成果。

知识分子深入民间，试图将民间文化资源吸纳进主流文化建构中。这种"建构"不是自发地发生在民间，而是在国家权力的支持、鼓励和强力推动下得以实现的。民间文艺就不可能再保持原有的充分的自由色彩和自在的原始形态，从而成为一种承担起严肃和重大意识形态使命的特定文艺形态。知识分子、民间形态、政治意识，他们所共同关注的都不是作为农民文化传统的民间文化形态本身。这一点与"五四"时期新文化同仁收集整理民间歌谣完全不同。革命功利化的目的，使得民间文化原始自在的形态在"利用"和"改造"过程中实际上被否定了。因为根据民众的口味进行创作，既调和了民众的欣赏习惯，又发展了民间艺术。在民众中普及艺术的同时，又对其进行改造，剔除其封建性的因素，创造符合新文艺的形式。这样的艺术贴近了生活，同时不会失去原有的魅力。

鲁艺知识分子放弃自己的启蒙传统而深入民间，在向民间学习的过程中与政治权力一道改造民间文化，最终与他们过去所鄙弃的民间文化结合，培植出一种既具有强烈意识形态特点，又带有民间艺术特征，能够为农民接受和欢迎的新型战时文化，来最大限度地达到为战争服务的目的。

四、民主教学和管理

鲁艺的教学主要采取集体研究、集体讨论的民主方式。每一期的教育计划、教学方法及校规的建立和执行，都是事先发动全体教职员讨论，广泛征求意见而后决定的。凡是讨论有关行政及教育工作的院务会议及其他各部门的会议，都有教职学员的代表参加，转达和听取全体教职学员的意见。"教师的教材、课程提纲一般都先交给本系的教员组织讨论，提出意见修改后，才进行讲授。有的教员经常在授课前

① 杨诃：《木刻刀下的现实》《新华日报》1945年11月10日。

广泛征求学生对该课的要求与问题，根据这些要求与问题，加以分析研究，综合起来给以解答。教授后，学生对课程内容，教授的方法与态度，都可以在一定的会议上自由提出意见。"① 除了学生会和教职员会两个团体，按照各系的特点及个人之爱好，在自愿的原则下，组织了许多文艺理论研究及艺术实习性质的团体，如文学诗歌方面的"路社""民歌研究会""小剧场"、歌咏队、工美会，以及边区文化团体的各种分会。这些团体的活动对于各系及学员的学习、全校的工作，乃至于边区的文化事业，都有所收获和贡献。

1942 年 3 月 16 日，《解放日报》发表李维汉的《要清算干部教育中的教条主义》一文，指出要重视"教学过程中学生一方面的积极地位和教师一方面的指导作用"，既强调教师在教学中起着主导作用，又要充分发挥学生的自觉性和积极性。延安大学时期，"在教学上发扬民主精神，教员有科学研究自由，不同意见可以互相争论，互相批评。学员对教员讲授亦可提出意见和批评，在领导上则着重思想领导，力避用行政手段解决问题。"② 当时解放区的干部学校和干部培训班的教学中都注意到了把讲授、自学、讨论辅导、个别帮助等方式相结合，既注意充分发挥学生的积极性和主动性，又强调教师的指导乃至主导作用。

茅盾先生也注意到鲁艺的这种教学方法："'鲁艺'并不采取'填鸭式'的教学法。它是以学生自动研究、各自发挥其所长为主体，而以教师的讲解指导为辅佐的。"③ 鲁艺曾多次在学院成立纪念日举办成绩展览会，教员和学生的作品经常在一起举行观摩展览，师生之间互提意见、互相帮助、共同进步。每次展览会都吸引很多观众前往参观学习。鲁艺举办纪念"九·一八"作品展览会，"前往参观者达三千人之多，络绎不绝，直至天晚，尚不断有人前往，充分说明抗战艺术已经深入到广大的群众中去了"。④

艺术教学中创作课占据重要的地位，技能培训课程和理论教育课程围绕创作课进行，以培养学生为革命服务、为工农兵服务的能力。鲁艺的教学不是单纯停留在课堂教学上，而是要求师生除课堂教学以外还要参加革命斗争，实际深入工农兵生活，一边学习，一边改造思想，一边熟悉工农兵的生活，然后把在生活中得到的具有思想意义的新鲜活泼的生活感受和题材，结合课堂上学到的理论技术进行创作学习，克服教学和创作实践的脱节、创作与生活脱节的倾向。鲁艺提倡有领导的集体创作，集体编写，集体导演，在参加实际工作时，将体验生活与技术学习相结合，教员与学生合作，教员与群众合作等。他们经常举办美术作品观摩会，音乐作品的欣赏会，文艺创作的朗诵会，剧本的演出……

---

① 艾青：《解放区的艺术教育》《中华全国文学艺术工作者代表大会纪念文集》，新华书店发行 1950 年版，第 244 页。

② 见《延安大学教育方针及暂行方案》《老解放区教育资料选编》，教育科学研究所筹备处编，人民教育出版社 1959 年版。

③ 茅盾：《记鲁迅艺术文学院》《延安鲁艺回忆录》，光明日报出版社 1992 年版，第 90 页。

④ 《鲁艺学院举行展览会》《新中华报》1938 年 9 月 20 日第 2 版。

鲁艺美术系“每周有一两次作品讨论会，把已经完成的作品张贴在教室的墙上，大家欣赏一遍后，先由教员谈谈观后感，从作品的主题思想到表现方法、技巧等，提出自己的看法，然后大家参与讨论，各抒己见。研究气氛非常活跃，在彼此艺术欣赏的交谈中，取长补短，颇有收获。这种集体民主探讨的治学方法，同外面的艺术院校的教学情况是迥然不同的。”①

即使是在延安整风期间，为鼓励各种不同意见的充分发表，周扬组织各种“派别”展开激烈争论。黄钢在 1942 年 8 月 4 日的《解放日报》发表鲁艺大辩论特写《平静早已过去了》，说鲁艺几天前墙上贴出了各个不同态度派别的“纲领”，出于某种方便，人们用“急进派”“温和派”或“保守派”来称呼自己。意见是很不同的：“急进派”认为学校的教育方针和实施方案都有错误，是带着浓厚的主观主义和教条色彩的，对战争环境的认识不足。“温和派”和“保守派”认为，教育路线还不是方针上的毛病，只能算学校教育实施方案和执行中有错误而已，或者连这严重的错误也没有。“鲁艺全校师生的生活日程就已卷入在这激烈的辩论里面，从清晨到夜晚，饭厅里和树荫下，散步的时候，连星期天也不例外。各个讨论会就好似大雨滂沱一般，尖锐和大胆的意见无时不是满溢和泛滥着。”②

由于鲁艺的艺术教育采取民主教学的方针，强调集体主义，反对所谓“个人主义”，学校批判对艺术大师个人崇拜的思想，强调教员和学生平等，所以鲁艺的师生之间既是师生关系，又是同志关系。在学校里，教员与学员团结在一个政治目标之下，互教互学。鲁艺的学生莫朴回忆说：“尽管在专业学习上有师生之别，但大家都是干革命的，是同志，这一点很明确，师生关系是亲切的。在共同的政治基础上，师生间在教与学的关系上，真正地结为既是师生关系也是同志关系。”③

这样的教学方式给鲁艺人留下了深刻的印象。半个多世纪过去了，许多人对那段激情燃烧的岁月都充满怀念：“鲁艺的生活给我留下了许多美好的、丰富的甚至是甜蜜的回忆。那里有着一种宁静、和谐、热烈、纯净、友善和好学的气氛。这种能够对知识青年产生相当强烈的精神感染力的文化氛围和艺术氛围，是我在别处很难看到的。”④

本世纪以来，对于中国从事现代教育这个行业的人来说，事业心和凝聚力，从来都是他们的强项。蔡元培、陶行知这些现代教育的开拓者的身边，都有一批和他们一样献身于事业的追随者，中华民族近代以来的历史遭遇，使中国的教育工作者具有一种特殊的使命感。这种民主集中制的方式能够唤起知识分子的使命感，加强集体的凝聚力，充分发挥集体的力量，发扬民主的作风，认真营造适宜学术发展的生态环境，建立不同学术思想间相互启发、共同发展的良性机制。

---

① 丁里：《我在鲁艺美术系》《延安鲁艺回忆录》，光明日报出版社 1992 年版，第 405 页。

② 《鲁艺全院展开热烈辩论》《解放日报》1942 年 8 月 4 日。

③ 莫朴：《鲁艺美术系的两年》《延安岁月》，陕西人民美术出版社 1985 年版，第 408 页。

④ 冯牧：《延安边上的黄昏》《延安鲁艺回忆录》，光明日报出版社 1992 年版，第 513 页。

第二节　鲁艺文艺教育的影响和评价

延安鲁艺文艺教育事业的成功，在于它以全新的姿态开创了我国教育史上一个崭新的发展阶段。它以无产阶级的教育理论指导了在新民主主义革命时期的教育工作实践，制定了马列主义理论与中国的革命实践相结合的毛泽东教育思想指导下的教育方针、路线与教育原则和方法，并且创造性地总结出符合战争时期革命根据地实际需要的一系列具有革命实践特色的经验。它们不仅具有鲜明的现实的指导作用，而且还具有前瞻性的普遍的指导意义，成为社会主义教育的源头。

然而，由于曾有过被“批判”的“历史污点”，长期以来，人们对鲁艺的文艺教育缺乏历史审视。延安文艺通常被当作政治运作的产物，研究它就是一种政治表态，文化界往往对于那段历史持拒斥态度，甚至连鲁艺老革命艺术家都有意回避鲁艺曾有过趋向专业“提高”与“正规化”的经历，没有认识到这种专门化提高是新型“专业”艺术人才（“一专多能”）教育模式的有益探索。今天，当我们重新审视历史，鲁艺在探索解放区新型艺术教育体制的成就应得到全面认识并给予充分肯定。

一、积极影响

鲁艺诞生在烽火中，成长在革命年代，在物质资源极为匮乏的偏远地区却创造出了巨大的艺术贡献。

（一）培养了大批文艺人才。这是鲁艺最主要的贡献。鲁艺是中共在文化战线上的一支突击队，八年间鲁艺共培养了各种人才一千四百人。他们不仅有良好的马列主义政治思想修养，还有一定文艺专长，成为抗战中的一支不可忽视的力量；同时也为建立新的民主共和国储备了人才力量。中华人民共和国成立后，省级以上文化宣传部门的领导，很多都是从鲁艺走出来的。由鲁艺培养的作家、艺术家，为社会主义创造出了许多优秀的作品，如：贺敬之、康濯、冯牧、黄钢、秦兆阳、马烽、西戎、柯蓝、陆地、古元、苗延秀、李焕之、刘炽、张鲁、李航鹰、方殷、戈壁舟、蔡其矫、郑律成、成荫、王昆，等等。

（二）创作了一大批优秀作品。歌剧《白毛女》、歌曲《黄河大合唱》、延安鲁艺的抗战木刻，都成为了中华民族20世纪艺术史上的经典作品。《延安颂》《八路军进行曲》《南泥湾》《绣金匾》都传唱至今。尤其是鲁艺师生创作的木刻名作很多：古元的《冬学》《割草》早已蜚声海内外。诗歌、小说、报告文学也是佳作如云：孙犁《荷花淀》、吴伯箫《记一辆纺车》都曾被选入中学语文课本。这就是我们优秀的革命文艺传统。

（三）努力实践文艺的“大众化”和“民族形式”。鲁艺遵照对传统“继承而不拘泥、改革而不粗暴”的原则改编了一批平剧（京剧）。这项尝试改革，使古老的京剧艺术焕发出新的生命。延安鲁艺的旧剧改革是我国戏曲改革的先锋。这些戏曲改革的经验对于中华人民共和国成立后的戏曲事业发展都是一笔宝贵的财富。

在特殊的政治军事环境里的鲁艺，艺术创作也具有一定的特点。

1. 工农兵方向成了文艺创作的总方向。在“写什么（题材、对象）、怎么写（技巧）、为谁写（立场）”的问题上发生了大的转型，开始基本上以工农兵为写作主体和题材内容，知识分子已基本上不再是正面表现的主要对象。“五四”时期“人的文学”“为人生”的创作理念，在整风后的延安以“工农兵文艺”的模式得以改造。

2. 表现技法基本上沿用民间传统资源，或对外国文艺进行民族化的改造，如章回小说（文学）、年画（美术）、民歌（音乐）、秧歌（戏剧）等极为盛行。鲁艺文人对于民间艺术的采用是认真的选择和扬弃。他们在民间艺术内容和形式上都做了相应的变化和出新，鲁艺的新秧歌声名大震，家喻户晓，人们都说，“鲁艺家的秧歌又新又美又迷人……”① “某些旧年画形式固然可以利用，但我们更应该大胆地吸取旧年画的优点创造新年画，这是一定更有前途的”②。在这个时期诞生了歌曲《黄河大合唱》、“延安学派”木刻、歌剧《白毛女》等一系列被视为民族文艺经典的作品。甚至数年之后，解放区最具原创力的作家赵树理、孙犁依旧有此特征。

3. 创作和理论结合实际。鲁艺在极端艰难的条件下，还特别注意研究“抗战以来之新艺术运动”的理论，着手征集有关“新艺术活动”的第一手资料。他们成立了“战时艺术运动材料室”，还编辑出版过《鲁艺校刊》《文学工作》《戏剧工作》《音乐工作》《美术工作》五种油印院刊，并出版了文学双月刊《草叶》，创办了“路社”墙报等。这一系列实践园地的开发，不仅有效地提高了教学质量，培养了学员们运用理论知识的实际能力，而且也促进了文艺创作的繁荣，产生了良好的社会效应。鲁艺创作的一系列表现军民关系、官兵关系、拥军爱民、改造干部作风以及建立革命家风的秧歌剧受到广大群众欢迎。例如，1938 年至 1944 年 6 年间，仅鲁艺首演的剧目竟达七十余出；鲁艺校刊《草叶》自 1941 年 11 月 1 日创刊至 1942 年 9 月 15 日终刊，共出了六期，总计可达二十万字，署名作者多达三十余人。由于为学员们创造了多种实践形式，所以鲁艺学员们的学习积极性和自觉性被充分调动起来了。

4. 集体进行文艺创作的经验。鲁艺制定的《关于敌后文艺工作的意见》（理论），《白毛女》（创作）是中国现代文学史上“集体写作”或“集体创作”“××执笔”等创作模式的典范。这种严密组织的“集体创作”，中华人民共和国成立后甚为流行，“文革”时期成为最具代表性的创作方式。

在抗战时期，鲁艺在中国共产党领导下，在文艺理论建设、团结和培养艺术人才、创作实践和群众运动等方面都建立了不朽的功绩，有力地推动了中国人民的解放事业，是我国文艺教育史上一个辉煌的年代。苏联学者谢奥布拉兹卓夫高度评价

---

① 刘炽：《鲁艺家的秧歌》《延安鲁艺回忆录》，光明日报出版社 1992 年版，第 328 页。

② 力群等：《关于新的年画利用神像格式问题》《解放日报》1945 年 3 月 22 日。

鲁艺："鲁艺不仅是培育作家、作曲家、导演、演员们的学校，而且是一个收集和研究民间曲调、脚本、传说、舞蹈的学术研究机构，是创作歌曲、新舞蹈、新音乐、新戏剧的实验所。"①

二、局限性

延安鲁艺的艺术教育模式上的缺陷也是很明显的。

（一）过分强调艺术教育的政治功利性作用，削弱了其人文情感性。文艺教育作为社会需求和意识形态的体现，具有直接的功利性目的和规范化的专业要求；同时，它也具有人文情感性的特征。如果甘愿成为实施国家意志的工具，就难免会削弱到它的人文情感性。如果仅强调它的艺术情感性，"为艺术而艺术"，显然不符合当时的战争环境的现实。整风后，鲁艺在实施教学计划时没能站在知识分子的立场上处理好眼前和长远利益的关系，造成解放区文艺教育整体水平不是很高。而同时期国统区的以西南联大为首的高校仍然坚持实行通才教育，既不忘"救亡"又不放弃民族的长远利益，不仅延续了学术研究，而且维系了民族文化的血脉。这一点值得我们反思。

（二）崇尚集体意识而忽视艺术个性。整风后，由于群体意识的凸显，知识分子作为独立社会参与者的主体特征消失了。他们以牺牲自己的创作个性和自由为代价来争取一个革命文艺战士的身份，这样就不可避免削弱了个人的创造性和文艺家的主体性。而艺术教育是培养积极、健康的个性的最佳渠道，是最强调艺术个性的。创新精神和创新能力是艺术教育的核心理念，艺术教育是培养"人"的，"人是教育的本位，人性的丰富充实和个性的全面发展，是历史赋予教育的最高理念和根本目的"②。在教育和教学活动中，应让受教育者认识到人存在的意义，认识到人的尊严、价值和使命，认识到人类伦理道德和文化传统，更加关注人的各种潜能的开发，使之成为全面发展的人。"恰当的学校教育可以满足个性发展多方面的需要。"③ 自我忏悔、自我批判、自我监督（一切都是围绕良心）是人文精神的出发点。没有直面人生、现实、社会的勇气，什么样的人文精神都无从谈起！作为知识分子，不论从属于哪个阶级和党派，都应该具有"知识分子"的立场和意识。不能仅仅局限于特殊的、局部的利益，应该超越阶级和党派等立场，去关注人类共同面对的问题。"只有当艺术家能够利用自己的专业才能，依靠一种怀疑与献身精神，通过自己的行为和言论来行使干预现实的权力时，才能称得上一个真正的知识分子。"④

（三）"开门不办学"。这个教训是深刻的。整风后的延安鲁艺，师生都去下乡、生产，知识技术学习都被生产劳动取代了，一所艺术院校变成了简单生产的加工厂。在大生产运动中，"鲁艺既是一个艺术学府，也是一支生产大军。开荒种地，养猪种

---

① 贺志强（编）：《鲁艺史话》，陕西人民出版社 1991 年版，第 278 页。

② 邹华：《艺术教育的历史经验》《天津社会科学》2007 年第 2 期。

③ （美）沃尔夫·吉伊根：《艺术批评与艺术教育》，四川人民出版社 1998 年版，第 2 页。

④ 邹跃进：《艺术导论》，高等教育出版社 2008 年版，第 130 页。

菜；盖房子，打窑洞，砍柴烧炭；做木活，纺纱线；纳鞋底，捻毛线……不论工业农业，缺啥学啥，要啥做啥”①。当事人回忆往事都是带着美好的愿望，不乏美化的成分。作为担负着培养人才使命的高等艺术学校，维持教学质量必须依赖完整的规范的教学秩序，而一边学习一边生产，甚至以生产代替教学，消弥了物质生产和艺术生产之间的界限，无法体现艺术以特有方式掌握世界的审美特点。同时，教师和学生一个个从事着自己并不擅长的简单的体力劳动，以成为生产能手为荣，取消了体力劳动和脑力劳动的差别，在中华人民共和国成立后造成了恶劣的影响。

（四）强调艺术教育直接服务于政治社会。这种战争环境形成的艺术教育观和旧的艺术院校教育有着根本性质的区别。它不允许存在“资产阶级学院”的“为艺术而艺术”“纯技术观点”“理论脱离实践”和“形式主义”的艺术思想和教学方法，对于艺术创作和艺术教育不同风格流派的追求被视为“无产阶级”与“资产阶级”两军对峙，往往采用严厉的政治批判、简单的政治斗争方式予以解决，这样对于艺术发展是极为恶劣的。中国现代艺术教育走过了从“实业教育”到“美育”到“教育为革命服务”的历程。这既是社会需求和政治意识形态共同作用的结果，也是文艺教育自身发展的逻辑规律。整风运动以后的延安鲁艺强调“文艺为工农兵服务”的方向与服从党领导的党性原则，提倡革命现实主义创作方法，要求创作者深入群众生活、改造思想、学习民间文艺。这种思想成为了文艺创作的绝对规范，削弱了学术自由的品格，在一定程度上限制了新的创造。

总体来说，延安鲁艺的教育事业是成功的。在革命战争环境下，既不能盲目地取消高等教育，又不能刻板地主办高等教育，鲁艺只能通过短训形式来培养抗战急需的革命文艺干部，唤醒广大群众的阶级觉悟和练就革命斗争所必需的技能。这对巩固政权、抵御外侮、取得革命战争的胜利，均有着不可低估的作用。所以，它所采取的艺术教育的模式也是出于抗战现实的需要，它以全新的姿态开创了我国文艺教育史上一个崭新的发展阶段。它以无产阶级的教育理论指导了新民主主义革命时期的教育工作实践，制定了马列主义理论与中国革命实践相结合的毛泽东教育思想指导下的正确的教育方针、路线与教育原则和方法，并且创造性地总结出完全符合战争时期革命根据地实际需要的一系列具有革命实践特色的经验。它们不仅具有鲜明的现实指导作用，还具有前瞻性的普遍指导意义，成为社会主义教育的源头。

战争时期形成的延安模式到20世纪50年代以后成为中国社会现代化建设，包括艺术教育建设必须遵循的唯一正确模式，不可避免地产生了许多弊病。在中国共产党内和毛泽东本人越来越强烈的左的思想路线推动下，这些弊病蔓延和扩大，直至“文化大革命”全面爆发。

① 孙铮：《延安“鲁艺”学习生活片段》，戴淑娟：《文艺启示录》，中国戏剧出版社1992年版，第188页。

小　结

历史地来看，延安鲁艺是中国文艺历史发展进程的一个阶段，它既有“承前”的因素，又有“起后”的作用。它是对“五四”开创的新民主主义文艺和中共领导的“左翼”文艺运动和苏区文艺的继承。但是，这种继承不是因袭，而是在原有基础上更深广的开拓和更高层次上的发展。鲁艺开启了中国艺术教育与群众生活相联系、努力开掘民间艺术的新的发展阶段。这将影响中华人民共和国成立后很长时期的文艺教育的发展。

第五章
鲁艺与中华人民共和国成立后的艺术教育

1946年5月，中华全国文艺协会发表了《中华全国文化协会文艺界告全国文艺工作者》，指出文艺工作的原则是“为人民大众服务，实现和平民主的要求”“文艺是始于人民终于人民的”，文艺工作者是“服务于人民的忠实的仆役”“人民需要和平，文艺便应当歌颂和平而诅咒一切反和平的障碍。人民既需要民主，文艺便应当表扬民主而排击一切反民主的存在”“文艺正是极犀利的政治斗争的武器”。该宣言被《解放日报》誉为“中国新文艺运动中一个有历史意义的文献”，指出它所规定的今后文艺原则与解放区的工农兵方向是一致的，是“对于全国文艺工作者的号召，显示了全国文艺工作的一个新方向”①。这份文件已经为中华人民共和国成立后的文艺教育定了基调，即文艺为大众服务，歌颂新生活，文艺为政治的武器。

第一节　社会主义文艺教育的发展历程

中华人民共和国成立后，艺术教育事业，尤其是专门类艺术教育的发展有了制度性的保障，社会主义国家是艺术教育事业的唯一赞助人。艺术教育在国家体系中有了自己稳定的地位。优势资源的集结原本应该使艺术教育保持持续发展的上升势头，但在社会主义制度建立后相当长的时间内，由于受“左”的思想和政治运动的影响，中华人民共和国的艺术教育事业并没有得到充分实施和发展，理论上也停滞不前。尤其是十年“文革”，它以乌托邦式的理想主义和无政府主义的手段，否定了中华人民共和国成立以来文艺界和教育界所取得的一系列成就，破坏了法制和国家的稳定，扰乱了人们的思想，使几代艺术人的心血成果毁于一旦，把人民的理想和信仰引向危机，使国民经济陷入崩溃边缘。这是一段不堪回首的经历，反思历史，总结过去，对于我们今后的文艺教育事业是很有必要的。

一、1949年第一次“文代会”和“教代会”

1949年7月2日至19日在北平召开了第一次中华全国文学艺术工作者代表大会。这是一个由国统区和解放区的文学艺术家以及其他相关知识分子共同参加的文艺界的“大会师”。会上，茅盾代表国统区文艺工作者作报告，周扬代表解放区文艺

① 艾克恩（编）：《延安文艺运动纪盛》，文化艺术出版社1987年版，第678页。

工作者作报告。

茅盾的报告题为《在反动派压迫下斗争和发展的革命文艺——十年来国统区革命文艺运动报告提纲》。他把“不能反映出在当时社会中的主要矛盾和主要斗争”看作国统区革命文艺多种缺点的“根本根源”。他认为，脱离直接革命斗争，只能写许多“次要”的社会现象，乃至许多和社会本质没有关系的社会现象。他指出：“一切问题只在于我们能否学习——向时代学习，向人民学习。在从旧时代到新时代的飞跃过程中，需要我们能够明确地辨别新与旧的不同。”① 他对于国统区文艺摆出了不少问题，做了很多检讨，并提醒来自国统区的艺术家群体要意识到时代变了，只有及时调整心态，向解放区群体学习，才是这个群体的最终“归宿”。

周扬在大会上所作报告为《新的人民的文艺》，基本总结了延安解放区文艺的工作经验，并宣称：“解放区的文艺才是真正的新的人民的文艺。”“毛主席的《在延安文艺座谈会讲话》规定了新中国的文艺的方向，解放区文艺工作者自觉地坚决地实践了这个方向，并以自己的全部经验证明了这个方向的完全正确，深信除此之外再没有第二个方向了，如果有，那就是错误的方向。”② 周扬第一次明确提出了中华人民共和国文学创作的具体要求，宣示将来全国的文艺路线即将是以解放区文艺为主的人民文艺的道路。

这两个报告，把两个地区（解放区和前国民党统治区）、两种传统（解放区文艺传统和“五四”新文学传统）在未来文艺发展道路上所处的主次、重轻关系区分得非常明确，解放区文艺所代表的方向被确定为中华人民共和国成立后文艺的指导方向，其他地区的文艺工作者必须接受解放区文艺思想的改造。

同时，艾青在大会上作了《解放区的艺术教育》的专题发言。他总结出“革命文艺必须与革命政治相结合，文学艺术只是革命机器的一部分。文艺必须为人民服务，为工农兵服务”的解放区艺术教育的经验，并指出“学校必须培养学生成为毛泽东文艺思想的勤奋的宣传者和毛泽东文艺方针的忠实的执行者”的培养方向。③ 艾青的发言表明，解放区文艺的成功经验就是文艺与政治相结合，文艺是革命的宣传工具，艺术教育的目的是培养毛泽东思想的宣传员和身体力行者。

此次大会一致确认：毛泽东《在延安文艺座谈会上的讲话》是指导中华人民共和国文艺工作的总方针，毛泽东提出的“为工农兵服务的方向”是中华人民共和国文艺运动的总方向。简言之，即中华人民共和国的文艺必须坚持解放区文艺的优良传统。

这次文代会最重要的成果是两个方面：一是确立中华人民共和国的文艺路线是走解放区的道路；另一个是成立了“国家和执政党对作家、艺术家进行控制和组织领导的机构”④ ——中华全国文学艺术界联合会（简称“全国文联”）。除此之外，

---

① 《中华全国文学艺术工作者代表大会纪念文集》，新华书店发行1950年版，第45页。

② 《中华全国文学艺术工作者代表大会纪念文集》，新华书店发行1950年版，第70页。

③ 《中华全国文学艺术工作者代表大会纪念文集》，新华书店发行1950年版，第240页。

④ 洪子诚：《中国当代文学史》，北京大学出版社1999年版，第15页。

还分别成立了中华全国文学工作者协会、中华全国戏剧工作者协会、中华全国音乐工作者协会、中华全国美术工作者协会等七个全国性群众文艺团体，各省市、军队的分支机构也先后成立，开始有计划、有领导地分别推进文艺领域各条战线的工作。文艺工作“一体化”的格局开始出现。

1949年9月29日，由中国人民政治协商会议第一届全体会议通过的《中国人民政治协商会议共同纲领》规定了：“中华人民共和国的文化教育为新民主主义的，即民族的、科学的、大众的文化教育。人民政府的文化教育工作，应以提高人民文化水平，培养国家建设人才，肃清封建的、买办的法西斯主义的思想，发展为人民服务的思想为主要任务。”①

1949年12月，教育部在北京召开第一次全国教育工作会议，确定了中华人民共和国教育的总方针：“以老解放区新教育经验为基础，吸收旧教育某些有用的经验，特别要借助苏联教育建设的先进经验，建设新民主主义教育。”② 这里明确指出了中华人民共和国教育的三个主要来源：解放区教育、传统教育、苏联经验。这无疑是一个带有建设性的符合实际的教育方针，但中华人民共和国成立后的艺术教育并未能沿着这条道路按正常的轨迹向前发展，并没有真正付诸实践于这个既定方针。客观来讲，这个教育方针是比较符合当时中国教育发展的实际，符合我国现代教育由新民主主义教育向社会主义教育变革的过渡时期要求的。此次会议还确定了中华人民共和国教育的发展方向：教育的目的是为人民服务，首先是为工农兵服务，为当前的革命斗争与建设服务；教育的发展方针是普及与提高的正确结合，学校要为工农子女和工农青年开门；老解放区工作的关键是争取、团结和改造知识分子。

二、1952年“院系调整”和苏联模式

中华人民共和国成立之初，全国教育界开启了对苏联模式的学习高潮。国家对旧的教育机构经过接管、整顿和合并等方式进行统一管理。1949年10月，军代表接管北平艺专，宣布北平艺专更名为国立美术学院，后又更名为中央美术学院。1949年6月，杭州军管会接管杭州国立艺专。1945年11月，延安鲁迅艺术学院奉命迁移到东北，1949年9月，鲁艺到沈阳并恢复原先建制，更名为东北鲁迅文艺学院。

抗日战争胜利后，1949年12月，第一次全国教育会议即明确提出，建设新教育“特别要借助苏联教育建设的先进经验”，确立了学习苏联教育的教育方针。当时教育部负责人曾在《关于高等师范学校改革的报告提纲》中说：“苏联整个教育体系，从思想体系到教育制度、教育内容、教学方法、教学组织都是世界上最优越的”“我们要真诚地、老老实实地学习苏联教育经验。”③ 艺术院校也按照苏联模式制订统一的教学计划和教学大纲，设置教研室，翻译大量的苏联艺术理论书籍，为艺术家和

① 瞿葆奎：《中国教育改革》《教育学文集（第17卷）》，人民教育出版社1991年版，第3~4页。

② 《教育文献法令汇编（1949~1952）》，中华人民共和国教育部办公厅出版1961年版，第14页。

③ 转引自张雪蓉、马渭源：《中国教育十二讲》，重庆出版社2008年版，第213页。

学生进一步学习苏联经验提供宝贵的资料。

1950 年至 1952 年，全国高校进行大规模“院系调整”，将中国高等教育纳入高度集中统一的计划管理之中。这是一次中国高等教育重新布局和结构的大洗牌。这次高等艺术院校也依照解放区传统进行了一系列改革。为培育更多中华人民共和国建设急需的各类艺术人才，各艺术院校内部组织和外部结构都进行了必要的充实和调整。中央美术学院在徐悲鸿院长带领下，继承了普及艺术教育的延安传统，采用苏联艺术教育的模式，参考苏联艺术教育的教学大纲，建设附中和艺术师范院系等。其他艺术院校也按照新的体制重新组合建立。苏联模式强调专才培养，我国高校系科也仿照苏联教育模式进行院系调整，加强了经济建设专业人才的培养，有效满足了社会主义建设初级阶段各个行业对专业人才的需求。但这种调整所带来的负面影响是，有些传统的文科高校实力受到削弱，艺术院校也是如此。

苏联教育体系的优点是：规范、严谨、系统性强。这些都体现在学校的教学管理、教学计划、教学大纲、课程设置、教材内容、教学方法等诸方面，并且重视理论与实践相结合，重视人才培养的计划性，重视基础理论教学与教学实践，重视教学和科研的结合，重视教学管理和按教学规律办事。在当时的形势和条件下，全面学习苏联及东欧各国经验，其主流是有积极意义的，也基本符合我国文艺教育事业建设初期的客观现实。

与旧中国高等教育的通才教育模式不同，苏联模式强调“专才教育”，以培养“现成的专家”为目标，使所培养人才的基础比较薄弱，知识结构比较偏狭，难以适应社会对知识技术全面人才的需要。为了进一步了解苏联、学习东欧艺术，中国政府采用“请进来”和“派出去”的方式向苏联和东欧国家派遣留学生的同时，也邀请苏联和东欧艺术家来华讲学。延安鲁艺走出的艺术家罗工柳曾作为进修生被派往苏联列宾美术学院学习。“我国文化部又从苏联和东欧国家引进一些艺术专家讲学办班。这些学习班有 1955 年苏联画家马克西莫夫主持的在中央美院办的油画训练班、雕塑训练班等，从全国艺术院校优秀教师中招收学员，学完之后成为各校的教学骨干。”①

学习苏联教育模式对中华人民共和国成立初期提高艺术院校教学质量起了良好的作用，但由于对苏联教育的经验缺乏实事求是的分析，全盘照搬，也造成了一些问题。但是由于机械模仿和主观认识片面性的局限，眼光较为狭窄，在一定程度上否定了西方现代艺术发展的新成就，对教学、科研工作现代性的探索产生了一定的阻碍。新民主主义教育方针很快被社会主义的教育方针所取代，“继承”和“借鉴”关系变成了对“旧教育”的全面否定和对苏联教育的全面移植。受苏联模式的影响，我国逐渐开始走向精英教育之路。

那个时期的中国文艺界实际上有一个“正规化”阶段，就是有意识地摆脱革命根据地和延安时期那种文艺模式，比如取消文工团。文工团是革命根据地和 1940 年

① 潘耀昌:《中国近现代教育史》，中国美术学院出版社 2006 年版，第 54 页。

代国共内战时期的部队文艺宣传机构，是主要服务于军队和农村的组织，全名叫“文艺工作团”。1953年前后，文工团逐渐取消了，然后成立“正规化”的剧院，如北京人民艺术剧院，还有后来成立的上海人民艺术剧院、中央实验话剧院、中央歌舞剧院等，还成立了培养专门化专家、演员的学院，开始叫国立戏剧学院，后来改为中央戏剧学院。这些都是当时对于艺术实施的一整套措施。1958年的时候，又发生一些变化，对这种学院化、正规化产生了冲击。

三、1958年“大跃进”和“教育大革命”

1958年，中共八大二次会议制定了“鼓足干劲，力争上游，多快好省地建设社会主义”的总路线。随后，发动了“大跃进”运动和人民公社化运动。

1958年9月，中共中央国务院发布《中共中央国务院关于教育工作的指示》，规定“党的教育工作方针，是教育为无产阶级的政治服务，教育与生产劳动相结合；为了实现这个方针，教育工作必须由党来领导”。为贯彻教育工作方针要点，各级各类学校加强了政治思想教育，并将生产劳动列为正式课程，缩减了一些课程或减少某些课程的课时①；同时提出新的培养目标：“共产主义社会全面发展的新人，就是既有政治觉悟又有文化的，既能从事脑力劳动又能从事体力劳动的人，而不是旧社会只专不红，脱离生产劳动的资产阶级知识分子。”② 以此培养共产主义事业又红又专的接班人。

中央号召“大跃进”，教育领域里出现了许多不顾客观条件、违背教育规律的现象：大办各类学校，下放办学权力，以群众运动的方式进行教学改革，盲目扩大生产劳动在教学中的比例，师生停课“大炼钢铁”，鼓励学生以“大跃进”的速度自编教材、讲义，贬低教师在教学活动中的地位和作用。在教师中“拔白旗”，批判“反动学术权威”，取消教师头衔，打乱正常的教学秩序，降低教学质量，一些高校成立人民公社或加入当地人民公社，不顾主客观条件，提出不切合实际的发展教育事业的要求，超越了国民经济的承受能力……

1958年的“教育大革命”进行红专关系大辩论，不恰当地贬低了“专”的作用，掀起了对“白专道路”的群众性批判运动。艺术家被反复告知：要彻底地清理自己的资产阶级思想，并且只有在向党交心的过程中自己的艺术生命才有可能获得新生。在中央美术学院的交心运动中，艾中信是如此解剖自己的：“我强调意境、感受、情调而不知道站在什么立足点，而是本能地站在资产阶级那方面。在提出‘正规化’之前，我还有顾忌；提出‘正规化’之后，我自以为有了合法地位，自以为是‘内行’。在‘百花齐放、百家争鸣’政策提出后，我又作出了自由主义的了解，更加无所顾忌，我行我素。”一位老师在交心会上沉痛地反省说：“错误的认识支持我做了很多错误的事。美术学院是一块资产阶级文艺思想的肥沃土地，施‘肥’的

① 郭笙：《新中国教育40年》，福建教育出版社1989年版，第14页。

② 《人民日报》1958年9月20日。

人中间，我也是一个很重要的人。自己中了毒，还毒害青年。想到这些后果，心情很沉重。……今天，不是后悔的问题，而必须要自己革资产阶级思想的命。"①

1959年还进行了一次“拔白旗”运动，严重挫伤了认真钻研业务的知识分子的积极性。后来又片面强调以“运动”方式参加运动，过多地安排体力劳动时间，影响了正常的教学秩序。在这几年间，中央总结了“大跃进”“反右倾”的经验教训，提出“调整、巩固、充实、提高”的八字方针，中央教育部及文化部制定了《高教六十条》《文艺八条》作为稳定教学秩序、改进文艺工作的新的指导方针。1961年中央文化部召开了艺术教育会议，明确了培养目标，制定了艺术院校各系科的教学方案和规范化教学体制和章程，理顺了诸如政治与业务、红与专、教学与生产劳动、教学与科学研究、理论与实践等一系列关系。特别是恢复和建立以“教学为主”的教学秩序之成效最为明显，主要表现在较为合理地安排了教学、科研、劳动、社会活动和假期的时间；重视了教学第一线工作，选派有经验的教师担任主要课程；加强了基础课的教学和技能课的训练；加强了教育实习、教育见习和艺术实践工作，加强教材建设，加强师资培训，特别是重视骨干教师的培养。这些对稳定教学秩序和培养人才的专业质量起到了一定保证作用。但关于艺术教育如何同生产劳动相结合，怎样为无产阶级政治服务，怎样理解艺术的阶级性问题一直有争论，没有得到正确解决。

四、1970年“上管改”和工农兵学员

1970年起，高等学校在停止招生六年后，部分高校恢复招生，开始招收工农兵大学生。1970年，浙江美院首先招收工农兵学员，着重艺术普及教育。1974年中央美院也恢复招生，实行“群众推荐、领导批准、学校复审相结合的办法”，招收“苦大仇深的工农兵子女”。② 高校招生侧重的是政治条件，至于学员的业务条件和文化修养都不被重视。一批批通过政治考核、思想上又红又专的工农兵学员幸运地进入学校，却被错误地引向“上大学、管大学、用毛泽东思想改造大学（简称‘上管改’）”的歧路。这一决策迅速得到推广，一直到1977年才被新的高考制度所取代。

按照当时办学要求，工农兵学员并非学习文化课和专业课，主要任务是批判“智育”第一，积极揪出广大教师中的“资产阶级复辟派”，教学实际上处于一种无可奈何的境地。因此，学员们难以获得较为系统的理论知识和实际技能。当时主管文化工作的人甚至命令专业作者为业余作者加工、制作作品，然后拿出来教育专业作者。为了反对学院教学，甚至不让学生在学院上课；正式学员的教学学制也被缩短。当时中央美院的大学本科学制被缩短到三年。第一期招收了三十二名学员。因为提倡“开门办学”，所以学校不上课，学生们都被拉到农村，或者组织师生参加

---

① 《大破大立，向党交心，红透专透》《美术》1958年第5期。

② 潘耀昌：《中国近现代美术教育史》，中国美术学院出版社2002年版，第63页。

“儒法斗争”“批林批孔”等政治活动。有经验的领导和教师被排斥，“结合战斗任务组织教学”①，无视教育规律，使教学质量大大下降，破坏了正常的教学秩序。

在上海音乐学院管弦系，“来自三大革命运动第一线”的工农兵学员“勇敢地站起来揭露了修正主义文艺黑线的一些表现和影响，提出音乐教育要彻底改革”。他们说：这一套西洋练习曲是套在工农兵学员头上的紧箍咒，只会起腐蚀作用。他们满怀豪情地宣布：我们要做无产阶级教育革命的铺路石，决不当封、资、修的俘虏。于是，学校编出了新的练习曲，打破了过去那种“空弦—音阶—练习曲”的老框框，从没有接触过乐器的学员学低音提琴，在半年内就拉到了第六、第七把位，“完成了过去需要一二年才能达到的进程”②。

历史已经证明，“文化大革命”是一场由领导者错误发动，被反革命集团所利用，给党、国家和各族人民带来严重灾难的内乱。在这场灾难中，教育领域是重灾区，教育事业遭受严重的破坏，实为教育史上所罕见。它对几代人的损害，对中国的社会主义事业的建设和发展带来的损失，深深地刻印在当代中国历史的进程之中。

五、1982 年学位制度与国际交流

1978 年 12 月召开党的十一届三中全会和邓小平的复出，是中华人民共和国历史的转折点。为了破除“两个凡是（凡是毛主席作出的决策，我们都坚决维护；凡是毛主席的指示，我们都始终不渝地遵循）”的教条，在“实践是检验真理的唯一标准”的口号下，邓小平发动了一场遍及各个领域的思想解放运动，开始了中国的民主化进程。

1977 年恢复了高考入学制度，中华人民共和国的艺术教育也开始了一个新的时期。以政治性为主导的功利主义文艺教育思想得到彻底反思。撤销了“文革”期间设立的“五七”艺术大学的建制，恢复原有的中央音乐学院、中央戏剧学院、中央美术学院、北京电影学院、北京舞蹈学院、中央戏曲学校，并开始恢复招生。1978 年中央美院和浙江美院开始招收“文革”后第一届研究生，中央美院还开始接收外国留学生。1979 年，邓小平在第四次文学艺术工作者代表大会的《祝词》中重新肯定了文艺“不论是对于满足人民精神生活多方面的需要，对于培养社会主义新人，对于提高整个社会的思想、文化、道德水平，文艺工作都负有其他部门所不能代替的重要责任”③。自国家教委实行学士、硕士、博士三级学制后，1982 年中央美院和浙江美院首批获得学士学位授予权，次年获得硕士学位授予权，再次年获得博士学位授予权。接着，其他高等艺术院校陆续开始获得各级学位的授予权。

自 1980 年教育部、文化部下达《关于当前艺术教育事业若干问题的意见》之后，各院校开始努力解决如何“面向现代化、面向世界、面向未来”的问题，“文

① 潘耀昌：《中国近现代美术教育史》，中国美术学院出版社 2002 年版，第 65 页。

② 《批判崇洋思想，搞好音乐教育革命》《文汇报》1974 年 5 月 27 日。

③ 邓小平：《在中国文学艺术工作者第四次代表大会上的祝词》《邓小平论文艺》，人民文学出版社 1989 年版，第 5 页。

革”期间被迫离开岗位的有经验的老教师和老干部都陆续回到原单位，教学秩序渐渐恢复。各艺术院校开始总结“文革”时期的错误经验和教训，重新制定各专业新的教学方案。为了尽快与世界接轨以消除“文革”对艺术教育的负面影响，一批批青年教师被选送出国留学、进修、访问、考察，全国各类展览会、研讨会等学术活动也开展起来，许多适应时代发展需要的新的专业、新的系科纷纷建立。各校还纷纷成立了学术委员会，建立了各种工作室，完善教学和科研机制。随着全国艺术教育事业的恢复和发展，各地院校的艺术教育也逐步得到重视，艺术教育作为美育的主要内容，其重要作用正日益为人们所认识，艺术教育逐渐步入健康发展的轨道。特别是改革开放以来，随着三次全国教育工作会议的召开，艺术教育有了突飞猛进的发展。

进入新时期后，马克思关于人的全面发展的思想和西方哲学主体性理论得到科学合理的阐释，这个时期邓小平提出了建设中国特色社会主义和“两个文明”的思想，提出了“描写和培养社会主义艺术教育思想，改造伪泛功利主义”艺术教育思想。加之1980年代哲学界、艺术界关于人性和人道主义问题的争论，也大大地丰富了人们对自身价值的认识，丰富了人们对艺术教育本身目的和意义的认识。所有这些，促成了新时期以人为中心、以美感教育为中心的艺术教育理念的形成，艺术教育独立性和自主性地位也得到了强化，当代艺术教育学理论和学科的发展也空前繁荣。

为了贯彻德育、智育、体育、美育全面发展的方针，加强对学校艺术教育工作的管理和指导，1986年9月，国家教委成立了艺术教育处。这是国家教委新设立的第一个主管普通学校艺术教育工作的专门机构（1989年成立社会科学研究与艺术教育司，1993年改为体育卫生与艺术教育司），改写了我国教育史上艺术教育无专门机构和专人管理的历史。同年，成立国家教委艺术教育委员会，由全国著名的艺术教育家及专家组成，其主要任务是：“在学校艺术教育的方针、政策、发展规划、教学改革等重大问题上向国家教委提供咨询；协助国家教委指导、督促、检查各级各类学校艺术教育的实施，推动学校美育的发展。”① 此后，根据国家教委精神，全国各省市教委相继成立了艺术教育委员会和主管学校艺术教育的机构，并配备艺术教育管理干部和教研员。1989年11月国家教委颁发的《全国学校艺术教育总体规划》（1989~2000），是我国第一个全国学校艺术教育的纲领性文件。它的颁发说明我国学校艺术教育已进入“依法制教”的新阶段，它提出了从1989年至2000年我国学校艺术教育的发展目标和主要任务。

在正确认识艺术教育的目的、在确立艺术教育的法律地位的基础上，建立并不断完善全社会的艺术教育体系，是健全我国艺术和艺术教育制度和组织的有效保证。教育部《2001艺术教育规划》指出：“至2010年前，建立符合素质教育要求的大、中、小学相衔接的，具有中国特色的学校艺术教育体系。”提出学校艺术教育要以全

① 姚思源：《中国当代学校音乐教育文献（1949~1995）》，上海教育出版社1999年版，第117页。

面推进素质为目标，大力改革教学内容和教育方法，注重培养爱国主义和集体主义精神，促进学生全面和谐发展。

教育部2002年9月施行的《学校艺术教育工作规程》指出：通过艺术教育，使学生了解我国优秀的民族艺术文化传统和外国的优秀艺术成果，提高文化艺术素养，增强爱国主义精神，培养感受美、表现美、鉴赏美、创造美的能力，并通过艺术教育陶冶情操，发展个性，启迪智慧，激发创新意识和创造能力，促进学生的全面发展。各级各类学校应当加强艺术类课程教学，普通高等学校应开设艺术类必修课或选修课。我们可以看到，作为一种教育发展战略，培养在21世纪的世界经济市场中具备具有竞争力的高素质全面人才的工作已到了一个非常关键的时期。

第二节　鲁艺对中华人民共和国成立后文艺教育的影响

中华人民共和国的成立，标志着大规模的革命战争已经结束，国家进入了以经济建设和文化建设为主的和平发展时期，文艺界的首要任务是继承解放区文艺的优良传统，贯彻毛泽东的文艺思想。代表共产党的文艺干部接管了全国各个艺术院校和文艺机构，并且组建新的文艺社团和艺术家协会，以这样的组织形式来领导散乱在四处的艺术家。这个时期，具有延安背景的艺术家和管理者显然拥有强大的政治资本，大多被认为政治可靠，并被赋予代表共产党为巩固政权实施领导艺术的权力。由延安鲁艺培养的中国共产党的文艺干部，在中华人民共和国成立后大部分成为了中国文艺界的领导人与业务骨干；曾经生活在国统区的艺术家和知识分子被告知必须接受马克思主义的文艺思想。由于政权的转移使具有解放区经历的文艺家充满骄傲和自豪感，而不具备此背景的知识分子不得不对自己以往走过的文艺道路进行反思。当时热火朝天的政治氛围很容易使他们对自己以往的文艺创作缺乏自信心，他们开始主动学习毛泽东《讲话》，希望能够适应新社会的变化，并接受文艺为工农兵和政治服务的社会与政治现实。

延安走出来的艺术家开创了解放区的党办文艺的模式。鲁艺师生经历了延安整风运动的洗礼，从此成为了毛泽东文艺思想的真诚的接受者、信奉者、追随者、积极的宣传者和执行者。中华人民共和国成立后，鲁艺的教师和学生带着在延安形成的文艺观念和文艺政策，先后进入全国各主要城市，从事文艺组织领导、文艺创作、艺术教育、艺术表演、文艺编辑出版等项工作。他们成为中华人民共和国文艺事业十分重要的力量，对中国当代主流文艺的形成起到了不可替代的作用，对文艺事业产生了重要而深远的影响。实现了罗迈当年预言的：“将来形势好转，分发出去，这一大批有相当修养的干部将是掌握全国文艺活动最宝贵的资本。”① 而鲁艺的掌门人周扬也在“文革”前担任了文艺界的重要领导人，更是发挥了举足轻重的作用。

---

① 李维汉：《在鲁艺第二次工作总结大会上的讲话》《延安文艺丛书·文艺理论卷》，湖南文艺出版社1987年版，第820页。

余英时先生说过，相对于任何文化传统而言，在比较正常的状态下，“保守”和“激进”都是在紧张之中保持一种动态的平衡。例如：在一个要求变革的时代，“激进”往往成为主导价值，但是“保守”则对“激进”发生制约作用，警告人不要为了逞一时之快而毁掉长期积累下来的一切文化业绩。① 代表“激进”的革命功利主义追随者的延安传统和代表“保守”的理性主义追随者的国统区传统正好形成一种张力，如果二者能够携手，就可以在相互对立和抗衡中推进文艺教育在一个相对平衡的状态下更为合理地发展。因此，在确定中华人民共和国文艺教育的总方针和总方向时，既要坚持解放区文艺教育传统，又要理性对待国统区文艺教育传统，并依据中华人民共和国成立后的新形势对解放区文艺教育政策做出必要的调整。然而，中华人民共和国成立后文艺界“大会师”——第一次“文代会”，事实上却是片面地继承解放区的文艺传统，其突出表现是把解放区文艺方向认定为进步文艺的唯一方向。解放区的文艺教育传统在一定历史时期的确发挥了它应有的作用，是值得肯定的。但中华人民共和国所继承的文艺教育传统不仅仅是解放区的，还有国统区的进步文艺教育传统，中华人民共和国的社会构成与政治任务也完全不同于解放区时期。

以延安鲁艺为代表的中华人民共和国文艺工作者在社会主义建设中继续发扬了从革命实际出发，理论和实践相结合、业务技术与创作实践相结合、教育与生产劳动相结合、学习与社会密切联系的工农兵文艺的优良传统，将新的人民文艺再次推向高峰。

延安鲁艺对中华人民共和国成立后的文艺教育的影响，主要体现在以下几个方面：

一、发扬理论联系实际的光荣传统

延安鲁艺办学最大的特色是理论联系实际。延安鲁艺的文艺工作者，在文艺为工农兵服务的方针引导和鼓舞下，深入农村，深入部队，同农民、战士交朋友，和他们生活、工作在一起，通过参加火热的革命斗争，从中去感受工农兵的生活与思想感情，大大丰富了艺术创作的源泉，逐步积累了适应战争环境和革命根据地条件的专业文艺教育方式和经验。中华人民共和国成立后，毛泽东《讲话》作为主要的文艺指导方针，规定了文艺是为工农兵服务，特别强调“是从工农兵”提高，“沿着工农兵自己前进的方向，沿着无产阶级前进的方向去提高”②。“在普及基础上的提高，主要是普及”的精神指引下，中华人民共和国成立后的艺术院校的美术教学实践就吸收延安鲁艺办学的宝贵经验，不仅在课堂教学中提倡现实主义风格，组织学生下乡、下厂体验生活，获取生动创作素材，将基本练习和创作相结合，反映生活现实。

杭州艺专在创作实践课中，引导学生创作直接描绘生活的主题，画连环画，画

① 余英时：《中国现代思想史上的激进与保守》《钱穆与中国文化》，上海远东出版社 1994 年版，第 200 页。

② 毛泽东：《在延安文艺座谈会上的讲话》《毛泽东选集（第 3 卷）》，人民出版社 1991 年版，第 859~860 页。

领袖像，画配合当时政治运动的作品，如“抗美援朝”和“土地改革运动”的宣传画和漫画。同时，改进解剖、透视、构图、色彩等知识教学，开设原国立艺专没有的艺术理论课，使学生初步了解和掌握美术史知识和艺术常识。

还有就是合理调整系科。专门成立了版画系，使过去在旧的艺术学府里得不到一席之地反而遭到歧视、打击的革命画种，能成为社会主义艺术学院的重要组成部分。西洋画和国画系合并为绘画系；学生除了素描速写，同时学习油画和以人物画为主的传统绘画形式。

这些改革使传统艺术和革命艺术相结合，使中华人民共和国成立后的院校艺术教育有了很好的专业架构，促进了艺术教育的发展。尽管后来受到“开门办学”的冲击，没能很好地落实这些设想，但它毕竟使社会主义文艺教育有了一个很好的开端。

二、注重对民间传统形式的改革

在解放区，鲁艺木刻工作团的艺术家曾将新兴版画的整套思路移用到木刻年画上，创作了一批“革命年画”，备受群众欢迎，开创了新年画的时代。中华人民共和国成立后，延安年画的路子和方向得到了肯定和推广，占据主流地位。此时，新年画与传统年画明显拉开了距离，突出了新中国、新生活的主题，讲述着获得新生的劳动人民的喜悦，渐渐远离传统年画民间祈福的含义。

但新年画创作内容和民间欣赏之间产生了裂隙。蔡若红曾举例说：“有一对新门画，一边画的是工农，一边画的是举枪射击的战士。买画的农民说：‘把工农兵贴在门上是可以的，可是门一关上，战士的枪口正对着工农，这可不吉利，”① 于是，鲁艺出身的艺术家力群为此发表了《谈几幅优秀的新年画》一文，对新年画的缺点进行批评，引发了一场美术界关于新年画运动的讨论。讨论的结果是艺术家们将新年画的发展定位在“发扬民间年画的优良传统”上。

江丰在主持杭州和北京美术学院工作时期，大力提倡表现人，在绘画中提倡人物画。他批评传统中国画在人物画上的缺陷，一方面要求改造国画，另一方面特别推崇油画，认为油画的表现能力最为丰富，能作大画，属于大画种。他们“把工农兵请进高等学府”，在学校内设立民族美术研究室和民间美术研究室。民间美术研究室主要吸收浙江各地优秀的民间艺人，王凤祚、潘雨展、高建新、陈鹤亭、马凤棠、唐振辉等都到民间美术研究室搞了好长一段时间实践的创作。②

这些改革，实质上是力图把延安鲁艺那些他们认为优秀的表现技巧、艺术传统和艺术理念搬到教学和艺术实践中去。他们对于传统形式的改造，或者说改革，虽未太大超越延安鲁艺的窠臼，仅在具体方法上有着突破和发展，却给了民间传统艺术在新社会立足之地，且使其焕发出生机，没有因时代和政治的变迁而消亡。

---

① 蔡若虹：《年画创作应发扬民间年画的优良传统》《美术》1954 年 5 月号。

② 黄仁柯：《鲁艺人——红色艺术家们》，中共中央党校出版社 2001 年版，第 196~197 页。

理性地审视解放区文艺教育，它也有先天不足与后天局限：在把“五四”以来的新文艺运动推到“工农兵文艺”这个新阶段时也把1930年代“左翼”文学运动的缺点或错误继承下来了；在提倡文艺的民族化、大众化时又以封闭的文化心态疏远了与世界文艺的交流和借鉴。在中华人民共和国成立初期普遍推崇解放区文艺成就的气氛下，对解放区文艺所存在的缺点一般都较少涉及。但也有些文艺工作者在肯定成绩的同时，冷静地分析了解放区文艺发展中亟待解决的问题。张庚在总结解放区戏剧的时候，就相当深刻地提出了解放区文艺在人物塑造和文艺工作者业务学习方面存在的缺陷。他说：“今天我们的观众，特别是干部观众中比较普遍的舆论是不满足我们的演出。主要原因是由于反映的斗争不深入，对问题看得不深刻。人物创造上有一般的工农兵，但没有令人不能忘记的有性格的人物。”他认为，戏剧工作者“缺乏系统的业务理论”“对于过去的书钻研得少，又由于能力关系，在总结自己的实践经验方面也没有足以使我们建立起一套有系统的新业务理论的力量，因此，我们现在相当普遍地处在凭经验做工作的情况下，不能提高，或者提高得很慢”。① 可惜，张庚的这些清醒的见解被淹没于当时集体的过分乐观的气氛中，从而使解放区文艺发展的经验教训未能做出准确、全面的总结，就被带到社会主义国家建设上来了。

（一）过于强调和夸大教育的政治功能

众所周知，教育为政治服务，为工农兵服务，是毛泽东文艺教育思想的核心观点。应该说，在革命战争年代，强调教育为政治服务，为工农兵服务，既是必要的，也是对教育的一种特殊“功能”的“特殊”重视，但这些观点又都带有明显的历史局限和理论缺陷。中华人民共和国成立后，仍然存在着教育为政治服务的任务。这时的政治内涵已经发生了变化，毛泽东却一直强调“学校的一切工作都是为了转变学生的思想”“教育为无产阶级服务”等观点。这些教育主张中有的与现代教育理念合拍，有的却被夸大。

毛泽东提倡“培养有社会主义觉悟的有文化的劳动者”被异化为“宁要没文化的劳动者，不要有文化的剥削者”，这对教育起到了极为严重的破坏作用，是毛泽东“教育与生产劳动相结合”思想发展的极端情形。这种思想被歪曲为教育只能同简单、笨重的体力劳动相结合，而且这种劳动也可以代替智育甚至高于智育，因为它有利于觉悟的提高和道德的净化。教育目标中的“劳动者”被阐释为等同于体力劳动者，知识分子、脑力劳动者又被等同于“四体不勤”“五谷不分”的非劳动者，直至被认为是“资产阶级知识分子”。

1950年代全国号召培养“有觉悟、有文化的劳动者”，上大学就是培养“又红又专”的“红色专家”，知识、专业和文化还是重要的教育内容。但1958年开展教育革命，“拔白旗、插红旗”，对知识分子进行普遍思想改造和全民的道德教化。政

---

① 张庚：《解放区的戏剧》《中华全国文学艺术工作者代表大会纪念文集》，新华书店发行1950年版，190页。

治挂帅、突出政治便变成了道德挂帅；突出道德，政治教育便变成了道德教育，成了毫不利己、专门利人与无我主义的教育。人们要不断地批判自己，与自身的资产阶级个人主义作斗争，同时又批判别人和接受别人的批判。1960年代以后，由于阶级斗争扩大化的发展，教育与政治的关系日益简单化和经验化，“文革”时，“教育为无产阶级服务”演变成了“教育是无产阶级专政的工具”，甚至发动了“文化大革命”，荒废教育和国计民生，使整个国家陷于动乱和危机中。

教育从“为无产阶级服务”，最终演变为“为阶级斗争服务”，教育成为阶级斗争的“驯服工具”。在教育领域里，没有共同的文化追求，只有无产阶级和资产阶级的对立。学校这个文人集中的所在，变成了你死我活阶级斗争的战场。广大教师带着“资产阶级知识分子”的负罪感在历次运动中成为主要冲击、批判和改造的对象，与主流意识形态处于高度紧张的状态。

教育不能脱离政治，政治也并不等同于教育，更不能取消和替代教育。“教育除了具有传递社会主流文明的价值、形成共同文化、进行社会整合和政治社会化这样的政治属性和政治功能；现代社会的教育作为一种公共产品，还具有提高国民素质、促进社会经济、文化、科技发展等非常丰富的功能，被视为社会现代化的基础工程。”①

在强调贯彻毛泽东文艺思想的时候，一个很重要的任务是在坚持毛泽东文艺思想基本精神的同时，对毛泽东文艺思想做出“与时俱进”的提升。然而，事实却并未如此。由于文艺教育成为政治的工具，意识形态教条化，非理性化，逐渐形成了一浪高过一浪的极“左”思潮。独立的知识分子传统在1957年后就可悲地中断了，这是以后二十年间整个民族一系列悲剧的开始。

（二）“开门不办学”

延安时期，教育与生产劳动相结合，“大生产运动”的目的一方面是自救，解决解放区的生存问题；另一方面是对知识分子进行思想改造的一种教育手段。以解决长期以来理论与实践、学校与社会、学生与社会脱节的现象，这是解放区教育的光荣经验，原本是正确的、符合世界各国教育改革的总趋势。

在“文革”中，“教育与生产劳动相结合”被简单化为“开门办学”。它的主要精神是“教育同三大革命实践相结合”“文科要把整个社会作为自己的工厂”“结合战斗任务组织教学”②。目的是取消课堂教学，取消学校的大门和围墙。这实际上取消了学校与其他各部门的分工，在一定程度上否定了学校作为一个社会特殊部门和领域存在的意义。艺术院校每年都安排学员和教员到工厂、农村、部队参加劳动，开展“大批判”。1974年之后，“开门办学”达到高潮，学生在三年学习期间，大致有一年左右是在工厂度过的。

---

① 杨东平：《艰难的日出——中国现代教育的20世纪》，文汇出版社2003年版，第201页。

② 杨东平：《艰难的日出——中国现代教育的20世纪》，文汇出版社2003年版，第198页。

教育能给人提供公平竞争、向上流动的机会，能显著改变处于不利地位人群的生存状态，减少社会性的不公平。但是工农兵学员免试入学，实际又增加了不公平性。教育公平需要通过经济发展和社会进步逐步缩小和弥合差距，而不是靠国家意志干预。

（三）集体创作走向极端

歌剧《白毛女》开创了集体创作的先河，是领导、专家、群众三结合的产物。中华人民共和国成立后，个体化的文艺创作活动逐渐被纳入组织化的文艺生产管理体系中。文艺创作和艺术生产的组织化、计划化由于有了体制化的支持和保障，得到了更为广泛的推行和实施。这也使得文艺创作这一复杂的精神创造活动个体化、个性化的色彩日益淡化，而政治倾向和意识形态色彩则更加突出和强化了。

张庚曾说过："集体创作的意思多半是由于生活、表现的技巧不能完全在一个作者身上统一起来的时候所采用的办法；有时候发生了没有熟练的编剧者在旁的情况，也就由大家来'凑'，这就是所谓'三个臭皮匠，顶个诸葛亮'。在生活和表现技巧脱节的时候，在体验着丰富生活而缺乏表现能力的时候，这个方法有效地解决了问题，而且参加创作的人都得到了学习，补充了自己的不足。在某种情况下来说，使知识分子接触和学习了实际生活，使工农学习了文艺技巧。"① 他在这里实际上是在谈艺术家在具体创作问题上需要承认人民的高明，不再垄断文艺问题上的话语权，但也要求艺术家要尊崇艺术的规律，要求艺术家坚持自身的立场、思想，而不是完全把创作的主动权交给群众。

"文革"中江青要求创造无产阶级文艺的新内容、新形式，"破四旧、立四新"。毛泽东曾批评旧京剧充满了封建意识，舞台上充斥着"帝王将相、才子佳人"，因此江青极力推动具有革命主题的新型京剧。江青倡导的"三突出"理论："在所有人物中突出正面人物；在正面人物中突出英雄人物；在主要人物中突出最主要的中心人物。"从此，"三突出"成为一切艺术创作不得违反的金科玉律，其作用犹如"文艺宪法"。后来又出现了"三陪衬"："以反面人物陪衬正面人物，以正面人物陪衬英雄人物，以英雄人物陪衬主要英雄人物。"同时，还指出了"集体创作"原则，即党的领导出思想，工农兵出生活，作家出写作。文学创作不再是作家独立个人的事情了。"三突出"和"三陪衬"以及"集体创作"原则等，体现了"文革"文艺的极左状貌，严重阻碍了文艺的正常发展。江青还插手把五个现代题材的京剧《奇袭白虎团》《智取威虎山》《沙家浜》《红灯记》《海港》定为"革命样板戏"。自此，"革命样板戏"成了一切艺术效法的楷模，艺术院校"以样板戏为主导教材"，是当时检验教学方向的重要依据之一。无论学什么专业，均需学习"样板戏"的艺术形式。

在僵化的文艺政策下，创作出一系列"高大全"的英雄形象：英雄人物无缺点，坏人则一坏到底，人与人之间没有爱恋，只有"同志关系"和"阶级感情"，样板戏

---

① 张庚：《解放区的戏剧》《中华全国文学艺术工作者代表大会纪念文集》，新华书店发行 1950 年版，第 192 页。

舞台上看不见儿女情长，正常的伦理观念被完全否定。这种僵化的创作模式成为“文革”文艺的唯一标准形式，产生了极恶劣的影响。

中华人民共和国成立后的历次运动将教育一次次推上悬崖边，尤其是“文革”期间对艺术教育的损害是无法估量的。正常的教学秩序不能保证，因艺术普及而取消学院的正规教育，中断对外交流，采用单一化封闭式的教育。但由于压制，导致艺术教育停滞、水平下降和趋于庸俗化。没有人有条件并且敢于在那个时期去调查广大的农民、工人和士兵究竟喜欢什么，艺术必须是健康的、歌颂的和具备符合政治要求的。审美性和人性在当时受到极大的压抑和摧残，这个教训我们应当引以为戒。

早在本世纪20年代，蔡元培、林风眠等人都强调民族的素质教育这个长远而根本的目的。人们已经认识到艺术教育存在两种基本类型，形成了两种艺术教育观：一是认为思想性是艺术教育的基础和中心，一是认为美感教育是艺术教育的基础和中心。以思想教育为中心的艺术教育观念在20世纪40年代取得了主导地位。1949年中华人民共和国建立的教育制度是典型的“国家模式”。在这种模式下，国家对教育的干涉极强，教育和政治关系十分密切。改革开放以后，艺术学院恢复了领导艺术潮流的地位，中国艺术教育因此出现了勃勃生机，高雅艺术和大众艺术由对抗转向融合，朝着良性互动的方向发展。

延安鲁艺已成为历史，还原它的本来面目，不是为了批判，而是为了继承。面对继承和借鉴传统时，必须反思摒弃和继承的究竟是精华还是糟粕？重新理性地树立我们文化之根，培养青年一代对民族文化尊重的态度和亲近的情感，警惕旧传统的复活，并通过对传统的“创造性转化”使之成为教育现代化可以凭借的资源，依然是新世纪中国教育必须面对的课题。

小 结

中华人民共和国成立初期，在中共的领导下，各艺术院校广收人才，完善教学体制，在教学思想、方法和制度上继承了延安鲁艺和旧艺术院校的特点，开始建立中华人民共和国的艺术教育体系。这个过程经历了太多的苦难和艰辛。改革开放后的艺术教育重新焕发出生机。在思想解放和民主化进程中，艺术教育一定会重放异彩。

结 语

抗日战争时期，延安鲁艺在中共中央和毛泽东的亲切关怀下，从无到有，从小到大，为抗日战争的胜利和发展，为中共的文艺教育事业做出了很大的贡献。“新文化运动培养了具有现代民族意识和文化素养的大批知识分子，奠定了精英集团的基础，形成了两种自上而下的力量：一是大学，代表多元的文化力量；它是灵魂，是文化前提。一是政党，代表统一的组织力量；它是体制，是政治保障。两种力量各有使命，各有优点和缺点，形成互补的关系。它们最初是统一的，但又在复杂的现实斗争中分分合合。”① 延安鲁艺将文艺教育与中共的政治运作相结合，逐步形成了一种新的文艺教育范式：“立足传统，面向大众”，并且通过“延安文艺座谈会”将其意识形态化，从而完成了对新民主主义既成文艺思想的批判与新的工农兵文艺的创造。

纵观延安鲁艺所走过的七年八个月的光辉岁月，从1938年建立到1945年离开延安，它经历了初创—提高—整顿—繁荣四个阶段，从思想上走过了“为抗战”—“为艺术”—“为大众”三个转变，在文艺教育上经历了“初创时期”—“提高时期”—“普及时期”三个发展过程。鲁艺的存在时间虽然不长，但它建立在新思想体系上的教学内容、课程安排是在中共的教育方针与文艺思想的指引下完成的。通过梳理和考察延安鲁艺文艺教育的创立缘起与教育理念、设备与师资、组织与制度、教学内容与教学方法、文艺创作与学术论争等一系列具体环节与细节，我们可以看到从早期初创时短训班式的教学状态逐步走向1941年前后的“正规化”与“专门化”教学，之后经过延安文艺座谈会，又对“正规化”和“专门化”进行了反思与检讨，并重新进行了调整这样一个办学过程。对应于每一步的完善与调整，延安鲁艺在组织机构、教学思想、课程设置等方面也都会做出一些相应的充实与变化。

以文艺整风为分水岭，前一阶段主要探索了如何建设新的文艺教育的体系，培养了一大批有实际工作能力的创作干部，后来大多数人成为各地区艺术工作的领导骨干和创作的主要力量。它的产生与发展及其民族化、大众化、革命化的特征都顺

① 姚国华：《大学重建》，海天出版社2002年版，第763页。

应了时代的要求。它吸取了中国共产党根据地时期的文艺传统——“左翼”文艺和苏区文艺的思想和理论，既是中国抗战文艺的一个组成部分，又展示了中国共产党延安时期的文艺战略，实施了共产党延安时期的文艺战术。在后来的三四年中，主要在艺术创作上进行新的探索，如何利用民间艺术形式加以改造，创造新的人民艺术，以适应广大的农村群众、新战士和干部的欣赏要求，产生了民间艺术形式“秧歌剧”和中国新歌剧《白毛女》，受到群众和干部们的欢迎。

“鲁艺人”在《讲话》后将全部热情和精力投入到轰轰烈烈的工农兵生活中去，成绩斐然，对抗日战争和解放战争的最后胜利起到了不可估量的精神引领作用。作为一所新型艺术教育学院，延安鲁艺重视政治思想教育，淡化艺术工作者的精英意识，坚持现实主义创作观，倡导理论与实践、教育与生产、“开门办学”的教学思路影响了中华人民共和国成立以后几十年的文化整合及艺术院校建构。随着中华人民共和国的建立，这一文艺教育思想的合理性转变为合法性、正统性。而在中华人民共和国成立之后，又将其转化为权威性并规范化、体制化，使其成为新的社会主义文艺教育规范的一个必不可少的内容。因此，延安鲁艺的艺术教育对中国艺术教育的持续性影响在现今是难以估量的。对于延安鲁艺的文艺教育的认识，不能仅仅从它的艺术成就来衡量，由于它折射和引申出的众多文艺和文化、文艺和政治的关系，知识分子的心态等方面的问题对于今天的研究仍然具有重要意义。

上世纪 80 年代之后，中国艺术教育在淡化政教因素的同时，也失去了原有的分量。显然，将艺术教育完全政治化和道德化是狭隘的、片面的，然而，艺术与政治和道德的关系却是艺术本身不可缺少的维度，也是艺术教育在学校体制中获得重要地位的必要条件。面对被物欲扭曲的人性、被利益麻痹的心灵，当今的艺术教育应当强化现实的感应，并以艺术的超越性和人文的情感性将其政治道德的教育作用提升到充实人生和丰富人性的高度。我们应当在更广泛的意义上，或者说在现实感和社会责任感的意义上理解政治和道德的作用。

“艺术教育的出路在于找到一种最佳的结合方式。这是一个高难的要求，但却是努力的方向。一方面，艺术教育应当在理论上更多地强调社会功利性作为基础的重要作用，从而在实践上使人文情感性找到现实的立足点；另一方面，艺术教育应当在实践上强化人文情感性的力量，从而在理论上使社会功利性得到正面的理解和阐释。”①

在 20 世纪中国的艺术教育历程中，始终伴随着两对基本矛盾：一个是继承和创造的矛盾；一个是技艺训练和全面素质教育的矛盾。西方艺术进入 20 世纪后已不再承担文化和道德教育的任务，而在 20 世纪的大部分时间里，中国艺术教育则是意识

① 邹华：《艺术教育的历史经验》《天津社会科学》2007 年第 2 期。

形态的一种工具，艺术教育的主要任务是为政治服务，明显对政治和道德教育的偏重。这种情况既与现实需求相关，也与传统文化相关。可以说，社会功利性和人文情感性在中国艺术教育中还处在一种古典式的混合状态，大众的心理情感方面承载了太多的社会功利内容。

经受过延安鲁艺教育模式影响的艺术家们几乎成为中华人民共和国文艺的创立者，他们继承了鲁迅先生直面现实的勇气，坚持现实主义艺术观，文艺与现实斗争相结合，并将此作为珍贵的艺术财富代代相传，继续激励人们勇往直前。无论在中国现代革命史上，还是在中国现代文艺史和教育史上，延安鲁艺都占据着重要的地位，对它的书写，绝对值得浓墨重彩。

参考文献

一、主要参考报刊

1.《红色中华报》（1935. 11. 25~1937. 1. 25）

2.《新中华报》（1937. 1. 29~1941. 5. 15）

3.《文艺月报》（1941. 1. 1~1942. 9. 1）

4.《文艺战线》（1939. 2. 26~1940. 2. 16）

5.《文艺突击》（1938. 10. 10~1939. 6. 25）

6.《中国青年》（1939. 4. 16~1941. 3）

7.《解放日报》（1941. 5. 16~1947. 3. 27）

8.《中国文化》（第 1 卷创刊号至第 3 期，第 3 卷第 2~3 期）

9.《解放周刊》（1937. 4~1941. 8）

10.《草叶》第 1~5 期（1941. 11. 1~1942. 7. 1）

11.《谷雨》第 1~6 期（1941. 11. 15~1942. 8. 15）

12.《抗战文艺研究》（1981~1995）

13.《延安文艺研究》（1985~1992）

14.《新文学史料》（1979~2003）

15.《文艺报》（1957~1958）

二、主要参考书目

1. 王培元：《延安鲁艺风云录》［M］广西师范大学出版社 2004 年版。

2.《延安鲁艺回忆录》［C］光明日报出版社 1992 年版。

3. 钟敬之：《延安鲁艺：我党创办的一所艺术学校》［C］文物出版社 1981 年版。

4. 贺志强、张来斌：《鲁艺史话》［C］陕西人民出版社 1991 年版。

5. 蔡若虹：《赤脚天堂——延安回忆录》［M］湖南美术出版社 2000 年版。

6. 鲁艺校友会：《延安鲁迅艺术文学院建院 50 周年纪念》（1938~1988）［C］内部资料，1988 年版。

7. 鲁艺校友会：《延安鲁艺文艺学院校友录》［C］内部资料，1995 年版。

8. 黄仁柯：《鲁艺人——红色艺术家》［M］中共中央党校出版社 2001 年版。

9. 郝汝惠：《鲁艺在东北》［M］辽海出版社出版 2000 年版。

10. 林蓝：《周立波鲁艺讲稿》［M］上海文艺出版社 1984 年版。
11. 朱鸿召：《延安文人》［M］广东人民出版社 2001 年版。
12. 朱鸿召：《延安访问记》［M］广东人民出版社 2001 年版。
13. 朱鸿召：《众说纷纭话延安》［M］广东人民出版社 2001 年版。
14. 朱鸿召：《延安日常生活中的历史》［M］广西师大出版社 2007 年版。
15.《延安文艺丛书·文艺史料卷》［C］湖南文艺出版社 1987 年版。
16.《延安文艺丛书·文艺理论卷》［C］湖南人民出版社 1984 年版。
17. 艾克恩：《延安文艺运动纪盛》［C］文化艺术出版社 1987 年版。
18. 艾克恩：《延安城头望柳青》［C］文化艺术出版社 1991 年版。
19. 艾克恩：《延安文艺回忆录》［C］中国社会科学出版社 1992 年版。
20. 黄樾：《延安四怪》［M］中国青年出版社 1998 年版。
21. 钟敬之：《延安文艺的光辉十三年（1935～1948）》［C］华龄出版社 1993 年版。
22. 钟敬之：《延安十年戏剧图集》（1937～1947）［C］上海文艺出版社 1982 年版。
23. 王云风：《延安大学校史》［M］陕西人民教育出版社 1994 年版。
24. 王敬：《延安（解放日报）史》［M］新华出版社 1998 年版。
25. 延安整风运动编写组：《延安整风运动纪事》［M］求实出版社 1982 年版。
26. 万国庆：《凝眸黄土地——延安文学史论》［M］湖北人民出版社 2003 年版。
27. 王海平等：《回想延安·1942》［M］江苏文艺出版社 2002 年版。
28. 孙新元、尚德周：《延安岁月》［C］陕西人民美术出版社 1985 年版。
29. 程远：《延安作家》［C］陕西人民教育出版社 1992 年版。
30. 高新民张树军：《延安整风实录》［M］浙江人民出版社 2000 年版。
31. 赵超构：《延安一月》［M］上海书店 1992 年版。
32. 支克坚：《周扬论》［M］河南大学出版社 2004 年版。
33. 李辉：《摇荡的秋千——是是非非说周扬》［M］海天出版社 1998 年版。
34. 李华盛、胡光凡：《周立波研究资料》［C］湖南文艺出版社 1983 年版。
35. 王蒙、袁鹰：《忆周扬》［C］内蒙古人民出版社 1998 年版。
36.《何其芳研究专集》［C］四川文艺出版社 1986 年版。
37.《周扬文集》第 1 卷［M］人民文学出版社 1984 年版。
38.《何其芳全集》（第 1～8 卷）［M］石家庄河北人民出版社 2000 年版。
39.《何其芳文集》第 4 卷［M］人民文学出版社 1983 年版。
40.《周立波文集》第 5 卷［M］人民文学出版社 1959 年版。
41.《胡风全集》［M］湖北人民出版社 1999 年版。
42.《丁玲全集》（第 1～8 卷）［M］河北人民出版社 2001 年版。
43.《胡风回忆录》［M］人民文学出版社 1993 年版。
44. 李辉：《胡风集团冤案始末》［M］人民日报出版社 1989 年版。
45. 梅志等：《我与胡风》［M］宁夏人民出版社 1993 年版。
46. 韦君宜：《思痛录》［M］十月文艺出版社 1998 年版。

47. 王中忱、尚侠：《丁玲生活与文学的道路》［M］吉林人民出版社1982年版。

48. 胡光凡：《周立波评传》［M］湖南文艺出版社1986年版。

49. 袁良骏：《丁玲研究资料》［C］天津人民出版社出版1982年版。

50. 邢小群：《丁玲与文学研究所的兴衰》［M］山东画报出版社2003年版。

51. 杨桂欣：《观察丁玲》［M］大众文艺出版社2001年版。

52. 周良沛：《丁玲传》［M］十月文艺出版社1993年版。

53. 徐懋庸：《徐懋庸回忆录》［M］人民文学出版社1982年版。

54. 黄昌勇：《王实味传》［M］河南人民出版社2000年版。

55. 温济泽：《王实味冤案平反纪实》［M］群众出版社1993年版。

56. 曲士培：《抗日战争时期解放区高等教育》，北京大学出版社2005年第2版。

57. 斯诺：《西行漫记》［M］河北人民出版社1992年版。

58. 中央档案馆（编）：《中共中央文件选集》第12~14册［C］中共中央党校出版社1991~1992年版。

59. 中共中央书记处（编）：《六大以来——党内秘密文件》［C］人民出版社1981年版。

60. 陕西省档案馆（编）：《陕甘宁边区政府大事记》［C］档案出版社1991年版。

61《毛泽东选集》（第1~5卷）［M］人民出版社1991年版。

62.《毛泽东文集》（第1~4卷）［M］人民文学出版社1996年版。

63. 宋贵仑：《毛泽东与中国文艺》［M］人民文学出版社1993年版。

64.《毛泽东论文艺》［M］人民文学出版社1958年版。

65. 陈晋：《文人毛泽东》［M］上海人民出版社1997年版。

66. 胡乔木：《胡乔木回忆毛泽东》［M］人民出版社1994年版。

67. 斯图尔·特施拉姆：《毛泽东》［M］红旗出版社1987年版。

68. 黎辛、靳绍彤：《延安时期毛泽东的文艺理论与实践》［M］大众文艺出版社2002年版。

69.《列宁论文学与艺术》［M］人民文学出版社1983年版。

70.《马克思、恩格斯论文学与艺术》（上）［M］人民文学出版社1982年版。

71. 徐迺翔、马良春：《鲁迅论文学艺术》（上下）［C］人民文学出版社1980年版。

72. 胡绳（主编）：《中国共产党的七十年》［C］中共党史出版社1991年版。

73. 叶朗：《中国美学史大纲》［M］上海人民出版社1985年版。

74. 卢善庆：《中国近代美学思想史》［M］华东师范大学出版社1991年版。

75. 敏泽：《中国美学思想史》（第3卷）［M］齐鲁书社1989年版。

76. 蓝海：《中国抗战文艺史》［M］山东文艺出版社1984年版。

77. 刘炎生：《中国现代文学论争史》［M］广东人民出版社1999年版。

78. 洪子诚：《中国当代文学史》［M］北京大学出版社1999年版。

79. 洪子诚：《问题与方法：中国当代文学史研究讲稿》［M］三联书店2002年版。

80. 许志英、邹恬：《中国现代文学主潮》［M］福建教育出版社2001年版。

81. 许道明：《中国现代文学批评史》［M］江苏文艺出版社1995年版。

82. 刘增杰：《中国解放区文学史》［M］河南大学出版社 1987 年版。

83. 林默涵：《中国解放区文学书系》［C］重庆出版社 1992 年版。

84. 苏春生：《中国解放区文学思潮流派论》［M］中国社会科学出版社 2000 年版。

85. 钱理群：《中国现代文学三十年》（修订本）［M］北京大学出版社 1998 年版。

86. 李泽厚：《中国现代思想史论》［M］安徽文艺出版社 1994 年版。

87. 马以鑫：《中国现代文学接受史》［M］华东师范大学出版社 1998 年版。

88. 温儒敏：《中国现代文学批评史》［M］北京大学出版社 1993 年版。

89. 童庆炳：《中国现代文学理论价值观念的演变》［M］北京大学出版社 2005 年版。

90. 程正民、程凯：《中国现代文学理论知识体系的建构——文学理论教材与教学的历史沿革》［M］北京大学出版社 2005 年版。

91.《中国新文学大系（1937~1949）》第 1~19 集［C］上海文艺出版社 1990 年版。

92.《文学运动史料选》（1~5）［C］上海教育出版社 1979 年版。

93.《中华全国文学艺术工作者代表大会纪念文集》［C］新华书店发行 1950 年版。

94. 张庚：《秧歌与新歌剧》［M］北京：中国戏剧出版社 1958 年版。

95. 汪毓和：《中国近现代音乐史》（修订版）［M］人民音乐出版社 2005 年版。

96. 吕澎：《20 世纪中国艺术史》［M］北京大学出版社 2007 年版。

97.《中国高等艺术院校简史集》［C］浙江美术学院出版社 1991 年版。

98. 潘耀昌：《中国近现代美术教育史》［M］中国美术学院出版社 2002 年版。

99. 黄可：《中国新民主主义革命美术活动史话》［M］上海书画出版社 2006 年版。

100. 杨东平：《艰难的日出——中国现代教育的 20 世纪》［M］文汇出版社 2003 年版。

101. 郑谦：《被“革命”的教育——“文化大革命”中的“教育革命”》［M］中国青年出版社 1999 年版。

102. 张雪蓉、马渭源：《中国教育十二讲》［M］重庆出版社 2008 年版。

103. 郭声健：《艺术教育论》［M］上海：上海教育出版社 1999 年版。

104.《林风眠研究文集》［C］中国美术学院出版社 1995 年版。

105. 许美德：《中国大学（1895~1995）》［M］教育科学出版社 2000 年版。

106. 朱伯雄、陈瑞林：《中国西画五十年》［M］人民美术出版社 1989 年版。

107. 黄美真、石源华、张云（编）：《上海大学史料》［C］复旦大学出版社 1984 年版。

108.《中国话剧运动五十年史料集》（第 3 辑）［C］中国戏剧出版社 1963 年版。

109.《老解放区教育资料汇编》［C］人民教育出版社 1959 年版。

110.《教育文献法令汇编（1949~1952）》［C］中华人民共和国教育部办公厅发布。

111. 姚国华：《大学重建》［M］海天出版社 2002 年版。

112. 俞玉滋、张援：《中国近代美育论文选》［C］上海教育出版社 1999 年版。

113. 程正民：《巴赫金的文化诗学》［M］北京师范大学出版社 2001 年版。

114. 李扬：《抗争宿命之路——“社会主义现实主义”（1942~1976）研究》［M］时代文艺出版社 1993 年版。

115. 余虹：《革命·审美·解构——20 世纪中国文学理论的现代性与后现代性》［M］广

西师范大学出版社 2001 年版。

116. 黄子平：《“灰阑”中的叙述》[M] 上海文艺出版社 2001 年版。

117. 姚丹：《西南联大历史情境中的文学活动》[M] 广西师范大学出版社 2000 年版。

118. 余英时：《士与中国文化》[M] 上海人民出版社 1987 年版。

119. 陈建华：《“革命”的现代性——中国革命话语考论》[M] 上海古籍出版社 2000 年版。

120. 李洁非、杨劼：《解读延安——文学、知识分子和文化》[M] 当代中国出版社 2010 年版。

121. 李春青：《在审美与意识形态之间》[M] 北京大学出版社 2006 年版。

122. 朱文显：《知识分子问题：从马克思到邓小平》[M] 四川人民出版社 1999 年版。

123. 许纪霖：《中国知识分子十论》[M] 复旦大学出版社 2003 年版。

124. 郑也夫：《知识分子研究》[M] 中国青年出版社 2004 年版。

125. 王福湘：《悲壮的历程——中国革命现实主义文学思潮史》[M] 广东人民出版社 2002 年版。

126. 谭好哲：《文艺与意识形态》[M] 山东大学出版社 1997 年版。

127. 戴淑娟：《文艺启示录》[M] 中国戏剧出版社 1992 年版。

128. 童庆炳：《文艺创作与意识形态》（修订版）[M] 百花文艺出版 1999 年版。

129. 冯崇义：《国魂：在国难中挣扎——抗战时期的中国文化》[M] 广西师范大学出版社 1995 年版。

130. 贺桂梅：《转折的时代——40~50 年代作家研究》[M] 上海教育出版社 2003 年版。

131. 王丽丽：《在文艺与意识形态之间——胡风研究》[M] 中国人民大学出版社 2003 年版。

132. 周平元：《文艺社会学史纲——中国 20 世纪文艺学主流形态研究》[M] 中国大百科全书出版社 2005 年版。

133. 张京媛：《新历史主义与文学批评》[M] 北京大学出版社 1993 年版。

134. 金安平：《从批判的武器到武器的批判——20 世纪前半期中国知识分子与政党政治》[M] 黑龙江人民出版社 2003 年版。

135. 文天行：《历史在这里闪光——抗战文学与中国传统文化》[M] 四川教育出版社 2002 年版。

136. 王本朝：《中国现代文学制度研究》[M] 西南师范大学出版社 2002 年版。

137. 王光东：《民间理念与当代情感：中国现当代文学解读》[M] 广西师范大学出版社 2003 年版。

138. 陈顺馨：《社会主义现实主义理论在中国的接受与转化》[M] 安徽教育出版社 2000 年版。

139. 李衍柱：《马克思主义文艺思想的发展与传播》[M] 广西师范大学出版社 1995 年版。

140. 茅盾：《我所走过的道路》[M] 人民文学出版社 1984 年版。

141. 刘禾：《语际书写——现代思想史写作批判纲要》［M］上海三联书店 1999 年版。

142. 吴立昌：《文学的消解与反消解——中国现代文学流派论争史论》［M］复旦大学出版社 2004 年版。

143. 李书磊：《1942：走向民间》［M］山东教育出版社 1998 年版。

144. 钱理群：《1948：天地玄黄》［M］山东教育出版社 1998 年版。

145. 钱理群：《精神的炼狱——中国现代文学从“五四”到抗战的历程》［M］广西教育出版社 1996 年版。

146. 郝怀民：《如烟如火话周扬》［M］中国文联出版社 2008 年版。

147. 唐小兵：《再解读大众文艺与意识形态》（修订版）［C］北京大学出版社 2007 年版。

148. 杨匡汉：《20 世纪中国文学经验》（上下）［M］东方出版中心 2006 年版。

149. 方维保：《红色意义的生成——20 世纪中国“左翼”文学研究》［M］安徽教育出版社 2004 年版。

150. 程光炜：《文人集团与中国现当代文学》［M］人民文学出版社 2005 年版。

151. 陶东风：《知识分子与社会转型》［M］河南大学出版社 2004 年版。

152. 张清民：《话语与秩序》［M］中国社会科学出版社 2005 年版。

153. 刘增杰：《文学的潮汐》［M］河南人民出版社 1992 年版。

154. 陈思和：《中国新文学整体观》［M］上海文艺出版社 2001 年版。

155. 俞吾金：《意识形态论》［M］上海人民出版社 1993 年版。

三、相关译著

1.［法］伊夫·塔迪埃：《20 世纪的文学批评》［M］史忠义译，百花文艺出版社 1998 年版。

2.［美］马克·赛尔登：《革命中的中国》［M］魏晓明、冯崇义译，社会科学文献出版社 2002 年版。

3.［美］弗雷德里克·詹姆逊：《政治无意识》［M］王逢振等译，中国社会科学出版社 1999 年版。

4.［法］米歇尔·福柯：《疯癫与文明》［M］刘北成、杨远婴译，三联书店 2003 年版。

5.［法］米歇尔·福柯：《规训与惩罚》［M］刘北成、杨远婴译，三联书店 2003 年版。

6.［法］米歇尔·福柯：《知识考古学》［M］谢强、马月译，三联书店 1998 年版。

7.［德］卡尔·曼海姆：《意识形态和乌托邦》［M］艾彦译，华夏出版社 2001 年版。

9.［意］葛兰西：《狱中札记》［M］曹雷雨等译，中国社会科学出版社 2000 年版。

10.［美］格里德尔：《知识分子与现代中国》［M］单正平译，南开大学出版社 2002 年版。

11.［英］卡莱尔：《英雄与英雄崇拜》［M］何欣译，辽宁教育出版社 1998 年版。

12.［美］卡尔·博格斯：《知识分子与现代性的危机》［M］李俊等译，江苏人民出版社 2006 年版。

13.［美］爱德华·W·萨义德：《知识分子论》［M］单德兴译，三联书店 2002 年版。

14. [美] 马克·赛尔登：《革命中的中国：延安道路》[M] 魏晓明等译，社会科学文献出版社 2002 年版。

15. [美] 史景迁：《天安门：知识分子与中国革命》[M] 尹庆军等译，中央编译出版社 1998 年版。

16. [美] 费正清、赖肖尔：《中国：传统与变革》[M] 陈仲丹等译，江苏人民出版社 1995 年版。

17. [美] 杜赞奇：《从民族国家拯救历史：民族主义话语与中国现代史研究》[M] 社会科学文献出版社 2003 年版。

18. [美] 本尼迪克特·安德森：《想象的共同体》[M] 上海人民出版社 2003 年版。

19. [美] R·麦克法夸尔、费正清（编）：《剑桥中华人民共和国史（1949～1965）》[M] 中国社会科学出版社 1990 年版。

20. [美] 艾迪斯·埃里克森：《艺术史与艺术教育》[M] 宋献春、伍桂红译，四川人民出版社 1998 年版。

21. [美] 沃尔夫·吉伊根：《艺术批评与艺术教育》[M] 滑明达译，四川人民出版社 1998 年版。

22. [英] 齐格曼·鲍曼：《立法者与阐释者》[M] 洪涛译，上海人民出版社 2000 年版。

23. [美] 托马斯·库恩：《科学革命的结构》[M] 金吾伦、胡新和译，北京大学出版社 2003 年版。

24. [法] 皮埃尔·布尔迪厄：《再生产：一种教育系统理论的要点》[M] 邢克超译，商务印书馆 2002 年版。

四、期刊文章

1. 朱鸿召：《延安“鲁艺”教育模式解析》[J]《大学人文》第 6 辑，广西师范大学出版社 2006 年版。

2. 晁歌：《沙可夫的领导艺术》[J]《嘉兴学院学报》2004 年第 4 期。

3. 郭玉琼：《发现秧歌：狂欢与规训——论 20 世纪 40 年代延安新秧歌运动》[J]《中国现代文学研究丛刊》2006 年第 1 期。

4. 何平、朱晓进：《论中国共产党文艺制度的起源》[J]《南京师范大学学报》2006 年第 7 期。

5. 江世平：《试论延安时期的干部教育制度》[J]《党史研究与教学》1992 年第 3 期。

6. 李洁非：《枪杆子，笔杆子——1940 年前后延安的新景观》[J]《南方文坛》2003 年第 3 期。

7. 李玉明：《解放区文学新论》[J]《东岳论丛》1996 年第 6 期。

8. 林焕平：《延安文学刍议》[J]《文艺理论与批评》1992 年第 3 期。

9. 刘增杰：《静悄悄地行进——论 90 年代的解放区文学研究》[J]《文学评论》2002 年第 2 期。

10. 刘增杰：《一个具有完整形态的文学运动——中国工农兵文学运动史纲》[J]《中国

现代文学研究丛刊》1987年第8期。

11. 潘磊：《曾彦修先生谈“鲁迅”在延安》[J]《新文学史料》2006年第2期。

12. 孙国林：《延安鲁艺——革命文艺的摇篮》[J]《党史博采》2004年第8期。

13. 吴敏：《试论40年代延安文坛的“小资产阶级”话语》[J]《中国现代文学研究丛刊》2004年第2期。

14. 吴伟强、李怡：《中国抗战文学研究的新的可能》[J]《云南师范大学学报》2006年第6期。

15. 夏中义：《历史无可避讳》[J]《文学评论》1989年第4期。

16. 徐亚东：《苏区文学与解放区文学源流论》[J]《郑州大学学报》2005年第5期。

17. 张海燕、田建荣：《延安时期的高等教育及其影响》[J]《高等教育研究》1994年第3期。

18. 张器友：《新的历史语境中的解放区文学》[J]《文艺理论与批评》2006年第1期。

19. 张器友：《新时期的解放区文学研究》[J]《安徽大学学报》2002年第6期。

20. 邹华：《艺术教育的历史经验》[J]《天津社会科学》2007年第2期。

21. 贾冀川：《解放区戏剧艺术得失谈》[J]《山西师范大学学报》2000年第2期。

22. 纪桂平：《建国后中国解放区文学研究述评》[J]《河北师范学院学报》1994年第1期。

23. 宋剑华：《论〈讲话〉与解放区文学的思想规范运动》[J]《广东职业技术师范学院学报》2002年第3期。

24. 蔡国庆：《周扬对〈讲话〉的接受与推广》[J]《忻州师范学院学报》2004年第5期。

25. 袁盛勇：《“党”的文学：后期延安文学观念的核心》[J]《中国现代文学研究丛刊》2006年第3期。

26. 何火任：《〈白毛女〉与贺敬之》[J]《文艺理论与批评》1998年第2期。

延安鲁艺活动年表（1938～1945）

1938 年

4 月 10 日	鲁迅艺术学院正式成立，毛泽东等领导同志出席开学典礼。教育方针由中宣部拟定，并经中央书记处通过
4 月 28 日	毛泽东亲自到鲁艺，向全院师生发表讲话
5 月 12 日	毛泽东再次到鲁艺讲话，首次提出“亭子间”和“山顶上”的人要结合
8 月 1 日	鲁艺实验剧团成立，主任王震之
本月	以鲁艺文学系学生为主体组成的业余文学社团——路社成立
11 月	冼星海抵延安
11 月下旬	沙汀、何其芳带领二十一名学生，跟随八路军一二〇师师长贺龙到前线实习
12 月间	鲁艺木刻工作团成立，经常举办街头木刻墙报、木刻展览

1939 年

2 月 16 日	何其芳在《文艺战线》创刊号上发表《我歌唱延安》
2 月 25 日	鲁艺响应中央生产运动的号召，成立生产委员会
3 月初	塞克作词，冼星海作曲，合作谱写《生产大合唱》
3 月 10 日	鲁艺派实验剧团和新组织的鲁艺文艺工作团开赴前线。
3 月 15 日	中国民间音乐研究会在鲁艺成立，设于鲁艺音乐系。该会组织采集民歌，编辑出版《陕北民歌》《绥远民歌集》等
5 月 10 日	鲁艺周年纪念，毛泽东题词：“抗日的现实主义，革命的浪漫主义（‘两结合’的萌芽）”，还讲了话
5 月 11 日	光未然作词、冼星海作曲的《黄河大合唱》在鲁艺周年纪念音乐会上正式演出
5 月 15 日	鲁艺调整领导班子，副院长赵毅敏、沙可夫
6 月 24 日	鲁艺全院组成一个纵队，举行军事演习
7 月 11 日	近百名鲁艺师生组成的华北联合大学文艺部开赴敌后办学。普通部取消，专修部不设研究班。张庚担任专修部部长

8月3日　鲁艺从延安北门外迁至东郊桥儿沟天主堂

10月　因毛泽东提议，剧协放弃俄剧《大雷雨》，改演曹禺《日出》

10月20日　鲁艺漫画研究会成立

11月28日　鲁艺正式宣布：新任院长吴玉章，副院长周扬，宋侃夫任政治处处长兼党总支书记。从此，鲁艺日常工作由周扬负责

12月　毛泽东发出指示——《大量吸收知识分子》："在建立新中国的伟大斗争中，党必须善于吸收知识分子""没有知识分子的参加，革命的胜利是不可能的"

1940年

1月1日　专修科取消，成立教务处。工余剧人协会正式公演曹禺的四幕话剧《日出》。

3月4日　鲁艺重组实验剧团，团长田方，副团长王彬

4月5日　鲁艺平剧团成立，阿甲（符律衡）任团长。

4月10日　毛泽东在鲁艺两周年纪念日亲自题写校名"鲁迅艺术文学院"，并题写八字校训："紧张、严肃、刻苦、虚心"

5月20日　鲁艺增设部队艺术干部训练班，学期一年；班主任由院党总支书记宋侃夫兼任

5月26日　茅盾偕夫人及子女抵达延安，在鲁艺任教四个月，为全院学生讲授市民文学概论，与文艺界诸人讨论民族形式

6月9日　鲁艺举行成立两周年纪念大会，毛泽东、朱德等出席。朱德讲话：笔杆子不如枪杆子，"文艺的罪过"

7月15日　鲁艺组建音乐工作团和美术工场，吕骥任音乐团团长，钟敬之任美术工场场长

7月24日　朱德在鲁艺作报告——《三年来华北宣传中的艺术工作》，提出"一个好的艺术家应当同时是一个政治家"的号召

本年　曹葆华、天蓝译，周扬校《马克思、恩格斯、列宁论艺术》，由延安新华书店出版

8月10日　鲁艺演出《日出》

1941年

1月1日　《文艺月报》创刊。鲁艺实验剧团公演契诃夫三个独幕剧——《未婚》《蠢货》《纪念日》。鲁艺平剧团公演《四进士》

1月5日　何其芳在延安文化俱乐部作报告——《抗战以来的诗歌及其前途》

1月12日　鲁艺美术工场举行作品展览。内有青年美术家的作品百余件，包括绘画、木刻、雕塑、工艺美术、建筑设计等，共展出四天

2月25日　《中国文艺》创刊，前身为《大众文艺》，周扬主编，“文抗”出版

4月1日　八路军留守兵团政治部部队艺术学校正式成立。周扬、吕骥、张庚、向隅等兼课，“部艺”学生来鲁艺听课

4月初　中央青委的墙报《轻骑队》创刊

4月10日　八路军留守兵团政治部部队艺术学校正式开学

4月29日　鲁艺调整机构，设文学、戏剧、音乐、美术四个部和四个行政职能处（教务处、干部处、编译处、院务处）

5月20日　鲁艺订出十条——《艺术工作公约》，第四条为：“不对黑暗宽容；对新社会的弱点需加积极批评与匡正”

6月9日　延安“五四”中国青年节有奖征文，狄耕的小说，古元、力群木刻，公木、郑律成的歌曲分别获奖

6月10日　鲁艺确立正规学制，各系修业期由两年延长为三年，成立文学、戏剧、音乐、美术四部，原有四个系和五个工作团分属四部之下，进入“正规化”“专门化”时期，《解放日报》发表社论——《欢迎科学艺术人才》

6月21日　鲁艺实验剧团演出话剧《中秋》。该剧描写沦陷区农民的悲惨生活和他们的抗日斗争

7月4日　鲁艺发布《术字第19号通告》，新定文艺干部津贴增加办法：①原发十二元者增至十四元，六元者增至八元，另设五元一种；②兼课者无论教员、助教，一律另加教课津贴两元

7月17~19日　周扬在《解放日报》连载长篇论文《文学与生活漫谈》

8月1日　萧军、艾青、舒群、罗烽、白朗在《文艺月报》第8期发表《〈文学与生活漫谈〉读后漫谈集录并商榷于周扬同志》

9月16日　《解放日报》开辟《文艺》专栏

10月6日　鲁艺实验剧团变更组织机构和干部人选，秉承集体领导制度，成立团务委员会

11月1日　鲁艺文学系草叶社的《草叶》杂志创刊，周立波、何其芳、陈荒煤、严文井组成编委会。1942年9月15日停刊。共出6期

11月15日　“文抗”主办的《谷雨》杂志创刊，艾青、丁玲、舒群、萧军轮流担任主编。1942年8月15日停刊。共出6期

1942年

1月1日　鲁艺实验剧团演出《带枪的人》，中国舞台首次出现革命导师列宁、斯大林的形象

1月10日	鲁艺音乐系举行盛大音乐晚会，演出《凤凰涅槃大合唱》
2月3日	鲁艺组织的鲁艺河防将士慰问团出发
2月15~17日	延安美协举办的张谔、华君武、蔡若虹讽刺画展开幕，以延安弱点为题材，轰动一时，观者甚众。毛泽东亲往
3月9日	丁玲在《解放日报》发表杂文——《三八节有感》
3月11日起	《解放日报》文艺副刊搞百期特刊，艾青的《了解作家，尊重作家》、罗烽的《还是杂文时代》、王实味的《野百合花》次第登出
3月21日	青年艺术剧院试演《延安生活素描》，包括《多情的诗人》《友情》《无主观先生》《小广播》《为了寂寞的缘故吗》五个讽刺短剧，反映延安日常生活某些缺陷及某些意识上的病态现象
4月1日	《解放日报》的《文艺副刊》停刊
4月3日	鲁艺召开院务扩大会议，布置整顿“三风”并检查工作
4月10日	鲁艺成立四周年，院长周扬讲话仍提该院教育精神为学术自由
4月13日	为筹备延安文艺座谈会，毛泽东邀集鲁艺文学系和戏剧系的几位党员教师到杨家岭听取并交换有关文艺工作的意见
4月15日	王实味的《政治家·艺术家》在《谷雨》第4期发表
4月23日	《轻骑队》编委会在《解放日报》发表《我们的自我批评》，之后《轻骑队》停刊
本月下旬	毛泽东邀请何其芳、周立波、严文井、曹葆华、陈荒煤、姚时晓等鲁艺党员教师到杨家岭谈话
5月2日、16日、23日	延安文艺座谈会召开，鲁艺有周扬、何其芳、周立波、严文井、陈荒煤、曹葆华等四十多人出席
5月13日	边区政府文化工作委员会戏剧委员会举行戏剧界座谈会，批评多幕剧、外国戏的现象
5月27日	中央研究院从即日起连续召开党的民主和纪律座谈会，批评王实味
5月30日	毛泽东亲自到鲁艺，向全院师生发表“从小鲁艺到大鲁艺的”的讲话，“大鲁艺就是工农兵群众的生活和斗争”
6月15~18日	“文抗”举行座谈会，对王实味的思想进行批判
7月28日、29日	周扬的《王实味的文艺观与我们的文艺观》在《解放日报》发表
9月9日	周扬在《解放日报》发表长文——《艺术教育的改造问题——鲁艺学风总结报告之理论部分：对鲁艺教育的一个检讨与自我批评》，正式全面否定了鲁艺以往的工作：鲁艺搞专门化、正规化，脱离实际，关门提高，对现实主义的理解是片面的、非历史主义的
9月11日	张庚的《论边区剧运和戏剧的技术教育》在《解放日报》发表

10 月 10 日	延安平剧研究院正式成立
10 月 16~17 日	何其芳的《论文学教育》在《解放日报》发表
11 月 14 日	周扬的《略谈孔厥的小说》发表于《解放日报》

1943 年

2 月 9 日	鲁艺秧歌队百余人连续在杨家岭、中央党校、文化沟、联防司令部等地演出，包括著名的《兄妹开荒》。毛泽东赞道："这还像个为工农服务的样子"
3 月 10 日	秧歌运动开始。各文化单位纷纷成立秧歌队。 中共中央文委和中央组织部召集党员文艺工作者五十多人开会，凯丰、陈云、刘少奇、博古等领导人发表讲话，号召文艺工作者深入群众、改造自己，正式宣布文化人下乡
3 月 15 日	鲁艺秧歌队赴金盆湾、南泥湾劳军
3 月 25 日	鲁艺投入大生产运动，开展劳动竞赛
4 月 2 日	鲁艺文学部召开欢送会，欢送三十多名学生到农村、部队去
4 月 3 日	何其芳的《改造自己、改造艺术》、周立波的《后悔与前瞻》在《解放日报》发表
4 月 26 日	《解放日报》发表社论——《从春节宣传看文艺的新方向》，同时刊登《兄妹开荒》主演之一王大化的《从〈兄妹开荒〉的演出谈起》
5 月 1 日	"文抗"会址撤销
本年春	鲁艺并入延安大学，周扬任延大副校长、兼任鲁艺院长；1944 年 4 月任延大校长
7 月 15 日	中共中央社会部部长康生在中央大礼堂召开的中央直属机关干部大会上做《抢救失足者》报告，掀起"抢救运动"
10 月 19 日	毛泽东的《在延安文艺座谈会上的讲话》在《解放日报》全文发表。这是该文首次公开披露
10 月 20 日	中央学委发出通知，要求各地党组织必须把《讲话》当作整风运动必读文件
12 月 2 日	鲁艺工作团开赴绥德、米脂地区
12 月 26 日	周扬撰文——《一位不识字的劳动诗人——孙万福》，开工农兵文学创作的理论先河

1944 年

1 月 2 日	中央党校首演平剧新编历史剧——《逼上梁山》

3月21日	周扬的《表现新的群众的时代》发表于《解放日报》，从理论上全面总结秧歌运动，提出它是建立大型民族新歌剧、新话剧的重要基础和推动力量
4月2日	毛泽东读周扬送呈的为《马克思主义与文艺》所写序言后，致信周扬：写得好。此文把毛泽东与马、恩、列、斯等马列主义经典作家并列
4月8日	周扬的《马克思主义与文艺——〈马克思主义与文艺〉序言》在《解放日报》全文发表
本月	何其芳和刘白羽被派往重庆，向大后方文艺工作者传达毛泽东《在延安文艺座谈会上的讲话》
5月18日	周扬被任命为延安大学校长兼教务处处长、文艺学院院长
6月28日	艾青的《秧歌剧的形式》发表于《解放日报》
7月5日	周扬编《马克思主义与文艺》，由延安华北书店出版
10月20日	出席边区文教大会的九个群众秧歌代表到鲁艺参观；鲁艺召开大会，欢迎群众艺术家
11月10日	周立波、姚时晓等参加的八路军南下远征队出发

1945年

2月17日	鲁艺工作团的秧歌演出中出现了《夫妻识字》。翌日，马可在《解放日报》发表《夫妻识字》脚本
2月22日	延安平剧研究院公演新编历史剧——《三打祝家庄》。彭真观后称：《三打祝家庄》证明了平剧可以很好地为新民主主义服务，即为人民服务
2月23日	鲁艺工作团开始排演《白毛女》
6月10日	鲁艺为中共“七大”代表和中央委员首演歌剧《白毛女》，获极大成功。毛泽东及全体委员观看了演出。翌日，中央办公厅传达中央书记处意见：一、此剧非常合时宜；二、黄世仁应该枪毙；三、艺术上是成功的
7月	延安陷入“白毛女热”。17日，《解放日报》开展关于《白毛女》的书面座谈会，发表大量评论
8月15日	日本宣布无条件投降，鲁艺师生和延安市民彻夜狂欢
8月21日	陈荒煤带领葛洛、赵起扬、胡征、朱平康、陈因、计桂森等开赴山西太岳地区工作
9月2日	舒群、田方率领东北文艺工作团四十多人开赴东北
9月20日	艾青、江丰率领华北文艺工作团三十多人开赴华北
11月中旬	中央决定，鲁艺师生与延大各学院一起迁往东北解放区。在延安文艺史上占有重要地位的鲁艺就此离开延安。

附录一

高尔基戏剧学校简章

（一）本校名称为高尔基戏剧学校。

（二）本校由中央教育人民委员直接管辖。

（三）教育目的：栽培苏维埃戏剧运动与俱乐部、剧社、剧团的干部，养成苏维埃文艺运动的人才。

（四）教学期间：第一学期学生，四个月毕业（届时得酌量增加实习时间）。

（五）入学资格：

1. 凡年龄在十六岁至十七岁，不分种族或性别，曾在革命机关或群众团体工作或参加革命斗争积极工作的。
2. 需得当地政府机关的介绍。
3. 对戏剧运动和文艺运动确有兴趣的。
4. 文化程度需能看懂一二百字（但如对戏剧确有特长者特别收容）。

（六）教育计划：

甲、教育方针：

1. 给学生以戏剧运动及革命文艺运动的基本常识。
2. 有组织地分派到各地俱乐部、剧社、剧团去实习。
3. 在学习期间组织各种研究会，培养学生的创造性。

乙、教育内容：

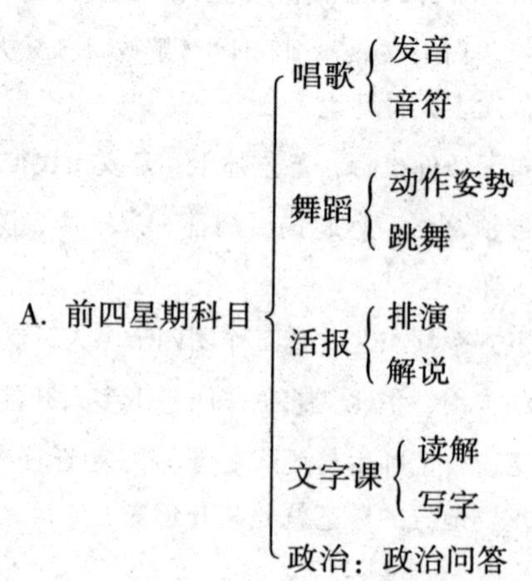

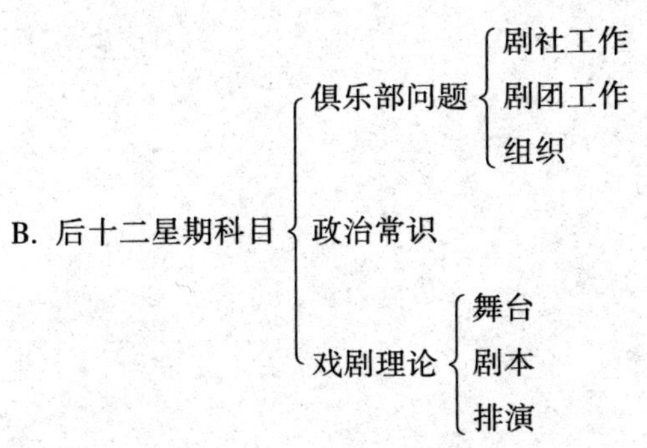

丙、课外教育：

1. 每天早晚练习跳舞、唱歌和军事操。

2. 音乐——中乐、西乐，文艺故事诗歌（歌谣）。

3. 参加地方群众工作及各种突击运动。

（七）设备（略）

（八）学校行政组织（略）

（九）本章程若有不合的地方，需由中央教育人民委员部增订或修改。

（录自《苏维埃教育法规》）

附录二

鲁艺招生简章

鲁迅艺术学院普通科招生简章（1939 年 2 月发布）

（一）名额：一百名。

（二）资格：

甲、凡有初中以上或同等文化程度，擅长艺术，愿做前后方文化娱乐工作，身体健康无疾病，能吃苦耐劳，年龄在十七岁以上、三十岁以下男女同志，均有资格报考。

乙、凡愿从事抗战文化娱乐工作者，倘有所属机关负责同志的正式保送证明文件，得免试入学（经考试两星期后，如认为不合适者，得请其退学，返原属机关工作）。

（三）科目：

1. 政治常识　　2. 抗战艺术的一般问题
3. 战时艺术工作　　4. 旧形式研究
5. 军事常识　　6. 音乐（包括唱歌、指挥、作曲等）
7. 舞台技术（包括演技导演、大鼓、相声等）
8. 宣传美术（包括漫画、木刻、美术字等）
9. 写作（包括脚本、歌词、鼓词、诗词、报告文学、速写等）
10. 舞蹈　　11. 其他各种政治、学术讲演。

（四）学习时间：暂定六个月。

（五）待遇：

食宿均由本院供给，每月每人发津贴一元五角。

（六）报名：

自即日起至 3 月 15 日止，携带所在机关的介绍信及两寸半身照片。

（七）笔试：

分笔试、口试两项。于 3 月 6 日、13 日下午在延安北门外本院举行。

（八）揭晓：考后第三天。

鲁艺部队艺术干部训练班招生简章（1940 年 6 月 11 日）

一、设立宗旨：

新民主主义文化乃由实践中成长，今日的文化工作，须首先服务于抗战。本院有鉴于此，特于一面提高研究之任务中，决定增设“部队艺术干部训练班”，一则以培养大批部队艺术工作者，再则以广泛吸收工作经验，随时总结，以便于抗战过程中发展新民主主义文化，提高与普及在此种有机结合中，广可互相发展。

二、招收名额：暂定二百名。

三、入学条件：

不分男女，身体健全，年龄在十五至二十五岁。志愿从事部队艺术工作之青年，持有机关、学校、部队介绍信，经考试（包括作文、政治测试、艺术常识测验、体格检查）录取者。

（军事机关及部队报送者免试入学（毕业后仍送回原机关及部队）。

四、修业期限：一年。

五、学员待遇：

服装膳宿概由本院供给，并按学习需要，发给必要的文具及津贴。

六、报名手续：

自即日起，持介绍信至延安本院政治处报名。

第四期　招生简章（1940年2月发布）

1. 政治测验，政治考核。
2. 各系艺术测验：
   - A. 戏剧系：作文，戏剧常识，发音读词，表演技术。
   - B. 音乐系：作文，音乐常识，器乐，技术测验（听音、记谱、指挥、视唱）。
   - C. 美术系：作文，美术常识，写生，创作（宣传画、漫画、插画任选一种）。
   - D. 文学系：作文，文学常识，平时作品（一篇以上）。

鲁迅艺术文学院第五期招生简章（1941年6月）

一、宗旨：

以马列主义的理论与立场，培养适合抗战建国需要之艺术文学人才，为建立中华民族新民主主义的艺术文学而奋斗。

二、名额：

本科各系（戏剧、音乐、美术、文学）各招新生四十名。

三、投考资格：

年在十八岁以上，中等教育程度，身体健康，能吃苦耐劳，有从事艺术文学工作之决心，并愿为抗战建国及建立新艺术文学服务者，不分性别，均可投考。

四、投考手续：

每周星期二至星期六持所属机关学校介绍信，径至延安本院干部处报名。

五、考试：

（一）时间地点：每周星期一在本院举行。

（二）项目：

甲、笔试：语文，政治常识，艺术常识。

乙、技术测验：

A. 戏剧系：发音读词，表演艺术。

B. 音乐系：器乐，听音，记谱，指挥，视唱。

C. 美术系：写生，创作（宣传画、漫画、插画任择一种）。

D. 文学系：创作。

（三）揭晓：由本院分别榜示与通知。

六、修业年限：各系均为三年。

七、修业科目：

<table>
<tr><td colspan="2">共同必修学科</td><td>共产主义与共产党、社会科学概论、中国问题、艺术论、马列主义、唯物史观、唯物辩证法、艺术学说史、中国新文学论</td></tr>
<tr><td colspan="2">共同选修学科</td><td>外国语等</td></tr>
<tr><td rowspan="4">各系专修学科</td><td>戏剧系</td><td>动作、演戏、朗诵、音乐常识、文学欣赏、剧作法、中国新剧运动史、戏剧概论、剧团领导、舞台工作、导演论、导演实习、舞台美术、舞台管理、剧作实习、名剧选读、中国戏剧史、毕业公演</td></tr>
<tr><td>音乐系</td><td>指挥、唱歌、练声、视唱、音乐、欣赏、和声学、音乐概论、新音乐运动史、自由作曲、作曲法、普通乐学、器乐、歌词作法、民歌研究、中国音乐史、曲体解剖</td></tr>
<tr><td>美术系</td><td>美术运动、美术概论、素描、彩画、解剖学、透视学、构图法、色彩学、野外写生、工艺美术、中国美术史、西洋美术史、漫画创作、舞台要求、课外活动</td></tr>
<tr><td>文学系</td><td>新文学运动、名著选读、中国文学、创作问题、创作实习、文艺批评、作家研究、世界文学、文艺理论选读、创作</td></tr>
</table>

八、待遇：

入学服装、膳宿概由本院供给，并按学习需要，发给必要的文具及津贴。

附录三
《周立波鲁艺讲稿》目录

附录四

中华人民共和国成立后延安鲁艺部分师生任职简表[①]

周　扬（1908～1989）　中宣部副部长，文化部副部长，全国文联主席
何其芳（1912～1978）　中科院文学所所长，中国作协书记处书记
萧　三（1896～1983）　中国作协书记处书记，文化部对外文化联络事务局局长
陈荒煤（1913～1996）　中国作家协会副主席，《中国作家》主编
严文井（1915～2005）　中宣部文艺处副处长，中国作协书记处书记
沙　汀（1904～1992）　中国作协副主席
周立波（1908～1979）　湖南文联主席兼党组书记
孙　犁（1913～2002）　中国作协名誉副主席，天津作协主席
吕　骥（1909～2002）　中国音协主席，中央音乐学院党委书记兼副部长
马　可（1918～1976）　中国音乐学院副院长兼中国歌剧舞剧院院长
贺绿汀（1903～1999）　上海音乐学院院长，中国音乐家协会副主席
张光年（1913～2002）　中国作协副主席，党组书记
王朝闻（1909～2004）　中国美术史学会会长，中国美术家协会副主席
沙可夫（1903～1961）　文化部办公厅主任，中央戏剧学院党委书记、副院长
张　庚（1911～2003）　中国艺术研究院副院长，中国戏剧家协会副主席、名誉主席
江　丰（1910～1982）　中国美协主席，中央美院院长
华君武（1915～2010）　中国美协副主席，全国人大代表，政协委员
公　木（1910～1998）　吉林大学副校长
于　蓝（1921～　　）　中国儿童电影制片厂厂长，中国儿童电影协会名誉会长
柯　蓝（1920～　　）　《求是》杂志编审，中国散文诗学会会长
冯　牧（1919～1995）　《文艺报》主编，《中国文学》主编，中国作协副主席
穆　青（1921～2003）　新华社社长，全国新闻工作者协会名誉主席
贺敬之（1924～　　）　文化部部长，中宣部副部长，中国剧协书记处书记
闻　捷（1923～1971）　中国作协兰州分会主席
郭小川（1919～1976）　中国作协党组副书记，中国作协书记处书记、秘书长
康　濯（1920～1991）　中国作协书记处书记，湖南作协主席，湖南文联主席
葛　洛（1920～1994）　中国作协书记处常务书记，《小说选刊》主编
朱　寨（1923～2012）　中国社科院文学所党总支书记，中国当代文学研究会名誉会长

---

① 此表参考“世纪中国”网 http://www.artist.org.cn/yanlun/1/200506/10497.html.

秦兆阳（1916~1994）	人民文学出版社副总编，《当代》主编
陈　涌（1919~2015）	中科院文学所研究员，《文艺理论与批评》主编，《文艺报》主编
金紫光（1916~2000）	国家文物事业干部管理局副局长
古　元（1919~1996）	中国美协副主席
陆　地（1918~　）	广西壮族自治区宣传部副部长，广西壮族自治区文联主席
胡　采（1913~2003）	陕西作协主席兼文联主席
胡　征（1917~2007）	陕西社科院资深研究员
罗工柳（1916~2003）	中国美协书记处书记

后　记

2009年暑假，我曾亲赴革命圣地延安，弥补论文写作时未能实地考察的一个遗憾。当我漫步在辽阔的黄土高原，满怀激动的心情步入鲁艺旧址，仰望高高的宝塔山，抚摸中央大礼堂的一砖一瓦，回想当年一群热血青年曾在这片土地上抛洒青春与热血时，时间仿佛停滞了。当年意气风发的一群革命伟人、知名学者、艺术家纷纷向我走来，他们神情自若，激情澎湃地规划着抗战胜利后中华人民共和国成立的伟大蓝图。多么想那时的场景里也有我的存在啊！如今物是人非，但是延安精神却永远不会远去，他们谱写的动人旋律将永不消逝。

一直觉得自己能力不足，表达不够成熟，梦想着有朝一日能有更缜密的逻辑、更具学术性的表达来呈现自己之于延安精神的感悟，不知不觉博士毕业已近十年。程先生去年八十寿辰，程门弟子齐聚京师。先生嘱咐我尽快把博士论文出版，这才提醒了我：人生从来就没有“准备好”这件事，只有“时刻准备着”的状态。

回想2006年秋季，我负笈京师求学，能够得到童庆炳先生和程正民先生两位德高望重先生的垂爱，是幸运，也是压力。童先生威严、敬业，每次课堂答疑都让我战战兢兢，如履薄冰。他和曾师母的伉俪情深曾被我们这群女博士们津津乐道。如今童先生已经作古，但先生的音容宛在。

与我接触最多、关系最密切的就是程先生了。他给予我的关爱和帮助是无法用语言表达的。至今我都难以忘怀那时每周一次在师大北门丽泽11楼的谈话。每次他都是一副耐心听取你各种想法的姿态，无论你的想法多么幼稚、多么不值一提，都可以尽情表达出来，他都能条分缕析地让你心服口服。各种学术思想的火花高度碰撞，我在知识的海洋里沉醉不醒。在与他的闲谈中，我博士论文的开题报告、写作大纲就在这一次次对话中成形。他不仅在学业上严厉督促我，更在做人上为我指点迷津。如果没有程先生的鼓励和支持，我绝对不可能按期完成这篇论文的写作。有人说导师是参天大树，巍然屹立，将知识和经验无私地传授给学生，我说导师也是学生心目中的灯塔，指引着茫然无措、在学海中苦苦挣扎的我们闯过一个个险滩，到达胜利的彼岸。那一次次促膝长谈、耳提面命的情景至今仍历历在目。虽然时光不能倒流，但是程先生的谆谆教诲始终萦绕在我脑海里，提醒我一直坚持在学术道路上跋涉。

“峰头峰底都来过，回头再看都是景。”所有的人和事，最终都会风干于我们的记忆中，但有些东西肯定不会消失的。三年求学之旅中，与我同路的人很多，但太多时候都是一个人静思默想。读博期间，慈父溘然离世，让多年来沉浸在自己世界中任性的我开始关注身边亲人的喜怒哀乐。

由于资料、时间以及本人学养的限制，此专著与我预设的目标还有一定距离。记得程先生曾经跟我说：“一篇博士论文并不能涵盖所有内容和代表作者所有水平，它只是一个开端，一个你以后走上真正学术研究的开端。”当经历过很多事情后，我才真正领悟这句话的含义。今后的路很长，我也知道自己有很多不足，但有这么多师友的关爱，我相信自己一定能走得更坚实、更远。

听说本书即将付梓，程先生欣然为我作序。谢谢可敬的程先生！愿您健康长寿！

一路走来，我的家人一直在背后默默地支持我，关心我！他们的关爱是我前进的动力，感谢我的家人！感谢所有关心我的朋友！

最后，感谢新疆大学人文学院领导！听说拙作出版受阻时，他们毅然从有限的重点学科经费中拨出一部分资助学术出版，才让本书得以面世。谢谢我的师兄——中国政法大学的张灵教授和群众出版社编审萧晓红女士！你们给予我的关爱，我都铭记在心。今后唯有更加勤勉，方不辜负众人的期望！

庞海音

2019年1月修订于新大红湖